华章科技
HZBOOKS | Science & Technology

INTERNET FINANCIAL
PRINCIPLE AND PRACTICE

互联网金融

原理与实务

郭勤贵 程华 赵永新 王海军 钟杰◎编著

机械工业出版社
China Machine Press

图书在版编目（CIP）数据

互联网金融原理与实务 / 郭勤贵等编著．—北京：机械工业出版社，2017.3

ISBN 978-7-111-56284-9

I. 互… II. 郭… III. 互联网络 - 应用 - 金融 IV. F830.49

中国版本图书馆 CIP 数据核字（2017）第 053625 号

互联网金融原理与实务

出版发行：机械工业出版社（北京市西城区百万庄大街 22 号 邮政编码：100037）

责任编辑：佘 洁 责任校对：董纪丽

印 刷：北京诚信伟业印刷有限公司 版 次：2017 年 4 月第 1 版第 1 次印刷

开 本：170mm×242mm 1/16 印 张：20.5

书 号：ISBN 978-7-111-56284-9 定 价：59.00 元

凡购本书，如有缺页、倒页、脱页，由本社发行部调换

客服热线：（010）88379426 88361066 投稿热线：（010）88379604

购书热线：（010）68326294 88379649 68995259 读者信箱：hzit@hzbook.com

前 言

物质的丰富与人类对物质多样性的追求使得物与物交换成为新的需要，面对物物交换带来的障碍和限制，在充分运用人类的想象力和创造力后，终于发明了一种让交易过程变得高效的事物——货币。货币的出现是人类文明史和人类经济发展历程中的一个巨大飞跃，它作为基本要素融入每一项交易中，克服了物物交换带来的巨大障碍和限制，极大促进了商业的发展。而商业和贸易的发展促使金融这一服务形态出现。商业－支付－结算－信贷－征信，现代金融正是基于这一条逻辑和路径稳健地发展而来。

由此可见，金融的逻辑是货币的逻辑演化发展到一定阶段的产物，货币的逻辑演化到金融的逻辑的根本原因是人类经济增长方式的转变。同时，金融的概念随着经济的发展也在不断深化。因此金融的逻辑不是凭空产生的，也不是人类有交易活动时就有的，而是人类经济增长方式发展到一定阶段的产物。随着人类经济增长方式发展的金融的逻辑，演变为金融由配置功能向再生功能转化。因此，金融的服务模式也并非一成不变，而是随着商业的发展出现新的变化。人类社会技术的每一次进步都极大地推动了商业的发展，商业发展对金融的需求又进一步推动金融的发展，客观上，科技的进步带来了金融的创新。

1958 年，第一张银行的信用卡诞生了。20 世纪 60 年代，计算机的使用使我们收集数据和处理大数据的能力大大提高了。于是，Visa、Master 等信用卡联盟公司开始做大，促使现在信用卡的流行。由此可见，科技的进步、计算机的产生推动了征信，推动了渠道，推动了新的金融产品，带动了整个金融的创新与发展。哪里有需求，哪里就有供给，哪里就有创新。金融也从传统金融（银行、保险、信托、证券、基金、期货等)、类金融(典当、融资租赁、商业保理、小贷等)发展到新金融,从金融1.0时代(牌照金融时代)发展到2.0时代(金融产品时代),再到当下的3.0时代(互联网科技金融时代)。

在人类三次重大的科技变革中,信息技术对社会与经济的发展影响极为深刻。互联网的出现推动了商业的飞跃式发展,改变了原有商业的形态,大量新型商业模式出现,开创了新经济时代。电子商务的出现促使网络支付(贝宝支付与支付宝)的诞生,移动互联网的出现使得“金融+互联网”或“互联网+金融”成为崭新的金融业态。于是,第三方支付、P2P、众筹、互联网货币等互联网金融形态或模式大量涌现,使得原本被传统金融机构所忽略的80%的碎片化需求的小微金融服务市场一下子被激发出来,互联网的长尾效应在互联网金融领域得以充分体现。

2013年被称为中国互联网金融元年,互联网企业充分利用大数据和用户资源切入金融服务领域,传统金融机构在惊呼声中开启互联网金融服务新模式。面对互联网金融,监管部门给予了前所未有的宽容和尊重,使得中国成为互联网金融创新的沃土。但是同时我们也看到,互联网金融乱象丛生,各类披着互联网金融外衣,实则行非法集资甚至庞氏骗局之实的公司也大量涌现。从已经查处的案件来看,这类非法集资或诈骗金额高达数百亿元之多,受害的投资人数达十万之众,分布地域之广、涉及金额之大已远远超过以往一些传统的民间非法集资刑事案件。2016年,监管层开始加大对互联网金融的整顿力度,一批批针对互联网金融的监管法规纷纷出台,2016年也因此成为互联网金融的监管元年。

虽然在互联网金融发展的过程中出现了各种问题,但互联网金融的价值不可抹杀,其发展趋势不可阻挡。纵观全球,我们清楚地看到,互联网金融最早的发源国——美国和英国,针对互联网金融的发展,在积极支持的同时给予科学的监管,并未限制与阻碍它。美国提出的金融科技(Fintech)概念,除了将中国互联网金融中的股权众筹、第三方支付、P2P网贷等“一网打尽”之外,还将区块链、智能投资、大数据、人工智能金融等纳入其中,足见其对新科技对于金融创新影响的重视。因此,无论何种情形,互联网技术及未来的AI(人工智能)技术对金融的影响不容忽视,更是不可逆转。

对于新技术影响下的新金融,不仅金融相关从业者应当学习和研究,各类大专院校金融类相关专业的学生也需要学习和了解。国内有关互联网金融的论文和著作很多，但缺乏系统性的梳理与思考。为此，本书在总结当前国内外有关互联网金融研究及实践的基础上，全面深入地梳理了互联网金融的有关基本理论与实务问题，按照一定逻辑，遵从教材的编撰格式和学生阅读习惯编著而成。本书共分三篇12章来解读和剖析互联网金融的有关问题。

第一篇重点介绍互联网金融的基础理论，对互联网金融的基本概念、本质、特征、发展成因及其发展概况进行梳理和澄清，以帮助大家认识与掌握互联网金融的基本原理。

第二篇重点介绍当前互联网金融的发展模式，以及各个主要互联网金融模式的交易模式、框架及特点，并结合大量实例来解读各个模式的运作机理，以帮助大家充分理解互联网金融主要模式的交易架构及运作机理。

第三篇重点介绍当下以及未来我国互联网金融的监管问题，并对美国、英国等互联网金融发达国家的一些监管制度进行介绍，以帮助大家了解互联网金融的风险及监管趋势。

郭勤贵

2017年3月

目录

第二篇 互联网金融实务

01

第一篇

互联网金融原理

第1章 互联网金融导论

“互联网金融”概念自2013年被提出以来一直被国内热炒，相关互联网金融的创新实践活动愈演愈烈，一系列标志性事件打破了传统金融竞争格局与商业模式（详见表1–1），甚至大有颠覆传统金融垄断格局的趋势。尤其是十八届三中全会提出的“发展普惠金融”及2014年国务院政府工作报告中对互联网金融的正面定调，已经让更多的人相信互联网金融将迎来更大的发展机遇。2014年3月中国人民银行发布的《中国金融稳定报告（2014）》首次定义中国互联网金融形态，互联网支付、互联网借贷、众筹融资等模式被纳入。《2015年中国互联网金融投融资分析报告》显示，2015年中国互联网金融市场发生的投融资案例共计402起，获得融资的企业数为370家，融资金额约为944亿元。其中，互联网支付市场稳定增长，交易规模达140064.3亿元，同比增长55.4%；全国范围内P2P网贷平台数量已经达到了3000多家，年成交量达到9823.04亿元，截止到2015年12月底，P2P网贷历史成交量为13652亿元[一]；非P2P网贷增长迅猛，截止到2015年6月底，仅“蚂蚁小贷”已累计为170万家小微企业解决融资需求，累计投放贷款超过4500亿元[二]。

从发展轨迹上看，互联网金融的爆发，一方面得益于互联网公司对金融业务的积极涉足；另一方面则是传统金融行业对互联网的日益重视。互联网尤其是移动互联网公司以其一贯生猛的营销方式，强势介入人们的日常金融活动，让人耳目一新，同时也促生出一个模模糊糊的“互联网金融”概念。当前中国的实践表明，互联网金融实质上是“金融的互联网”和“互联网的金融”两个层面。金融的互联网，即传统的金融机构借助网络技术，突破时间、空间和物理网点的限制，实现业务全面升级，通过网络提供多种金融服务；互联网的金融，则指原本与金融毫无关系的互联网企业开展金融业务，外部力量正不可逆转地开始通过互联网作用于金融业，并导致金融业的生态发生巨大的变化。

表1-1　互联网金融标志性事件一览表

时间	事件	事件描述
2013.6.17	“余额宝”上线	天弘基金联手支付宝推出网上理财业务“余额宝”，这是互联网和基金融合创新的第一大理财产品，截至2015年12月31日，用户数已达2.6亿，资金规模增至6207亿元。2015年全年，余额宝共为用户创造收益231亿元
2013.7.6	第三方支付牌照发放	央行发放新一批第三方公司的支付牌照，包括新浪、百度在内的27家公司上榜
2013.8.1	民生电商成立	董文标、刘永好、郭广昌、史玉柱、卢志强、张宏伟等资本大佬，联合投资30亿元，在深圳前海成立民生电子商务有限责任公司
2013.10.9	阿里控股天弘基金	阿里巴巴以11.8亿元控股天弘基金51%股权，互联网金融板块整体走强

[一] 数据来源：http://www.wdzj.com/news/hydongtai/26311.html。

[二] 数据来源：http://www.wdzj.com/news/zhengxin/22556.html。

（续）

时间	事件	事件描述
2013.10.28	“百度百发”上线	百度首款理财产品“百发”上线，上线第一天便实现破10亿元的销售额，百度正式进军互联网金融
2013.11.6	“众安在线”开业	由阿里巴巴董事局主席马云、中国平安保险董事长马明哲、腾讯CEO马化腾联手打造的互联网保险——众安在线开业
2013.12.3	互联网金融专业委员会成立	由央行下属中国支付清算协会牵头，75家机构共同成立了互联网金融专业委员会，它是标志着目前中国互联网金融领域最高水准的行业自律机构
2014.1.26	“理财通”上线	由腾讯公司与华夏基金合作推出的微信理财产品，截至2016年1月，“理财通”用户数已突破3000万，资金保有量破1000亿元
2014.3.5	国务院政府工作报告首提“互联网金融”	国务院总理李克强在全国人大会议上作政府工作报告时首次提出促进互联网金融健康发展，完善金融监管协调机制
2014.3.14	第三方转账支付金额受限	央行向多家机构下发征求意见稿，个人支付账户单笔金额不超过1000元，年累计不超过1万元，个人单笔消费不超过5000元，月累计不超过1万元
2014.7.9	五大民营银行获批筹建	由民间资本发起设立的深圳前海微众银行股份有限公司、温州民商银行、天津金城银行、上海华瑞银行、浙江网商银行相继获批筹建
2014.10.22	互联网金融地方政策出台	上海首次推出《陆家嘴互联网新兴金融产业园暨创新孵化基地配套措施》，全力支持互联网新兴金融机构在陆家嘴金融贸易区生根发芽
2014.12.10	保监会起草《互联网保险业务监管暂行办法（征求意见稿）》	这是国内首份针对互联网金融领域的全国性监管文件，文件允许保险公司通过互联网间接实现跨区域经营，降低经营成本
2014.12.18	证监会起草《私募股权众筹融资管理办法（试行）（征求意见稿）》	证监会出台管理办法，拟拓展中小微企业直接融资渠道，促进创新创业和互联网金融健康发展，提升资本市场服务实体经济实力
2015.12.28	银监会起草《网络借贷信息中介机构业务活动管理暂行办法（征求意见稿）》	银监会明确了网贷行业的具体监管部门，划定了12条“红线”，结束了行业长期缺乏监管规则的状态

2013年被称为互联网金融发展元年。依托社交网络、移动支付、大数据、云计算等现代技术手段，互联网金融掀起一次又一次创新实践高潮，对传统金融行业及其运营模式造成了巨大冲击，尤其是对商业银行等

金融中介存在的理论基础发起了强有力的挑战。在政策方面，中共中央和国务院提出了“普惠金融”政策，并进一步提出了“互联网＋”的行动计划，为推动互联网金融的深入发展释放了强有力的政策信号。2015 年 7 月 18 日，中国人民银行等十部委联合发布《关于促进互联网金融健康发展的指导意见》，不仅明确了业务边界，还落实了监管责任，有助于鼓励互联网金融平台、产品及服务的创新与发展。作为新生事物，互联网金融创新活动日趋活跃，交易规模和市场份额不断扩大，并在业务层面上对传统银行构成了直接竞争和侵蚀（见图 1-1）。

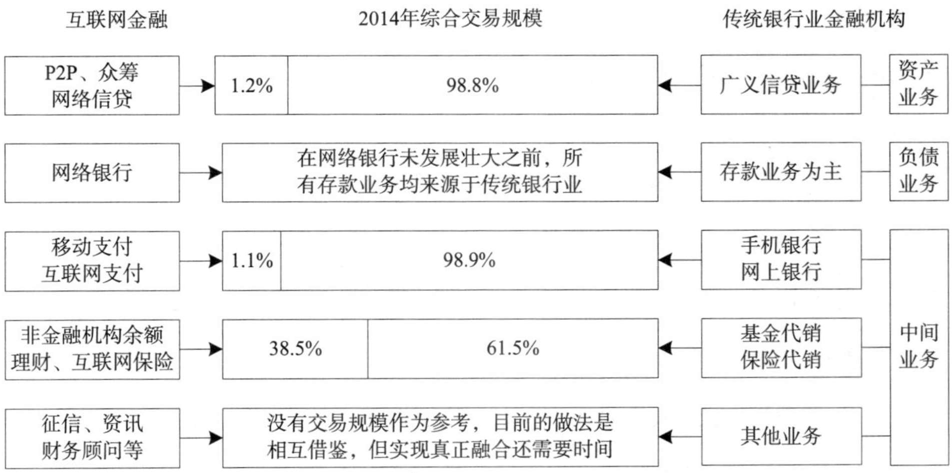

图 1-1　互联网金融与传统金融竞争现状

第一节 互联网金融的概念与特征

一、互联网金融的概念

“互联网金融”一词最早出现于 2001 年，中国人民银行科技司司长陈静提出了“互联网金融服务”，主要指商业银行为客户提供网上银行业务、网上支付业务和网上认证业务等。但是这个观点是基于传统银行网上业务而言的，与当前的互联网金融的内涵有一定差异。而目前较为认可的概念是谢平等提出的，即“以互联网为代表的现代信息科技，特别是移动支付、社交网络、搜索引擎和云计算等，将对人类金融模式产生颠覆性影响。可能出现既不同于商业银行间接融资，也不同于资本市场直接融资的第三种金融融资模式，称为‘互联网直接融资市场’或‘互联网金融模式’”。可见谢平的定义比较接近当前互联网金融的实践。

当然，如果追溯互联网金融的雏形，则可以追溯到20世纪末。20世纪80年代以来，互联网技术的快速发展，使银行利用开放式网络为所有客户提供服务成为可能。在90年代“新经济”浪潮的推动下，各银行出于竞争和发展的考虑纷纷开展网上营销。建立在信息革命基础上的网络经济，对传统金融产业和金融理论产生了深刻的影响。互联网金融成为21世纪金融业发展的主流，电子货币也将在社会经济生活中发挥更大的作用。金融产业组织的变化和货币形态的变革，使货币理论和货币供求关系出现了新的变化，并导致了货币政策、金融市场等的一系列演进。

互联网金融就其字面意义而言结合了互联网行业和金融行业的特性，因此可以从多种角度理解。从目前国内外相关文献看，互联网金融的概念的研究主要存在三种争论。

第一种争论围绕互联网金融是否是传统金融的数字化延伸。谢平认为互联网金融就是金融数据化。从抽象理论来考虑，所有的金融产品可能都是不同数据的组合。然后这个数据通过互联网，通过支付系统再还原为金融产品。换句话说：第一，金融就是数据；第二，数据在网上“移动”。这就包含了一切。然后再还原各种金融产品，做到数量匹配、期限匹配和风险定价。然而在柏亮等看来，虽然客观上数据给金融带来了巨大的变化，它也是降低成本和风险的主要手段，但互联网金融不仅仅是数据金融，否则又回到了技术层面。互联网金融引发的交易主体、交易结构上的变化以及潜在的金融民主化，才具有革命意义。

第二种争论围绕金融服务实体经济的最基本功能——融通资金，来解释互联网金融概念。根据谢平等的判断，以互联网为代表的现代信息科技，特别是移动支付、社交网络、搜索引擎和云计算等，将对人类金融模式产生颠覆性影响，可能出现既不同于商业银行间接融资，也不同于资本市场直接融资的第三种金融融资模式，称为“互联网直接融资市场”或“互联网金融模式”。这个市场充分有效，接近一般均衡定理描述的无金融中介状态，可以达到与现代资本市场直接融资和银行间接融资一样的资源配置效率，在促进经济增长的同时还能大幅减少交易成本，市场交易所产生的巨大效益更加普惠于普通老百姓。这也是一种更为民主化，而不是少数专业精英控制的金融模式。然而柏亮等认为这样判断的假定条件过于完美，也不可能完全出现。在他们看来，金融媒介仍然会承担一定的职能，但是其职能的大幅度减小是极有可能出现的。个体间的直接交易将伴随互联网金融的发展大幅提高，这种行为主体和参与方式是互联网金融的最大意义所在。

第三种争论则聚焦于互联网作为金融业的工具的作用。尹龙认为，与现在商业银行和证券市场两种金融模式并列地称为互联网金融模式，学术界尚未承认，它只是证券公司和银行，或者基金公司的一种工具，不具备人类基本的金融模式。互联网金融之所以与银行融资和证券市场融资不一样，是因为它更民主化、大众化，即互联网金融的独特性在于其扩大的服务群体，而非由于其自身的金融创新。然而在国外，特别是互联网和金融都最为发达的美国，虽然金融业的市场结构因互联网而发生了翻天覆地的变化，但学术界和业界都从未出现过“互联网金融”这个说法。这种现象的原因就在于互联网作为一种技术，尽管提高了效率，但并没有产生“新金融”。将二者放在一起谈所谓“互联网金融”，从而将之当成一种新的金融形态进行分析是中国独有的。虽然互联网金融的概念在国内外发展情况和理解差异很大，在国内也尚未有统一的理解，但不可否认的是互联网金融模式的出现使得金融市场的效率得到了大幅提升。互联网金融的本质仍是金融，互联网仅是工具和渠道，因此，互联网金融也没有形成一种新的金融形态或子业。

综上所述，谢平等认为互联网金融既不属于传统直接融资模式也不属于间接融资模式，而是独立于二者的“第三种融资模式”，而从互联网金融近两年的发展及特征来看，本书认为互联网金融与前两种模式不是排斥相异关系，恰恰是二者的融合交互，并非创造了完全异于直接与间接融资模式的所谓第三种模式，因为无论是 P2P、第三方支付、众筹还是电商模式，与直接融资相比，仍存在“中介”环节，而与间接融资相比，又存在渠道的“脱媒”，因此互联网金融兼有直接融资与间接融资的双重特征，是两者的混合。

从渠道上来看，是否属于互联网金融取决于资金、实物产品及服务供求的上下游关系是否通过互联网来实现。无论哪个环节借助了互联网平台，从广义上讲都属于互联网金融的范畴，不妨对此归为四类（如图 1-2 所示）：①金融机构与金融机构之间（F2F），一般通过网络平台进行资金拆借交易，大多一对一直接进行交易，并由监管机构主导；②金融机构对非金融机构或个人（F2N），包括两类，一类是平台 F2N，即金融机构在平台上直接向零售用户销售金融产品，如淘宝基金、淘宝保险和微信公众号，另一类是非平台 F2N，即金融机构将互联网金融产品交给平台性质的销售机构，由销售机构以收取佣金的形式进行代销，如基金网、供应链金融等；③非金融机构或个人对金融机构（N2F），典型的如余额宝，由金融机构对资金负责；④非金融机构或个人对非金融机构或个人（N2N），如众筹、P2P 网贷，由平台收取手续费和作为信息中介。

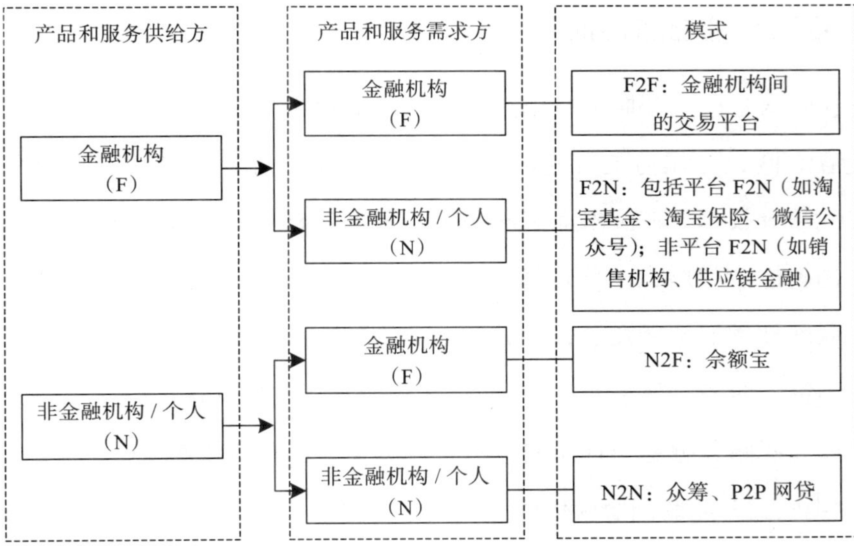

图 1-2　互联网金融广义分类

注：F 表示金融机构（Financial institutions），N 表示非金融机构或个人（Non-financial organizations/individuals）。

本书从广义和狭义两个维度界定了互联网金融的内涵。从广义维度看，互联网金融是指借助互联网等现代信息技术实现的资金融通，在这里互联网是工具、渠道和媒介，而互联网金融的本质仍是金融，即实现资金的融通。因此，从这个角度看，互联网金融是金融与互联网技术相互融合的所有经济行为，既包括传统金融业务的互联网化（即传统金融机构利用互联网所进行的渠道创新与产品创新），也包括互联网的金融化（即非金融机构通过互联网，尤其是移动互联网技术涉足金融业务领域）。而狭义的互联网金融仅指后者。本书在广义基础上对互联网金融进行了界定，认为互联网金融不应固化为一种“金融业态”，而是一种“金融模式”或者“金融行为”，也就是说，互联网金融是借助互联网等现代信息技术工具和思维，实现多种金融服务拓展、普惠、多元及民主化的创新活动。

二、互联网金融的特征

互联网金融是互联网技术与金融功能的有机结合，这种结合虽然没有改变互联网金融作为金融的本质，但是依托大数据、云计算、搜索引擎、社交网络等技术，在金融业态和服务体系方面有新的表现。互联网金融是一种创新性金融形式，具有普惠金融等不同于传统金融的特征。同时，随着互联网技术的不断发展，及其对金融的不断渗透，互联网金融的新模式层出不穷，业务范围不断扩大，表现出发展的动态性和阶段性。

1. 互联网金融是一种新型金融服务模式，具有创新性

“中国式”互联网金融借助互联网平台提供金融服务，是一种新兴金融业态，相比传统金融，在金融服务模式方面具有创新性。这主要体现在：

（1）支付结算工具的创新

第三方支付是“中国式”互联网金融发展最早，也最为成熟的模式。第三方支付伴随着电子商务的发展而发展起来，最初是为了解决电子商务企业与各银行间结算，以及消费者与卖家间支付问题。随着电子商务在中国快速增长，互联网企业获得了海量数据，借助大数据和云计算技术分析和挖掘这些数据隐藏的金融需求，逐渐向转账支付、小额信贷、供应链金融、理财产品销售等传统金融领域渗透和扩张。

随着互联网技术和移动互联网技术的发展，支付结算工具从银行柜台发展到计算机，再延伸到移动终端。在这个工具创新过程中，伴随着交易成本的降低，以及支付结算效率的提升，提高了金融服务实体经济的能力，极大促进了第三方支付，尤其是第三方网络支付和第三方移动支付的发展。

（2）投融资模式的创新

互联网金融通过互联网平台将资金需求方和资金供给方连接起来，实现金融“脱媒化”，即摆脱传统的金融中介而进行资金融通。互联网金融借助大数据、云计算等技术拥有快速处理海量信息的能力，能够更快捷地获取资金供求双方的信息，实现更有效的资金期限匹配和风险匹配，提高资源配置效率。

互联网金融降低了投融资门槛。P2P 网络借贷模式对投资者起始投资金额要求很低，100 元甚至 50 元就可以起投；对融资额要求也相对较低，万元以下项目也可以成功融资，大大降低了投融资门槛。

（3）风险管理的创新

在互联网时代，互联网金融运营主体通过互联网平台获取和积累交易双方的信息，将交易双方的资金流动置于有效的监控之下，降低信息处理和加工成本，提高风险管理水平，降低信用违约风险。

相比传统金融，互联网金融通过更加分散化的投资实现风险的分散化。P2P 网络借贷、众筹模式均是集众多人的小额资金为某一项目融资，这样个体投资者的风险更加分散化，风险更小。但需要注意的是，信息技术复杂性和易传播性可能会带来互联网金融的系统性风险。

2. 互联网金融是一种普惠金融，体现金融民主化

普惠金融也称包容性金融，核心是为社会所有阶层和群体提供有效和全方位的金融服务，尤其是那些被传统金融所忽视的农村地区、城乡贫困群体以及小微企业。联合国 2006 年《建设普惠金融体系》蓝皮书指出，普惠金融的目标是："在健全的政策、法律和监管框架下，每一个发展中国家都应有一整套的金融机构体系，共同为所有层面的人口提供合适的金融产品和服务。"

互联网金融是普惠金融理念下具有代表性的金融创新，是"开放、平等、分享、协作"的互联网精神与传统金融服务业相结合产生的一个新兴领域。诺贝尔经济学奖获得者希勒教授认为"互联网是推动金融民主化的重要力量"，信息技术可以让金融实现更复杂的功能——比如可以利用大数据来精细计算合同价值等等。互联网金融具有普惠特性，体现金融的民主化进程。

从金融服务主体角度看，互联网金融的普惠性表现在增加了金融服务提供者的数量，打破了垄断的传统金融体系，使得越来越多的电子商务平台和互联网企业进入金融行业，增加了市场竞争主体，提升了市场竞争程度。

从金融服务客体角度看，互联网金融的普惠性一是表现在金融服务的多样性。互联网技术和移动互联网技术的发展，及其对传统经济活动的渗透和颠覆，涌现出越来越多的新型产品和新兴行业。支付结算与互联网结合产生了诸如支付宝、财付通等第三方网络支付；货币基金与互联网结合产生了诸如"余额宝"等各类"宝宝"；民间个人间借贷与互联网结合产生了诸如宜信、人人贷等 P2P 网络借贷……凡此种种金融产品和服务均是借助互联网技术而产生，也借助互联网平台而进行传播。二是表现在金融服务对象的广泛。互联网金融服务对象以被传统金融所排斥的众多中小微企业和小额投资者为主。互联网金融以计算机网络、网络平台为载体，通过分布式协作，为用户提供低成本、高效率、便捷性金融产品和服务，覆盖传统金融业服务不到的范围。三是表现在金融交易地理范围的拓展。互联网金融通过互联网基础设施的普遍覆盖性，使金融覆盖地理范围大大扩展。传统金融机构网点虽然很多，但还无法达到覆盖每个村、镇的数量。移动互联网技术的成熟和终端设备的普及极大地拓展了互联网金融服务的地理边界，无线信号覆盖之处皆可开展互联网金融业务。四是表现在金融服务的低成本。无论是传统金融机构通过互联网、移动互联网等开展金融业务，还是互联网企业通过自身已有的平台开展金融业务，均是将一部分或全部业务放在网络上进行，降低了金融服务的提供成本。金融服务的低成本使得金融服务更易于被众多中低收入者所接受，因为这些人群对成本的敏感性更高，即对金融服务的需求弹性较高，相应地较便利和低成本的金融服务对这些人群带来的边际效用更大。

3. 互联网金融是一种平台金融，具有双边市场性

由于监管严格、垄断性强，银行等传统金融机构缺乏足够的创新空间和动机，互联网企业成为"中国式"互联网金融主体。互联网金融业务是具有双边市场特征的平台企业在依靠各自核心业务成功聚合庞大用户数量基础上发展起来的，这一独特的发展路径使我国互联网金融具有双边业务特征。

双边市场具有如下特征：一是平台企业连接两个不同的用户群体；二是双边用户之间具有交叉网络外部性，即一边用户数量的增加会导致另一边用户数量的增加和效用水平的提高；三是价格总水平不变时，平台企业向两边用户定价结构的不同会影响使用该平台的用户数量。电子商务平台具有典型双边市场特征。买卖双方构成电商平台的双边用户群体，入驻该电商平台的卖家数量越多，竞争就会越激烈，买家选择空间越大，就越能够以低价格获得商品和服务；反之，越多的买家选择某一电商平台进行消费，卖家获益越大。而电商平台为扩展市场，提高用户数量，往往向买家免费，甚至在发展初期向买家给予大量优惠，即向买家定负价格，而向卖家收取一定费用。

利用电子商务平台，双边用户的交易过程其实是一个资金支付和管理过程，在这个过程中电商平台积累了双边用户大量商业信誉、交易规模、支付结算等包含金融需求的信息。这使得电子商务企业有先天优势和基础提供金融产品和服务，也使得互联网金融业务具有双边市场特征。第三方（网络）支付、P2P 网络借贷和众筹具有典型的双边市场性。以第三方网络支付为例。收款方和付款方构成支付平台的双边用户，越多的收款方使用该支付平台，会激励越多的付款方使用该平台。同时，支付平台通常不向付款方收费，而向收款方收费，这会促使更多的付款方选择免费的支付平台。

4. 相比传统金融，互联网金融加速了金融的深化

首先，互联网金融极大地提高了金融运行效率。随着平板电脑、手机的普及，其随时上网、携带方便、易于操作的特点，使客户可以随时随地享用互联网金融提供的金融服务。在互联网金融模式下，资金供求双方通过网络平台自行完成信息分析、市场匹配、结算清算、交易转账等业务，操作流程简单，业务处理速度快速，客户不需要排队等候，甚至不需要亲自前往，大大提高了金融运行效率。以微信支付为例，2013 年 8 月 5 日，微信 5.0 上线，“微信支付”商业化功能面世。2015 年微信支付与支付宝的竞争日趋激烈，微信的流量优势助力明显。腾讯公司发布的数据显示，目前微信的月活跃用户逼近 6 亿，而微信支付用户数达到了 4 亿。在微信直接带动的消费支出中，娱乐占了 53.6%、公众平台占了 20.%、购物占了 13.2%、出行占了 11.3%、餐饮只有 2%。总体来看微信直接带动的生活消费规模已达到 110 亿元，其中娱乐消费是最大支出，规模为 58.91 亿元。

其次，互联网金融扩展了金融交易边界。在互联网金融模式下，客户能够突破时间和地域的约束，通过互联网寻找需要的金融资源，使金融服务更直接，客户基础更广泛。比如，在传统金融模式下一直困扰人们的小微企业贷款难问题，通过互联网金融模式的运作向人们展示了美好的前景。不管是“融360”、好贷网这类作为互联网金融门户的网站模式，还是像巨汇财富GTG网站和拍拍贷网站这类网络贷款（P2P）模式，其共同点都是通过互联网金融方式为小微企业提供融资贷款服务，覆盖了部分传统金融业的金融服务盲区。

再次，互联网金融降低了交易成本。互联网金融业务主要由计算机处理，比起传统金融业务，操作流程简便，信息对称，凡计算机系统能处理的金融交易尽量不用人力，凡电子渠道能销售的金融产品尽量不用网点，凡远程集中能处理的业务尽量借助互联网用低成本人工和场地，凡数据挖掘能找到的目标客户尽量用移动互联网方式营销客户，从而大大降低了交易成本。

最后，互联网金融凸显需求推动的金融创新。在传统金融模式下，金融创新的主体是金融机构自身，产品与服务的创新模式单一化、同质化、标准化，譬如理财、基金、证券、信托等，产品一旦设计出来，就可以在同业间迅速推广普及，投资者或消费者被动接受这一产品和服务。这是一种明显的供给型金融创新。而在互联网金融模式下，来自于用户、消费者的个性化、细分化、非标准化的金融需求成为金融创新的新动力，互联网金融企业根据消费者的消费习惯、风险偏好、信用情况、支付能力等来设计开发个性化金融产品和服务，消费者选择的范围更加广泛，市场竞争也呈现多元化、异质性的竞争。

三、互联网金融与传统金融的比较

互联网金融的本质仍然是金融。那么，互联网金融与传统金融有什么联系？相比传统金融，互联网金融又有哪些新表现，融入了哪些新元素？本书主要从金融要素角度分析互联网金融与传统金融的联系和区别。如图1-3所示。

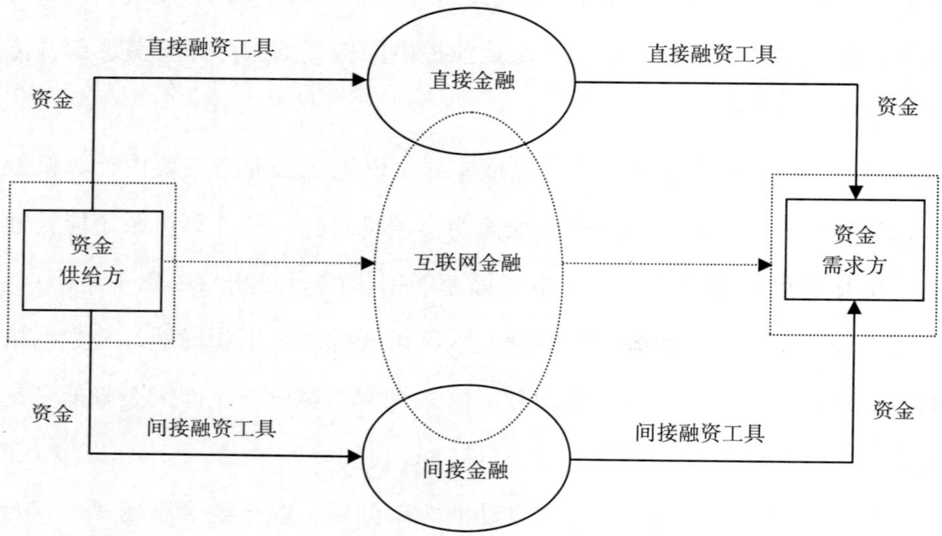

图1-3 互联网金融资金融通示意图

1. 互联网金融与传统金融的联系

互联网金融与传统金融的联系体现在，互联网金融的本质仍然是金融。传统金融融资主要通过证券市场的直接融资和通过银行等中介的间接融资。而互联网金融是这两种融资方式的混合，既有通过平台中介的间接融资，也有通过资产证券化的直接融资。两者的联系还体现在，互联网金融是金融中介机构，属于金融基础设施范畴。交易成本和信息不对称是金融中介理论的两大基石[⊖]。弗雷德里克·米什金（Frederic Mishkin）指出，

⊖ 经济学界对金融中介的研究历史长且成果丰富，但真正专门研究金融中介问题的核心理论则是在引入交易成本和信息不对称因素之后才开始的，这种基于交易成本和信息成本的讨论是金融中介理论的主流。钱特认为，金融中介这一组织形式的存在是企业内部化市场交易费用，减少不确定性和信息不对称性，实现合理边界的动态演化过程。

金融中介和市场存在主要有两个原因，一是他们有规模经济和专门技术，能够降低资金融通的交易成本；二是他们有专业的信息处理能力，能够缓解资金供需双方间信息不对称性及由此引发的逆向选择和道德风险。瓦尔拉斯均衡理论认为当市场中供给与需求相等时，资源达到帕累托最优配置，此时不存在金融中介和市场。在现实世界中，由于存在交易成本和信息不对称问题，金融中介和市场得以存在，以减少交易成本和解决信息不对称问题。互联网金融能够极大降低金融业务的交易成本，缓解信息不对称性，对金融中介理论是一个极大的补充和发展。

2. 互联网金融与传统金融的区别

互联网金融与传统金融的区别主要体现在金融参与要素方面。互联网金融在金融参与主体和客体、行业边界、服务模式等方面具有新表现。

1）金融参与主体方面。互联网金融扩大了金融主体的数量和范围。传统金融的参与主体是银行、证券、保险等金融机构，而互联网金融的参与主体还包括了电子商务平台、互联网企业等非金融机构。

2）金融参与客体方面。互联网金融扩大了金融参与客体的数量和范围。很难从传统金融机构中获得金融服务的众多中小企业成为互联网金融的主要服务客体。这些处于统计分布尾部的中小企业具有融资需求频率高、单笔融资额小、数量众多的特点。

3）金融边界方面。从服务对象、金融产品和服务、服务渠道三个方面对互联网金融的边界进行界定。现阶段，“中国式”互联网金融服务对象主要为中小企业，较少涉及大型企业；金融产品以能够依托互联网快速传播的标准化产品为主，这类服务和产品往往具有极好的客户体验性；服务渠道以互联网、移动互联网为主，相比于传统柜台渠道，互联网金融能够以较低成本实现全天候、跨区域服务。

4）金融服务模式方面。“中国式”互联网金融服务模式更加多样化、融合化。现阶段，互联网金融主要有第三方支付、P2P 网络借贷、电商金融、众筹等发展模式。这些模式均是对传统金融服务模式的有益补充，并且，随着互联网、移动互联网技术的广泛应用，以及对互联网精神的深刻领悟，将会涌现越来越多的金融服务模式。

互联网金融与传统金融在信息处理方面也具有较大的区别。金融业本质是信息数据，各种金融产品是信息数据的不同排列组合。互联网金融相比传统金融，其信息生产和处理方式显著不同。在传统金融中，信息的生产和传递主要通过手工或面对面交流；在互联网金融中，信息产生和传播主要通过搜索引擎、大数据、云计算和社交网络等。信息透明既是互联网的潜力所在，也代表新金融秩序和金融创新的方向。通过信息对称机制化解金融风险，是金融创新的新思路。在互联网金融模式中，资金供求双方通过网络平台进行信息发布和甄别、资金供需匹配、支付结算等行为，借助互联网开放、共享的特征极大地降低金融交易成本，提高信息透明度和传播效率。同时，借助大数据、云计算等技术，互联网金融企业能够在精确建模和风险控制基础上，极大地提高资金周转率和信贷产品的服务效率，也能够很好地进行风险识别和风险分散。

第二节
互联网金融的本质与功能

一、互联网金融的本质

金融简单而言是指通过金融平台、金融产品和服务，金融机构将资金在借入者和投资者之间有效率、低成本、风险可控地进行传导。从金融的功能角度来说，金融有三个功能。第一个是支付功能。全世界最古老的金融产品是什么？是钱，所以支付的功能是金融的第一个功能。第二个是融资和投资，就是之前定义的“传导”。第三个功能是金融机构匹配金额、期限、风险、流动性等约束条件。尽管如此，金融最重要的功能是支付，然后才是融资和投资，然而传统金融似乎忽略了第一个功能。此外，传统金融机构也有商业性质，同样有产品、服务、价格和渠道，只不过金融机构买卖的产品和服务是有风险的，存在道德风险和逆向选择。

而从互联网金融的狭义概念上不难看出，互联网金融仍没有脱离金融的范畴，其本质仍是资金的融通。只不过与传统金融模式相比，互联网金融实现的是“渠道”或“平台”的突破和优化，回归了金融的第一功能，其次实现了产品和服务的创新，大大提高了资金支付的效率，实现了多元化、深层次的资金供求匹配。

金融基于交易而产生并发展，包括货物交易、服务交易、资金交易和资本交易等，互联网作为一项新型技术工具，为现代交易内涵引入了全新元素，创新了交易实质，互联网金融就是交易创新的核心构成。一个完整的交易系统包括交易主体、交易客体和交易内容，互联网金融对传统交易体系进行了重新解构。交易主体的释放是一项重要内容，也是互联网金融能够得以持续发展的基石。互联网金融范畴下的交易主体成为真正的金融主体，从一个单纯的金融被动接受者转变成为现代金融的创造者，同时互联网技术将这些点状分布的金融主体构造成一种网状，形成一个基于互联网的现代交易网和金融网。互联网金融产生于交易，同样也回归交易，主要包括三方面内容：其一是支付交易，支付交易的核心是支付，互联网金融创新了支付工具，这也是互联网全新技术的体现；其二是服务交易，通过互联网金融的资金融通功能，为交易提供资金支持；其三是创造交易，互联网金融进一步深化了交易与金融的融合，不仅通过互联网现代技术手段将交易客体更加多元化，而且将交易内容进一步延伸。

在银行等主导的传统金融模式下，金融信息及资金高度集中在银行等传统金融机构部门，中国特殊的金融体制和社会征信体系的不完善造成了银行等金融机构“嫌贫爱富”的特点和作为资金融通平台的垄断地位，并成为金融资源的“做市商”。传统金融机构的风险偏好、盈利模式与风控措施基本上是围绕大型企业与精英阶层“量身定做”，因此这样的金融市场实现的是“金字塔”顶端少数大客户资金需求与精英阶层资金供给方的匹配（见图 1-4 中图形两边上端），而大部分中小微企业的资金需求与普通民众保值增值的需求长期排斥于传统金融市场之外，金融市场存在结构与功能的双重“缺陷”。而且银行主导的金融市场资金供求双方不直接发生关系，无论是资金供给方还是资金需求方均仅与银行等金融中介发生债权债务关系，银行等金融机构高度垄断市场供求信息，并享有资金的定价权和配置权利，这是中国传统金融机构超高利润来源的根源。

但是互联网金融的出现打破了传统金融机构“平台”垄断地位，互联网金融及其多种模式的不断创新，为金融市场注入了更多“平台”和“渠道”，这样被排除于传统金融市场的中小微企业与普通民众的资金供求得以匹配（金字塔顶端以下部分），且与传统金融有所重叠（即传统金融市场被互联网金融部分分流），表示部分高端客户也被互联网金融所吸引。而且在互联网金融模式下，资金供求双方可以直接建立联系（图 1-5 中互联网金融方框中的虚线部分），互联网金融仅仅是纯平台式的服务，而且资金供求方通过互联网金融平台实现了多元的交错匹配。

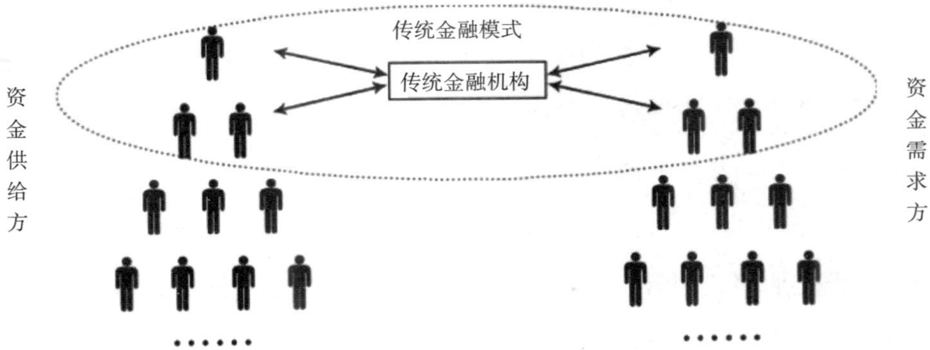

图 1-4 传统金融模式

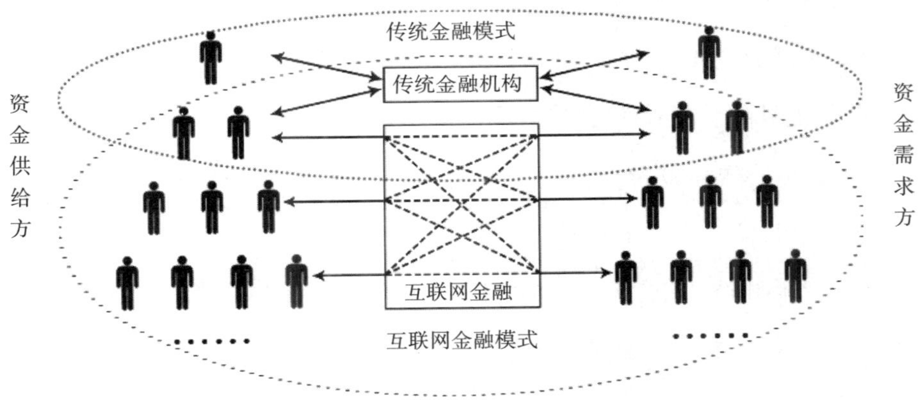

图 1-5 传统金融模式与互联网金融模式共生

二、互联网金融的功能

互联网金融的本质仍是金融，而金融最基本的功能就是支付清算、资金融通、资源配置、风险管理、信息匹配以及激励功能。互联网金融并没有颠覆上述金融的基本功能，但是在以下几方面发挥了更有效的作用：

1）支付结算功能。尤其是第三方支付和移动支付，提高了支付结算的效率和时间成本，涉及的交易金额和交易范围迅速扩大，且具有很强的增长潜力。

2）资金融通功能。以P2P、众筹等为代表的互联网金融模式是典型的融资创新手段，在吸收社会闲散资金，实现普通大众理财需求与中小微企业融资需求的对接方面作用巨大。

3）信息挖掘与风险管理功能。互联网金融相对于传统金融而言，信息的来源更加多元，信息监测更易实现，信息传播更加透明，信息传递环节缩短，信息生成到传递的成本降低，尤其是借助于云计算和互联网移动技术，海量信息的生成及跟踪分析成为可能，信息作为一种要素的价值日益突出，这也为风险管理提供有效的途径。

4）金融延伸与扩张。由此大大拓展了金融服务的生产可能性边界，使以前不能获得传统金融支持的群体也可以得到金融支持。这一特征意味着在短期内互联网金融在游离于传统金融服务之外的市场上，如小微企业、个人客户等，会有较强的竞争力。

5）货币创造。以比特币等虚拟货币为代表，具备了货币的一般基本功能，譬如交易支付、结算、流通等。

专栏1-1：1.0版本时代的陆金所交易模式

陆金所全称是上海陆家嘴国际金融资产交易市场股份有限公司，于2011年9月成立于上海，注册资本8.37亿元，是中国平安保险（集团）股份有限公司旗下成员之一。美国Lend Academy调查报告显示，陆金所目前已经是世界上第三大P2P平台，并且是其中增长最快的平台。在2012年8月，陆金所正式推出“稳盈－安e贷”时，月交易额不足4000万元，在2014年7月，日交易额已接近3000万元，这是传统金融产品难以企及的成长速度。陆金所是全球第三大

P2P 平台，但陆金所绝不满足于此，陆金所给自己的定位是大金融资产交易平台，为达此目标，陆金所倾力打造了两大交易平台：网络投融资平台（Lufax）和金融资产交易服务平台（Lfex）。

Lufax 是陆金所的个人金融服务即 P2P 网贷业务，Lufax 平台提供了多种产品，包括稳盈－安 e、稳盈－安业、富盈人生、专项理财和 V8 理财五种产品。陆金所尽管也采用 P2P 模式，但与 Lending Club 等都存在一些差异，主要体现在“线上＋线下”模式、平安全额担保、标准化产品。

“线上＋线下”模式：陆金所的投资者全部是从网站上直接获客而来，但部分借款人仍然是来源于线下的渠道，由线下门店推荐上来的借款申请人在网站提交借款申请后，在网点提交纸质申请资料（陆金所在国内有 26 个服务网点）。面对面的资料审核虽然有助于陆金所控制信用风险，但也给陆金所获客的地域和实效性带来了不良影响。

平安集团全额担保：陆金所 Lufax 平台上的产品（除 V8 理财外）都由平安担保提供全额担保，平安集团的背书基本保证陆金所 P2P 网贷的零信用风险，这也是为什么陆金所能以低得多的收益率吸引如此多投资者的原因。但根据我国担保业的规定，担保公司提供担保的额度不得超过其注册资本的 10 倍，为陆金所提供担保的平安天津担保公司注册资本金仅为 2 亿元，其担保的 P2P 网贷已经超出了其上限，陆金所的全额担保难以持续。

标准化产品：陆金所为 P2P 产品设定了统一的利率标准，即在央行同期贷款利率上浮 40%。与美国 Lending Club 等 P2P 公司不同，投资者在陆金所平台上的资金出借行为并非直接面对借款人，而是由陆金所批量打包借款需求，整合成理财产品对外销售。图 1-6 为陆金所金融商业模式。

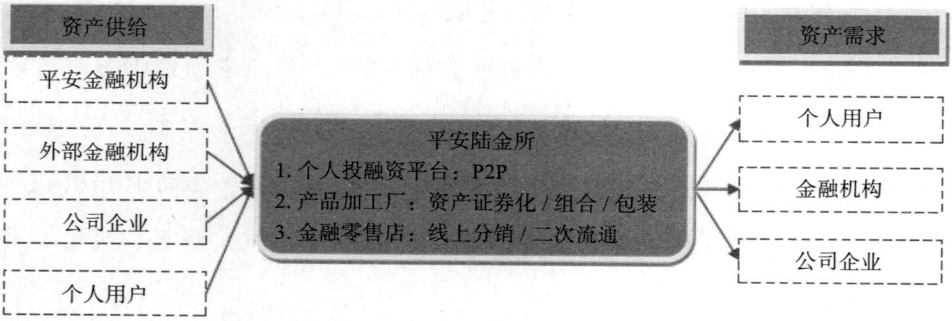

图 1-6 陆金所金融商业模式

第三节
互联网金融的根源与成因

一、国外互联网金融发展起源

互联网金融的形态诞生于发达国家，但是发达国家并没有出现“互联网金融”这一词汇，而是将 P2P、众筹等统称为替代性金融（Alternative Fiance，顾名思义就是替代传统金融，为避免分歧，本书全部用“互联网金融”代替）。20 世纪 90 年代中后期，互联网对于金融行业的改造开始加速。目前，以欧洲、美国和日本为代表的发达国家的互联网金融发展已相对成熟。尤其是 Web 2.0 的兴起和 2008 年金融危机的爆发，为 P2P 借贷等新的金融形态快速发展提供了契机，同时也形成了一些不同于国内互联网金融的特征。

1. 主要发达国家互联网金融发展现状

（1）欧洲互联网金融发展情况

根据剑桥大学和安永会计师事务所2015年2月发布的报告统计，欧洲互联网金融市场交易额从2012年的4.87亿欧元增长至2014年的29.57亿欧元，平均年增长率高达146%，其中英国、法国、德国位居前三。截至2014年年底，欧洲共有255家平台公司，其中英国（65家）、西班牙（34家）、法国（33家）、德国（31家）和荷兰（31家）平台公司数量位居前列且发展较好；主要的互联网金融类型为P2P个人借贷、奖励类众筹、P2B借贷、股权众筹、社区股份/小额贷款（Robert Wardrop，2015年）。

（2）美国互联网金融发展情况

美国是互联网金融发源地，比较有代表性的类型是P2P。2006年2月，美国拥有了第一家盈利的P2P平台——Prosper，其一诞生就爆发出巨大的能量，9个月内聚集了10万会员，发放贷款2000万美元。2007年5月，美国第二家盈利性P2P平台Lending?Club在Facebook上开始运行，借助Facebook认证的大量朋友圈数据，很快成为全球最大的P2P，2014年12月Lending Club在美国纽约证券交易所成功上市，成为全球第一家上市的P2P企业。美国互联网金融的其他类型还包括网络银行、网络保险、网络基金、网络支付、门户网站和众筹。

（3）日本互联网金融发展情况

日本互联网金融比与美国晚了将近10年。其发展壮大依循集团化模式，重视集团内部互联网金融产业链的打造，发挥“利益共同体”的业务协同优势，共同面对外部竞争。这种模式促进了互联网金融巨头的产生，具有代表性的是SBI集团、乐天集团、Monex证券。在移动互联网金融发展上，日本领先于美国，这与其移动互联网的快速发展和基于此的移动支付产业链“捆绑”发展密切相关，并形成以网络运营商所主导发展的局面。2004年以前日本主要利用IC卡实现小额支付功能，NTT DOCOMO与Edy合作推出“手机钱包”集成各类IC卡功能，很快得到推广。2004年日本政府放松了对银行信用卡业务限制，移动网络运营商开始与银行结盟，“进军”大额支付。

2. 发达国家互联网金融发展的特征

1）从市场环境看，发达国家的互联网金融诞生于佣金自由化和混业经营开放的市场环境中。发达国家金融组织体系健全，市场多元化发展，金融创新活跃，尤其是利率市场化和资产证券化，导致市场中“金融脱媒”显著，互联网金融的出现再次引发了“市场脱媒”到“技术性脱媒”的转变。但是总体而言，由于市场体系均衡发展，传统金融仍占据市场主导地位，互联网金融市场份额并不高。

2）从制度环境看，发达国家的法律制度健全，欧美等国已经形成了比较完善的互联网金融监管体系和制度，尤其是在规范网贷平台、保护消费者权益方面制定了大量的监管政策。此外，行业自律组织的健全和全社会发达的企业与个人征信系统也有助于互联网金融风险的防范与管理。

3）从社会环境看，尽管网上借贷相对便捷和更多样化，但是由于互联网金融创新速度快，不确定性和风险相对传统金融也比较高，因此发达国家的互联网金融更多地停留在“社区”或某些细分行业内，并没有形成广泛的“群众基础”和“用户黏性”。

4）从技术环境看，发达国家对于云计算和大数据技术运用更为成熟，尤其是将上述技术与社交网络相结合，改进了风险的评估建模方法和效率，从而为全面跟踪和评估个人信贷风险、开发小额信贷和供应链金融奠定了技术基础。

二、国内互联网金融发展起源

对互联网金融兴起和发展原因的分析，文献集中在技术、银行意愿和利润、客户意愿、政府监管等外部因素上，缺乏对其本质原因和内部因素的分析。本书认为，资本逐利性以及资本为突破对其逐利性的限制的内在动力是互联网金融兴起和发展的本质原因，而市场供求结构的变化、普惠金融政策的出台以及技术革新都为互联网金融在中国的爆发提供了前所未有的历史机遇。

1. 金融抑制下的市场需求是互联网金融发展的内在动力

Ronald I. Mckinnon 和 Edward S. Shaw 研究认为发展中国家存在的金融抑制阻碍了经济发展。金融抑制的主要形式包括存贷款利率限制和资本账户管制，政府采取的使金融价格发生扭曲的利率、汇率等金融政策和金融工具，政府当局对金融活动的强制干预，人为地压低利率和汇率，这导致金融体系与实体经济皆停滞不前。在金融抑制下，因为存款的实际收益很低，所以储蓄很低。由于银行不能根据风险程度决定利率，较低的实际贷款利率则吸引了那些低收益和低风险项目，而对生产性项目或高风险项目来说，要么得不到贷款，要么借助于信贷配给。而银行只能选择安全项目，从而使风险降低，因此对于生产企业来说，很难得到银行信贷，只好求助于非正式或场外市场，这样非正式的信贷市场就会产生。利率和汇率管制降低了持币成本，直接增加了货币需求，其导致的投资和对外经济结构扭曲则间接地增加了货币需求而且金融抑制会直接和间接地对居民的货币需求产生影响。

同样，中国的金融体系长期处于金融抑制之中，利率受到管控，资金主要由银行体系进行配置，而逐利的市场必将试图利用任何由于管制而可能产生的套利空间。Garnaut 等人的研究表明，中国官方利率至少比市场利率平均低 50% ~ 100%，且绝大部分低息贷款配置给了与政府关系密切的国有企业。陈斌开、林毅夫研究认为在 1993 ~ 1995 年间，中国存款真实利率为负；在 1996 ~ 1998 年间，居民存款真实利率稳步回升；自 1999 年以来，存款利率再次被持续压低。金融抑制实际上形成了一种居民补贴企业、穷人补贴富人的“倒挂”机制。由于金融抑制的存在，存款利率被严重压低，作为存款者的穷人获得的财产收入非常低，低廉的资本价格被用于补贴国有商业银行和获得贷款的企业。这种“穷帮富”的机制直接导致了国民收入分配结构向政府和企业倾斜，加速了居民财富分配向富人集中的趋势。金融抑制正将大量的金融补贴从居民转移到国有企业和政府财政，导致居民收入占国内生产总值的比重下降。据尹希果等估算，从 2000 年到 2009 年国有企业和政府财政获得的隐性金融补贴总计高达 16.27 万亿元。

而在市场利率方面，1990 ~ 2013 年，中国金融机构 1 ~ 3 年期贷款基准利率与同期活期存款基准利率之比为 4 ~ 17，尤其是 1999 年以后，活期存款基准利率下降幅度加大，当前 1 ~ 3 年期贷款基准利率与同期活期存款基准利率之比高达 17。而 2013 年年底，中国活期存款总额高达 21.66 万亿元，而 2014 年 1 月底则减至 18.81 万亿元，同比减少 2.05 万亿元，而余额宝规模突破 4000 亿元，理财通成立 40 余天规模也超过 500 亿元。这在很大程度上说明利率市场化推进、理财产品增多，特别是近期货币市场基金快速发展对居民存款的分流明显，利率对金融资源的调节作用凸显。

因此互联网金融的出现摆脱了当前金融市场格局下对资本在时间与空间的限制，打破了传统金融行业的市场垄断地位和超高利润模式，引发了金融业在内的行业融合，促进了多个产业之间的技术、产品以及服务的相互渗透、交叉，拓宽了资本运作的方式和渠道，有利于实现不同产业利润均衡化，满足了资本对于保值增值的原始需求。

2. 市场供求结构的变化是互联网金融兴起的微观基础

（1）需求驱动因素

在传统金融市场上，金融市场各主体的运营成本、融资费用、信息不对称风险、时间消耗等众多成本的存在使得各个主体对金融模式创新的渴求更为强烈，尤其是随着中国经济进入新常态，这种由需求拉动的因素逐渐改变着金融主体的消费习惯，模仿型排浪式的消费逐渐由多元、细分、个性化的消费趋势所取代，实体经济产生新的金融需求成为互联网金融产生的强大内在推动力。进入 21 世纪以来，科技、通信、交通以及计算机技术、互联网、大数据的快速发展，都在悄无声息地影响着实体经济，实体经济的生产经营模式发生了巨大变化。而金融业是服务于实体经济的特殊行业，其经营模式应随实体经济的变化而发生相应变化，实体经济生产经营模式变化则衍生出许多新的金融需求。而互联网金融能够满足顾客尤其是中小企业和小微企业的金融需求及其提升。互联网金融能够凭借自身优势，针对每位顾客多样化、差异性需求，根据客户信息进行创新，以此为支点推出量身定做的金融产品。通过对客户细分定位，在互联网平台或移动支付平台上提供不同类型的金融产品，客户可自主在互联网平台或诸多移动金融服务中进行个性选择，决定接受何种金融服务，从而最大化满足客户需求。金融发展实践证明，仅仅凭借单纯的支付创新，仍然不足以让电子商务大行其道，提高服务水平才是生存之道。电子商务企业的服务创新源自对消费者偏好最真实的把握。消费者每一次的消费记录、评价被商家“消化”，也被网站企业“消化”，长年累月形成了所谓的“大数据”，而大数据成为不断更新金融服务的基本依据。

（2）供给推动因素

互联网和手机的普及、数据搜索和云计算等技术的发展、金融与互联网机构的技术平台的革新、企业逐利性的混业经营等为传统金融业的转型和互联网企业进入金融业提供了可能，为互联网金融的产生和发展提供了外在的技术保障与支撑，成为一种外化的拉动力。在互联网“开放、平等、协作、分享”的平台上，第三方融资与支付、在线投资理财、信用评审等模式的不断涌现，不仅使现代信息科技更加便捷地服务于各金融主体，也使得传统的金融市场格局发生了巨大的变化。对于传统金融机构，特别是银行、保险和证券等机构而言这些变化所带来的机遇大于危机，发展胜过挑战。

在互联网社会大背景下，个人在极力追求自己的与众不同，企业在努力提供差异化的产品和服务以迎合这种个性化的需求。互联网金融主要定位于“二八定律”中属于长尾部分的80%小微客户，其在服务这些客户方面具有先天优势，可以高效率解决这些用户既小额又个性化的需求。如互联网金融门户“融360”可使用户搜寻不同金融机构类似信贷产品和服务的信息以进行比较，选择最符合自己需求的信贷产品；P2P信贷公司、网络理财产品不断追求良好的用户体验，以满足用户对便捷性、易得性等的需求。

3. 信息技术进步为互联网金融发展提供了技术保障

纵观互联网金融的发展历程，可以看到正是信息技术的不断发展及其在金融领域的应用和渗透，促使了从电子金融到网络金融，再到互联网金融的发展。回顾历史，每一次革命性的技术创新均对经济发展和社会发展产生颠覆性的冲击和影响，在这个过程中产生诸多新行业，或通过新技术改造传统行业。

发生于18世纪60年代至19世纪40年代的第一次工业革命，发源于英国，以蒸汽机为标志技术，以富尔顿发明轮船、斯蒂芬孙发明蒸汽机车为标志事件，在棉纺织业、交通运输业引发产业革命，导致以工厂区为特征的核心城市的出现。

发生于19世纪70年代至20世纪初的第二次工业革命，以德国、英国、美国为发源国，以电力技术为标志性技术，以西门子发电机、格拉姆电动机、卡尔·本茨发明内燃机汽车、莱特兄弟发明飞机为标志性事件，在电力、交通运输、通信领域引发产业革命，催生了工业与房地产业的繁荣。

始于20世纪40年代的第三次工业革命，以美国、法国、中国、俄罗斯等为发源国，依托电子计算机和互联网、云计算、大数据、物联网、新能源技术、新材料技术、生物技术、空间技术和海洋技术，催生了智能制造、互联制造、定制制造、绿色制造四大新型业态，也形成了扁平化的社会结构。

互联网金融正是依托大数据、云计算、移动互联和社交网络发展起来的新兴金融业态。互联网金融借助支付技术、现代网络通信技术及云计算等手段，实现了“细分市场”，降低了交易成本，改变了市场信息传递、指令形成与执行、支付清算的程序和过程，提高了市场交易者的地位和传统市场的透明度。

（1）移动支付的革命

支付方式是金融的基础设施，会影响金融活动的形态。互联网金融模式下的支付方式以移动支付为基础，通过移动通信设备、利用无线通信技术来转移货币价值以清偿债权债务关系。移动支付的基础是移动通信技术和设备的发展，特别是智能手机和掌上电脑（比如iPhone和iPad）的普及。Goldman Sachs估计全球移动支付总金额2011年为1059亿美元，预计未来5年将以年均42%的速度增长，2016年将达到6169亿美元；对于移动支付占全球支付市场的比例，2011年约1.0%，2015年将达到2.2%。目前典型的有手机炒股、手机购物支付等，手机和掌上电脑替代信用卡将在不远的将来实现。据由中国金融认证中心（CFCA）发布的《2015中国电子银行调查报告》显示，在近场支付中，二维码支付已经大幅领先于NFC手机支付。目前NFC手机支付受限于需要特定手机、需要更换SIM卡成本等制约，从调查数据看需求前景并不是很明朗。当面向商家付款时，手机二维码/条形码支付使用率为24%，已经大幅领先于刷手机支付的方式（使用率10%）；近场支付主要场景为打车、超市便利店进行当面付款，其次为餐厅/饭馆、商城/商场/大型市场；当面支付100元以下金额时，用户首先使用手机二维码/条形码支付比例为28%，使用刷卡的比例为23%，刷手机支付的比例为7%；当面支付500元金额时，用户首选刷卡的比例猛增到58%。

（2）网络与通信技术革命

在网络经济中，信息的传播方式有了本质的变化，网络中的每一个结点都可以以发散的形式，同时从其他结点中获取所需要的信息，信息的传播效率大大提高，由于信息是从源头直接传递到使用者手中，信息的保真度较高，传递速度快。在这种情况下，人们对银行提供的信息收集与过滤的需求下降，对信息变化做出快速的投资反应成为客户最迫切的需求，而互联网及移动通信技术的发展和普及极大地拓展了金融服务的边界，使得金融创新活动有了无限想象空间。随着中国WiFi、4G等技术的发展，互联网和移动通信网络的融合趋势已非常明显，有线电话网络和广播电视网络也会融合进来。在此基础上，包括各种社交网络的兴起，极大地满足了客户个性化的体验和需求，真正实现了“细分市场”和“私人定制”。

（3）大数据与云计算

在大数据环境下，互联网金融的很多相关事务才有实现的可能，其中最大的可能就是大数据之下风险定价和风险管理的效率远远超过人脑的判断效率。很多风险定价不取决于财务报表的分析，而是取决于行为数据的收集和自动生成，这将颠覆目前风险定价的基本原理。而且在很多定价方面，大数据会起到根本性作用。而为了保障了移动支付所需的存储和计算能力，云计算可以将存储和计算从移动通信终端转移到云计算的服务器，减少移动通信设备的信息处理负担。这样，移动通信终端将融合手机和传统 PC 的功能，保障移动支付的效率。云计算的经济效应体现在以下三种情况：对服务需求时间分布不同的企业通过交叉配置服务使用时间以提高服务器使用效率，降低企业成本；无法预测未来对服务器需求量的企业可以按需购买服务，而不用投入巨额硬件成本，由此优化企业成本；需要对数据进行批量分析的企业可通过使用“成本结合性”云计算功能来提高分析效率。

4. 生态金融群落沉淀是互联网金融赖以生存的环境基础

互联网金融的产生有着独特的金融生态环境，相对于传统金融而言，互联网金融植根于特定、多元化、差异化的社会群体之内，无论是 P2P，还是众筹、电商金融，都有一个独特的甚至是相对封闭的金融生态圈。

首先是社交网路的兴起。腾讯、微信、微博等社交网络的兴起改变了人们的交流方式和信息传递方式，小众化、圈子化、个性化的信息群体大量形成，而且具备很强的用户黏性、扩散性和影响力。据统计，约有一半以上的中国网民通过社交网络沟通交流、分享信息，社交网络已成为覆盖用户最广、传播影响最大、商业价值最高的平台。社交网络在人们的生活中扮演着重要的角色，它已成为人们生活的一部分，并对人们的信息获得、思考和生活产生不可低估的影响。社交网络成为人们获取信息、展现自我、营销推广的窗口，更成为价值传递、商业模式塑造的重要载体。而互联网金融借助社交网络可以实现信息的迅速扩散和共享，具有天然优势。网络效应的巨大威力使得那些已经积聚了海量客户的互联网商业平台可以轻松地植入金融服务功能，迅速扩张其金融“版图”，令传统金融机构无法阻挡。与此同时，由于网络效应存在规模临界点的要求，以及近似于“赢者通吃”的特性，很多互联网企业不得不被迫涉足金融服务业，以便为其网络客户提供更加完备和便捷的服务，从而巩固和增强自身网络的网络效应，防止被竞争对手网络所超越。

其次是电子商务圈的迅猛发展。电子商务是指以信息网络技术为手段，以商品交换为中心的商务模式，其通过互联网技术对商家、消费者、物流和产品进行整合，改变了传统商业活动模式，也深刻地改变了中国人的消费模式和消费习惯。而据统计局数据，2015 年，全国网上零售额为 38773 亿元，比上年增长 33.3% ⊖。一方面电商平台企业使得电商积累了大量的客户数据，形成了具有黏性的网络社区；另一方面在电子商务的支付过程中，金融业务逐步渗透其中，尤其随着支付宝、余额宝等支付工具的使用，大量闲置资金“沉淀”在网络中，为电商进入互联网金融奠定了基础。

最后是个性化消费需求的形成。我国居民从传统的基本生活消费逐步向发展型和享受型消费过渡，经历了三次排浪式消费。从升级的购买力强弱看，从百元级到千元级再到万元以上级，每一次消费升级所体现的购买力水平都有大幅度提高。2014 年年底召开的“中央经济工作会

⊖ 数据来源：http://money.163.com/16/0119/10/BDMETSAF00252G50.html。

议”指出，从消费需求看，过去我国消费具有明显的模仿型排浪式特征，现在模仿型排浪式消费阶段基本结束，个性化、多样化消费逐渐成为主流。而移动产业及电商产业的发展及源于这种消费需求的改变，同时也成为满足和迎合这种消费需求的最佳途径之一。尤其是“80后”、“90后”消费者成为了网络消费的主力军，同时也是互联网金融产品消费的主力军。

5. 普惠金融的提出为互联网金融发展提供了政策保障

普惠金融（Inclusive Financial System）已经成为全球共识。联合国早在2006年即呼吁各国在确定金融服务的目标时，除了审慎监管存款人资金和维持金融体系稳定这两个目标外，还应将普惠金融作为重要的工作目标。2009年，G20国家领导人在匹兹堡峰会上郑重承诺“要促进更多的穷人享有金融服务”，并建立了“普惠金融专家工作组”。2010年6月，G20国家领导人在多伦多峰会上一致同意并发布了“创新型普惠金融的九条原则”。根据联合国及其他国际机构的定义，普惠金融可以归纳为：一国金融体系能够可持续地为该国弱势人群、弱势产业和弱势地区提供方便快捷、价格合理的基础金融服务，其中一个核心维度就是在服务对象上，主要针对的是弱势群体、弱势产业、弱势地区。

2013年，中共十八届三中全会提出“发展普惠金融。鼓励金融创新，丰富金融市场层次和产品”，以及“完善人民币汇率市场化形成机制，加快推进利率市场化，健全反映市场供求关系的国债收益率曲线”，首次将“普惠金融”作为金融改革的重要方向之一。而在2014年的政府工作报告中，中央政府再次提出“促进互联网金融健康发展，完善金融监管协调机制，密切监测跨境资本流动，守住不发生系统性和区域性金融风险的底线。让金融成为一池活水，更好地浇灌小微企业、‘三农’等实体经济之树”。2014 年政府工作报告对互联网金融的阐述可谓一次正面的定调，不仅意味互联网金融创新在政府层面正式获得认可，也彰显出了互联网金融行业在当前社会经济中不可或缺的地位和作用，这与提出“普惠金融”的意义如出一辙。可见互联网金融就是实现普惠金融的最佳形式和主要途径[⊖]。在 2015 年十二届全国人大三次会议上作政府工作报告中，李克强表示，今年将加强多层次资本市场体系建设，实施股票发行注册制改革，发展服务中小企业的区域性股权市场，推进信贷资产证券化，扩大企业债券发行规模，发展金融衍生品市场。推出巨灾保险、个人税收递延型商业养老保险。创新金融监管，防范和化解金融风险。大力发展普惠金融，让所有市场主体都能分享金融服务的雨露甘霖。

而在具体监管政策方面，新一届政府强调“简政放权”并充分发挥市场在资源配置中的决定性作用，改变了过去对风险“零容忍”监管思路，对于互联网金融监管持以开放和包容的理念，银监会在 2014 年年初曾公开表示：“对于互联网金融这样一类新出现的金融业态，需要留有一定的试错空间，过早的、过严的监管会抑制创新。”[⊜]

普惠金融的宗旨是使排除在金融体系之外的穷人和低收入人群可以享受到有效的金融服务以改善他们的生活。而互联网金融主要通过小额信贷、投资渠道、理财产品等几个方面为普惠金融的实现提供了新渠道。互联网金融模式可被用来解决中小企业融资问题和促进民间金融的阳光化、规范化，用来提高金融普惠性。互联网金融的发展也为普惠金融提供了更加丰富的理财产品，理财产品的门槛也大大降低，可以方便低收入阶层参

⊖ 2015 年 1 月 4 日，李克强总理视察深圳前海微众银行时指出：“你们要在互联网金融领域闯出一条路子，给普惠金融、小贷公司、小微银行发展提供经验。可以说，微众银行一小步，金融改革一大步。”（资料来源：中国政府网，2015 年 1 月 4 日）

⊜ 张晓朴，《互联网金融监管的十二原则》，第一财经日报，2014 年 1 月 20 日。

与投资，增加了新的投资渠道，对中低收入者的财富增值有积极的作用。此外，对于实施普惠金融的难度，一是在农村地区因地理和空间障碍所带来的高服务成本；二是在中小企业由于风险较高、服务成本高所导致不能获得金融服务。互联网金融可以突破空间障碍扩大金融服务覆盖的地理范围，使得农村地区很方便获得金融服务；可以通过大数据进行风险定价、降低服务成本，扩大金融服务覆盖的对象范围，使得中小企业和普通消费者很方便获得金融服务。政府对普惠式金融和互联网金融创新的正面阐述和政策支持为互联网金融发展提供了政策保障⊖。

第四节 互联网金融理论逻辑框架的建构

在对互联网金融概念、本质和存在基础进行剖析和界定前提下，本文尝试对互联网金融理论逻辑框架进行构建。众所周知，传统金融理论是建立在“信息不对称”和“交易成本”理论假设基础上的。信息不对称解释了传统金融机构产生的根源，而交易成本则揭示了传统金融机构运行的原理。而互联网金融的兴起直接冲击了传统金融的运行模式以及行业边界，动摇了传统金融理论的基石，并逐渐形成了独特的理论逻辑支点和框架。

⊖ 主要政策文件包括：① 2013 年 11 月 12 日，中国共产党第十八届中央委员会第三次全体会议通过《中共中央关于全面深化改革若干重大问题的决定》，正式提出“发展普惠金融。鼓励金融创新，丰富金融市场层次和产品。”② 2014 年 3 月 5 日，第十二届全国人民代表大会上通过的《政府工作报告》提出“促进互联网金融健康发展，完善金融监管协调机制，密切监测跨境资本流动，守住不发生系统性和区域性金融风险的底线。让金融成为一池活水，更好地浇灌小微企业、‘三农’等实体经济之树。”③中国人民银行《2014 中国金融稳定报告》指出，我国发展互联网金融“有助于发展普惠金融，弥补传统金融服务的不足”、“有助于促进金融产品创新，满足客户多样化需求”。

一、互联网金融的理论逻辑支点

1. 普惠金融

互联网金融的本质决定了其具有普惠性特征，而同时也是其得以存在和发展的依据。互联网金融拓展了市场交易的可能性边界，交易主体扩展到了中小微企业、普通家庭、基层群众，交易主体的多层次及利益诉求的多元化相互交织，集中爆发，市场需求主体结构的内涵和外延大大扩展，普通大众拥有平等的金融参与权、金融消费权、公平交易权和受教育权利。

2. 金融共生

金融共生是不同的金融组织之间、金融组织与企业之间、区域经济之间通过交互作用实现的和谐发展，包括共生单元、共生模式和共生环境。互联网金融的出现首先改变了国内共生单元缺位的现状，丰富了金融交易主体；其次是弥补了现有金融市场的功能缺陷，提高了金融市场效率，与传统金融形成良好互补，即优化了共生模式；最后互联网金融的出现客观上促进相关法律法规的完善，尤其是个人征信系统、风险管理体系等健全，有助于对共生环境的改善。

3. 内生性创新

而互联网金融模式下，来自于用户、消费者的个性化、细分化、非标准化的金融需求成为金融创新的新动力，互联网金融企业根据消费者的消费习惯、风险偏好、信用情况、支付能力等来设计开发个性化金融产品和服务，消费者选择范围更加广泛，市场竞争也呈现多元化、异质性的竞争，金融创新越来越体现为需求和供给联合或交错式推动的内生性创新发展模式。

4. 信息共享

一般均衡理论论证了所有商品供给和需求正好相等时，市场出清，资源配置达到帕累托最优，金融中介和市场都不存在。但是现实中，由于信息不对称和交易成本等“摩擦因素”，才有了金融中介和市场的存在。然而，随着网络技术的发展和普及，所有交易都可以通过互联网来实现，交易中间环节大为减少，信息沟通渠道缩短，信息处理与收集成本降低，信息传递的市场阻隔减少，信息成为一种公共资源而为全社会所共享。

二、互联网金融的理论逻辑框架

对比传统金融理论，我们根据互联网金融发展的理论支点构建了互联网金融理论框架，主要包括三部分：发展动因理论、发展模式理论和风险管理理论。其中发展动因理论在于揭示互联网金融存在的基础和根据，而发展模式理论在于解释互联网金融各种模式的发展演变规律，风险管理理论则侧重于研究互联网金融如何合法合规、有序健康发展（详见图 1-7）。我们判断，当前及未来的一段时间，互联网金融的学术研究也将主要围绕本文构建的理论框架展开。

发展动因理论从内在动力和外在条件两大方面解释互联网金融兴起和发展的原因，正如本章第三节所言，金融压制下的内生需求和当前国内市场供求结构的变化是互联网金融产生的根本动力，而现代信息与网络技术的发展为互联网金融提供技术支撑，普惠金融政策的实施为互联网金融的发展提供了政策保障。发展动因理论是互联网金融理论框架的基石，是理解互联网金融模式、探讨互联网金融风险管理的基础。

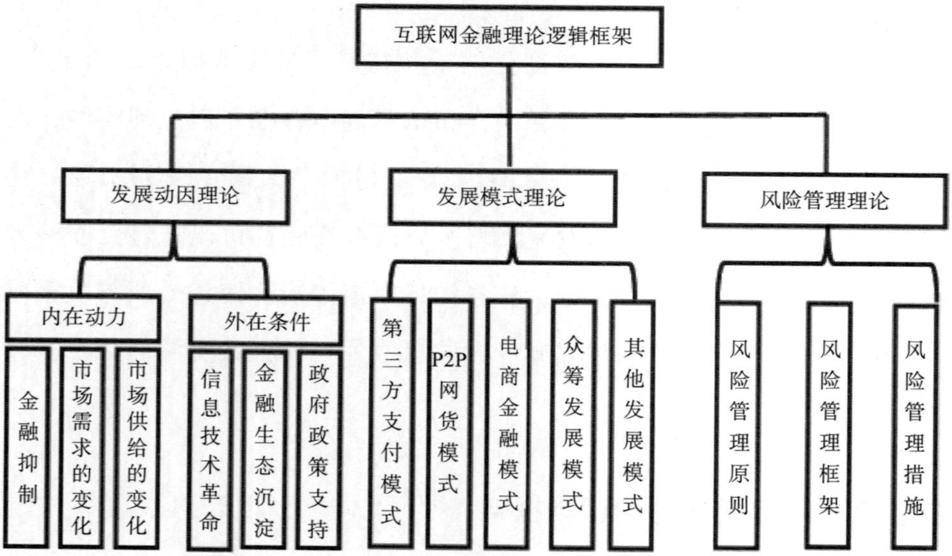

图 1-7 互联网金融理论逻辑框架

发展模式理论探讨现阶段互联网金融较为成熟的模式，主要包括第三方支付模式、P2P 网络借贷模式、电子商务金融模式、众筹模式等，以及上述模式分类的标准、特征及发展趋势，同时该部分理论要跟踪分析互联网金融新的产品、技术和业务模式的创新等。互联网金融发展模式理论是互联网金融理论框架的核心内容。

风险管理理论包括风险管理原则、风险管理框架、风险管理措施三个方面。互联网金融的风险管理原则应当坚持“开放”与“包容”，即给予互联网金融创新活动有“试错”空间，保持适度的风险容忍度。风险管理框架主要强调政府监管部门、行业自律组织、企业以及消费者四方的权责利。风险管理措施应当包括风险的识别、预警和排除。2013 年至 2014 年，互联网金融经历爆发式增长，行业集聚的系统性风险也开始显现，因此风险管理及监管问题将成为互联网金融理论研究与实践操作的重要方向。

第五节
互联网金融的主要风险

互联网金融呈现井喷式发展，对传统金融行业造成了巨大冲击，同时也不断刷新人们对传统金融与新生金融认识的边界。然而，在这欣欣向荣的背后，国内对互联网金融的概念、特点、模式、业务操作、风险以及监管均存在不同程度的认知差异和争论，许多研究和市场宣传也存在一定的误解、误导和误区，掩盖了互联网金融发展中存在的真实问题和面临的主要挑战。

一、监管与法律风险位居前列

互联网金融的法律法规风险主要体现为互联网金融的创新性与现行法律制度的滞后性冲突造成的风险。我国互联网金融的发展尚处于起步阶段，但发展非常迅猛，基于传统金融制定的银行法、证券法、保险法，很难满足互联网金融业务的监管需求。目前，我国互联网金融的法律法规风险主要表现在：一是现有法律的适用风险，即现有法律在互联网金融领域难以适用，容易导致交易主体之间的责、权、利边界不明确，一方面增加交易的不确定性；另一方面对某些金融行为（如虚拟货币）本身的违法与不违法难以界定；二是法律缺位风险，即相关法律法规的缺位可能造成市场中“机会主义”和“搭便车”风险集聚，而互联网金融由于本身涉及领域的交叉属性，使得其立法过程很复杂，难度超过传统金融，如实名制和客户隐私保护两难问题的解决等，更加剧了这种风险的不确定性；三是互联网金融监管机构重叠，职责不清晰。从目前的趋势看，由“一行三会”根据互联网金融现有模式、属性不同实施分类监管，但是仍缺乏全国性统一的监管法规以及监管机构协调机制，无法有效应对互联网金融混业创新活动监管需求。

二、民间借贷“跑路”事件频发

截至目前，我国对于P2P网络借贷公司成立的注册要求与一般普通互联网公司注册要求一致，即首先根据《公司登记条例》的相关条例到工商局登记备案，然后依据《互联网信息服务管理办法》和《互联网网站工作细则》在通信管理部门备案，并且对使用的软件进行审批。而我国对于民间借贷公司的注册要求却比P2P网络借贷公司更严格——一般的民间借贷公司需要到银监会办理许可。所以导致许多民间借贷公司以P2P网络借贷公司的形式存在，借互联网金融之名，行民间借贷之实。这样一方面规避了国家对于借贷利率的管制问题，另一方面也规避了市场的准入问题，但是对于整个金融市场增加了许多不确定因素。突出问题就是“自融”，即资金需求者成立一个网络平台，为自己融资。随着网贷行业不断扩张，问题平台不断显现。依据《2015年中国网络借贷行业年报》，2015年的问题平台达到896家，是2014年的3.26倍。2015年新上线的平台数量大增，导致各大中小平台竞争更为激烈，同时受股市大幅波动影响，众多平台面临巨大的经营压力，停业平台数量不在少数。随着监管的落地，不少违规平台加速“跑路”也进一步扩大了问题平台数量。相对于2014年，2015年“跑路”、停业的问题平台数量占比出现了增长，分别为55%和15%，而提现困难、经侦介入的问题平台数量占比出现了下降，分别为29%和1%。之所以这样，主要原因在于运营平台数量的增加进一步加剧了中小平台的生存压力，一旦经营不善，极有可能因此而停业或“跑路”，同时监管意见的出台也使得不少平台“跑路”加速，对于提现困难的问题平台，虽然其占比数量相比 2014 年出现了下降，但是发生问题平台的绝对数量还是明显上升⊖。以 2015 年年底“爆雷”的 e 租宝为例，非法集资高达 500 多亿元，涉及投资人数近百万，而巨额资金不少被平台涉案人员挥霍。

三、社会信用体系尚不健全

社会信用体系建设是金融经济发展的基础设施，一个完整有效的信用体系的建立有助于降低信息不对称和交易风险，缓释不完全市场中的“道德风险”和“逆向选择”。由于我国尚未建立较为完善的包括企业及企业主在内的社会信用体系，尤其是针对数量众多的中小企业，缺乏权威的征信系统，导致商业银行在向中小企业提供融资服务时，不得不通过自身力量去调查核实大量的中小企业或企业主的信用状况，增加了商业银行向中小企业融资的风险，一定程度上也降低了融资的意愿。而互联网金融的出现极大地挑战了我国当前的信用体系，这是因为互联网金融恰恰涉及大量中小微企业及普通金融消费者的信用征信问题。互联网在降低交易成本的同时，也增大了信用风险，信用风险管理变得更为复杂，对征信业务的需求也将快速增长，催生征信系统新的需求。而目前由于我国的征信系统主要依靠中国人民银行，覆盖企业范围有限，查询门槛较高，信息无法做到全社会共享。互联网金融从业企业也无法接入人民银行的征信系统，无法形成有效的惩戒机制，其本身对借款人真正的信用水平、贷款用途和偿还能力缺乏有效的资质审查，容易导致信贷坏账率高、债务追偿困难等问题，互联网金融平台和投资者将承担较大风险。

⊖ 数据来源：http://www.wdzj.com/news/baogao/25661.html。

四、信息与技术安全风险暴露

目前互联网金融信息技术风险主要有以下三个方面，一是计算机系统、认证系统或者互联网金融软件存在漏洞，很多互联网金融公司的平台软件的基本框架来源于第三方，并且由于本公司的技术能力不足和重视程度不足，导致原有框架内的原生系统漏洞无法被修复，使得该平台极易受到黑客的攻击，一旦这些后台数据被黑客破解，那么就将直接造成不计其数的个人用户数据的泄露，而这些数据都与投资人的资金安全直接相关；二是冒替交易客户身份，即该平台无法在技术上确认实际操作者是否为账号的真实拥有者，如攻击者盗用合法账户的信息进行不法的金融行为；三是系统设计缺陷导致潜在的操作性风险，即内部员工在进行业务操作的时候，系统无法识别错误操作所导致的损失。

互联网金融对互联网技术的依赖性很强，互联网技术性风险会对互联网金融交易中的资金安全构成威胁。例如，由于网络及计算机自身缺陷或技术不成熟造成的停机、堵塞、出错及故障等，以通过病毒、黑客等人为破坏手段构成的网络软硬件瘫痪、信息泄露、被篡改等，都有可能导致资金的截留。中国互联网络信息中心发布的《第 37 次中国互联网络发展状况统计报告》显示，2015 年，42.7% 的网民遭遇过网络安全问题，较 2014 年年底下降了 3.6%。在安全事件中，计算机或手机中病毒或木马情况最为严重，发生率为 24.2%，其次是账号或密码被盗，发生率为 22.9%，这两类安全事件的发生率与 2014 年年底相比均有所下降。同时，随着网络购物群体的不断增大，网络消费安全问题明显上升。2015 年，在网上遭遇消费欺诈的比例为 16.4%，较 2014 年提升了 3.8%。

专栏 1-2：互联网金融的十大哲学

1）开放（Openness）：互联网和互联网金融不仅改变了金融业的形态和金融机构获取信息的方式，而且也在潜移默化地改变这个社会的运行规则，从而以更有效的方式塑造一种以个人决策为基础的、透明的、开放的社会形态，它使社会在良性的基础上进行边际的改善（即帕累托改善）。

2）共享（Share）：在互联网金融时代，信息的传递和扩散更加便捷，信息的生产成本更为低廉，信息的利用渠道和方式也越来越多元化，从而更有可能实现信息的共享。

3）合作（Cooperation）：互联网和互联网金融促进了人们之间的合作。互联网的出现降低了人们交流信息和寻找合作对象的成本，使人们之间更容易实现合作。

4）整合（Integration）：互联网已经渗透到所有的产业形态，正在以极快的速度推动不同业态之间的融汇、互补和整合。

5）信任（Trust）：随着互联网的发展和信任机制的不断完善，互联网金融有可能比传统金融更能增加信任，从而降低道德风险。

6）共同体（Community）：互联网的最大功能是创建了网络上的各个"共同体"，虚拟化的社区或共同体的构建是互联网金融兴起和发展的社会结构基础。

7）云（Cloud）："云"是互联网时代的最基本的象征符号，也是互联网金融的核心哲学。云计算、大数据已经解构了整个世界的运行秩序和方式，同时也在构建新的运行秩序和方式，成为我们发现世界和建构行为的基础。

8）普惠（Inclusiveness）：互联网金融的核心哲学之一是“普惠”，互联网金融的发展对于构建普惠金融体系是非常有益的，互联网金融使得普惠金融体系的构建具备了新的可能性和新的途径。

9）解构（Discontruction）：互联网金融的核心思想之一是通过互联网技术对传统金融业的商业模式和运作机制进行重构或者解构。

10）创新（Innovation）：互联网金融的核心特征是无处不在、无时不有的创新，可以说，在互联网时代，金融创新是全天候的、全方位的创新。这种创新主要体现在互联网金融通过迅速的时空转换，实现金融产品创新、金融业务流程创新和金融机构创新。

（信息来源：王曙光，《互联网金融的哲学》，中共中央党校学报，2013 年第 6 期）

习题

1. 互联网金融的概念是什么？
2. 互联网金融的主要特征是什么？
3. 互联网金融的理论架构包括哪几个部分？
4. 互联网金融在中国爆发的根本原因是什么？

第2章 互联网金融基本原理

金融的基本功能可以概括为支付、融资和风险管理三个方面，在历史的长期演进中，技术进步、制度变迁以及文化演进都对金融业完成其功能的形式产生了重要影响。互联网作为20世纪人类技术进步的重要成果，具有与金融行业天然的契合性，已经和即将对金融产生深刻的影响。中国的互联网金融，或者美国的科技金融（Fintech）、欧洲的替代性金融（Alternative finance）等几年来作为互联网技术与金融业融合在各自国家出现的专有名词，成为整个金融行业关注的焦点。本章从经济和技术层面阐述互联网金融的特点和发展基础。

第一节 互联网金融的基本原理和特征

互联网金融是互联网交换经济的行业表现形式，

后者的典型特征在互联网金融领域得到了充分的一般意义及特殊形式的体现。信息技术与金融的融合，以及对金融创新的推动，是一个长期的过程。互联网金融虽然并没有改变金融的本质，但是推进了金融服务模式的多方位创新，这种创新对金融产品的设计、金融机构的形态、金融市场的结构乃至金融监管的制度都提出了变革的要求。

一、互联网交换经济与互联网金融

1. 互联网交换经济的特征

在人类交换行为中，互联网技术的嵌入克服了传统交换经济中空间、时间形成的阻隔，交易双方的信息不充分、不对称的状况大大改善，交易过程更加简单、快捷，极大地降低了交易成本。由此，互联网交换经济呈现出一些新的特征。

（1）交换范围扩大，竞争程度提高

潜在的供给和需求的存在并不是交换发生的充分条件，风险、搜寻和匹配成本的存在可以阻碍许多原本对买卖双方都有益的交易的发生，这是交换经济市场范围扩张和深度拓展的主要困难。基于互联网技术构建的商业交换生态大大改善了这一格局。网络购物平台的出现消除了地理距离障碍，提供了合理的卖家信用评估机制，使陌生人之间的交易成为可能；原创文学平台的出现提供了读者和作者的实时交流通道，作者和出版社在写作以及出版作品时面临的市场未知风险大大降低；Airbnb 和 Uber 分享平台的出现则动员了更多社会闲置资源进入市场，提高了交易双方的福利水平。上述互联网交换经济发展的典型行业让更多的供给者和需求者卷入市场交换中，在更大的市场范围中挑选更适合的交易对象。

互联网交换经济中竞争程度的提高来自以下几方面原因。第一，价格竞争加剧。消费者进行价格比较的可能空间无限扩大，一物一价规律发生作用的结果就是商家的价格竞争更加激烈。第二，产品和差异化程度提高。互联网提供了个人定制、柔性生产的手段，传统工业化时代的大规模标准化生产已经无法满足消费者异质性和多元化的需求。第三，市场准入门槛降低，竞争对手增加。线下的交换经济是基于物理实体接触的交易，固定成本更高，风险更大，供给方规模经济性的存在对后进入者形成了进入障碍。在互联网交换经济下，新厂商进入市场的前期投入降低，"小而美"的产品和服务也可以寻找到生存空间，并且可能产生对大厂商的"逆袭"。因此，供给方的生存和市场份额竞争更加激烈。

（2）网络效应和马太效应

网络效应（Network Effect）也称为网络外部性（Network Externalities），指随着网络用户数量增加，在同一网络中所有用户的效用水平提高，从而促使平台价值提高的现象。马太效应（Matthew Effect）是一种"赢者通吃、弱者出局"的竞争格局。在网络效应明显的市场上，由于大的平台和网络拥有较多的用户群，在网络效应的作用下会形成正向反馈，吸引更多消费者进入，从而网络规模进一步扩大，而小的弱势网络则陷入"无蛋孵鸡、无鸡下蛋"的负向反馈中，从而被淘汰出局。网络效应和马太效应是影响网络产业市场结构的重要原因。

在互联网交换经济中，互联网建立了更多、更广泛的供需双方内部及外部的连接，使传统交换经济中的弱连接、一次性连接变为强连接、持续性连接，构筑了连接范围更广、连接方式更多、互动关系更加密切的交易网络，从而使网络效应和马太效应在更大范围里发生作用。这一现象已经深刻地影响着互联网交换经济的市场格局。PC 时代微软 Windows 操作系统和办公软件的垄断，智能手机时代苹果 iOS 系统和谷歌 Android 系统对诺基亚Symbian系统、微软Windows Phone系统、BlackBerry OS系统的完胜，Facebook和微信在社交领域的独霸天下，中国的阿里和日本的乐天在电子商务领域各自占据的半壁江山，都淋漓尽致地体现了互联网交换经济中网络效应和马太效应的特征。

（3）经营主体的平台化倾向

上面提及的互联网交换经济的代表性企业，如苹果、谷歌、阿里、Facebook、腾讯和乐天，都无一例外被称为多边平台型企业。与传统单边市场的企业相比，多边平台企业的特征包括：同时面对两类或两类以上不同的消费者群体，如卖方和买方、软件开发商和用户等；不同类用户间存在交叉的网络外部性，创业早期能够建立起达到“临界规模”的用户基础很重要；平台企业的自身价值在于提供双边用户互动的通道，提高双边用户间相互匹配和交易的效率；平台企业的价格竞争策略中收费结构设计很重要，免费、倒补贴、交叉补贴是常见的现象；非价格竞争策略中，开放与兼容的选择、标准主导权的获得、与对手的合作和竞争选择往往是关系企业成败的重要原因；为了提高平台的黏性，企业需要提供多种增值附加性服务和开拓互补性新业务，经营中体现出明显的范围经济特征。

互联网交换经济对传统行业商业模式的颠覆都是由平台型企业推动的，如Google和百度对人们信息获取方式的改变，苹果的iPod和iTune由硬件和软件构成的平台对音乐行业的颠覆，阿里电商平台对零售商业的颠覆，Facebook与微信对人们社交方式的改变，等等。在经济学中，产业组织理论近十年的研究热点就是多边平台企业，2014年获得诺贝尔经济学奖的法国经济学家Jean Tirole是代表性研究者之一。美国著名的平台信息经济学研究者David Evans在《Invisible Engines：How Software Platforms Drive Innovation》一书中，认为软件型的平台企业是驱动商业创新的“无形的引擎”。

（4）消费者主权得以充分体现

虽然工业化生产时代来临使卖方市场逐渐向买方市场转变，“消费者是上帝”的消费者主权思想和理念已经出现，但现实中数量众多但分散、缺乏组织的消费者在与数量少而组织化程度高的企业团体的博弈中，始终处在信息弱势、维权弱势的处境中。同时，产品和服务的设计生产过程在职能严格划分的企业内部完成，消费者的诉求常常被忽视。进入互联网交换经济时代后，这一状况开始发生根本性变化。消费者在网络平台上被组织起来，通过评价机制、消费体验分享、消费大数据记录，消费者与卖家之间的信息不对称状态大大改善，同时由于平台企业起到的良好居间作用，在交易纠纷的处理中，消费者利益也得到了更好的保护。此外，消费者不仅在购入和使用选择中有自主选择权，而且在产品设计和生产过程中有了更多的参与度，在市场的优胜劣汰过程中起到了更加关键的作用。互联网交换经济带来的这一变化使整个经济的运行回归了其应有的本质，即基于消费者福利评价的资源配置效率，而不是基于厂商利润最大化的资源配置效率，这才是真正社会福利最大化的衡量基准。

2. 互联网交换经济与互联网金融的关系

互联网交换经济与互联网金融的关系可以从两个方面进行分析。第一，互联网金融的出现是互联网交换经济发展过程的一个组成部分，互联网的商业应用正在改造许多传统的行业，金融业是其中一个。第二，互联网交换经济与互联网金融具有互补的关系，前者为后者提供了丰富的应用场景，而后者使互联网世界里的交易行为更加顺畅。就像金融业是传统交换经济的血液循环系统一样，互联网金融的发展将为互联网交换经济的拓展和深化提供更加方便的支付通道、更有效率的融资和风险管理手段，使互联网交换经济的生态体系更加完善。

在美国，早期的互联网被称为“信息高速公路”，归根结底，这是一种新型的信息技术，提供了信息收集、传输、处理和交互的四通八达的网络。因此，对信息的依赖度越纯粹的行业，越早和越容易被互联网所改造。互联网领域最早和最成功的商业应用是门户网站和搜索引擎，就是这个原理。起初的门户网站是各种新闻、信息的单向提供载体，在一定程度上替代了传统的纸媒，对报纸和杂志行业的冲击很大。搜索引擎也是以信息的提供为目的，只是使用者的主动性和平台软件的信息处理能力更强了。相对而言，除了信息之外，还需要实体物理商品的移动、复杂交易支付流程的行业，其互联网交易的发展就要慢一些。例如，国内的电子商务的快速发展是以后来物流快递行业、电子支付的效率提高为前提的。

金融业有着与互联网天然契合的属性，但也有着不同于一般服务业的更复杂的特征。金融业所有交易的发生都是信息记录的改变，理论上可以不需要物理实体的移动以及大规模的构建，因而，属于非常适合互联网交换经济改造的对象。货币表现为存储在某个介质上的信息，支付的完成只是交易双方账户信息记录的改变，所有的金融工具，如股票、债券、衍生品、保险等，只是不同类型的债权债务安排，也是由不同的信息记录来体现的。但是，与一般服务业不同的是，金融交易中借和贷是分离的两个行为，金融产品发行方的责任履行充满巨大的不确定性，风险和信息不对称的普遍存在使信任、抵押、担保和监管保障的存在显得尤为重要，而在这些方面，纯粹基于互联网的交易完成是比较困难的。因此，从目前看互联网金融还仅仅是互联网交换经济对金融领域改造的开始，未来的路还很长。

从另一个方面看，互联网金融是互联网交换经济生态体系的基础设施，它的发展可以促进互联网交换经济的发展。在门户网站、在线游戏、电子商务、在线旅游和在线音乐等互联网行业的早期商业应用中，支付是发展的瓶颈之一。以中国的电子商务 C2C 和 B2C 行业为例，新世纪前十年，与发达国家不同，中国的信用卡普及率很低，不能覆盖在线交易。同时，由于商业信用的缺乏，买卖双方在“先付款”还是“先发货”的选择中处于两难的境地。因此早期大量的电子商务采用货到付款的落后支付方式，支付效率低，商家货款回收困难。在这一背景下，以支付宝、财付通为代表的网上第三方支付工具的出现提供了新的更加安全、快捷的支付渠道，这大大促进了后来电子商务领域的发展。互联网金融的另一个重要形态是基于线上大数据的融资，如电商小贷、供应链金融、消费金融和 P2P 网络贷款。这一类融资方式以互联网记录的各类交易主体的大数据为基础，进行信用评估、交易追踪和产品设计，并通过互联网提供融资，是一般产品和服务的互联网交换与互联网金融相互嵌合的产物。新的互联网融资方式不仅拓宽了金融业本身的服务方式和范围，同时也为其服务对象参与互联网交换提供了更多的附加价值，提高了相关主体进行线上交易的动机。总之，互联网交换经济和互联网金融具有良好的互补关系。

二、互联网金融是金融服务模式的创新

人类在信息记录、传输和处理方面的技术进步一直是金融业创新的推动力。造纸和印刷术的出现是货币从实物商品形态进化到纸币信用形态的技术基础，电报技术的发明是美国纽约股票交易所早期成长壮大的重要契机，电话、复印机、传真机和计算机的先后问世则激发了 20 世纪后期金融业层出不穷的创新。进入 21 世纪，以互联网、云计算、大数据和智能手机为代表的电子信息技术的软硬件结合，则引发了一场新的金融变革。对于这场变革，中文出现了“互联网金融”，英语则创造了“Fintech”

（Finance+Technology）一词进行描述。

金融创新可以分为金融内容的创新和服务模式的创新。快速发展于2010年后的互联网金融或者科技金融，其创新的焦点在于以全新的方式向终端的金融消费者，尤其是向注重规模经济性、侧重于大客户的传统金融所忽视的零售用户和小微企业提供快捷和便利的服务，是一种金融服务模式的创新。这种创新体现在下述几个方面。

1. 开放的服务环境

互联网金融服务模式的开放性特征，可以从三个方面进行分析：金融机构内部的合作与开放、金融网络在时空上对消费者的开放、金融网络与实体经济网络的相互嵌合。

首先，传统的金融机构致力于独立产品和服务流程的设计，通过设置转换成本产生的锁定效应留住消费者，来获取利润。但互联网金融服务是以金融机构间的网关开放、合作共赢为前提的。在互联网支付领域，商业银行与支付平台的合作、银联与苹果和三星等手机制造商的合作就充分地反映了这一点。

其次，传统金融为了保证服务环境的安全性，在交易时空、场景、流程的设计上都是封闭的，而互联网金融则是开放的。实体的物理网点、柜台和固定的营业时间是传统金融机构的服务方式，而互联网金融则开启了3A（Anytime、Anywhere、Anyhow）服务模式。随着电子信息技术的发展，虽然也有ATM、自助机器、金融机构网站等无人服务方式出现，但这些系统是金融体系设立的封闭的网络系统，或者即使依托了开放的互联网，也只是单向的信息展示，消费者并不能通过这个界面进行交互操作。

最后，传统金融的封闭性还体现在金融服务过程，如支付、融资等流程，与服务主体的交易场景是分离的，金融网络与交易网络是相互隔离、不兼容的。当前者需要实体经济运行网络的支撑时，如企业的财务数据、个人的信用评级、抵押和担保等，金融机构需要专门的机构和人员进行外部采集。但互联网金融的许多产品设计则植根于交易场景，镶嵌在交易网络中，可以动态地追踪交易过程，捕捉交易主体的行为信息，甚至金融交易过程与实际场景交易过程是互为前提的。这个特征非常明显地体现在网上第三方担保支付和电商平台的供应链金融的服务中。从整体上来说，对于金融网络，无论是金融机构的实体网络，还是金融市场提供的电子交易网络，在前互联网金融时代，都是一个中心化的、对外部封闭的网络，只有经过了授权或者满足较高的门槛才有权参与。而在互联网金融环境下，去中心化的 P2P 业务、比特币支付体系开始大规模出现，尾部市场的出现大大降低了金融消费者的进入门槛，因此互联网金融的普惠、包容等特点体现了其对各类交易场景和金融消费者的开放性，这不仅大大改善了消费者的服务体验，同时也是互联网金融深入发展的未来方向。

2. 以用户为中心的服务理念

在金融领域，“用户至上”理念下的产品和服务流程设计往往与成本和风险控制是相互矛盾的，传统金融机构即使有以用户为中心之“心”，也往往无以顾客为上帝之“力”。因此就出现了网点排队等候、贷款手续繁琐、财务管理复杂等不可避免的现象。但与互联网相关的各种技术的进步，为金融体系突破上述局限提供了极大的空间。金融机构从产品设计、组织架构搭建开始，就可以围绕用户的需求和体验而展开。克里斯·斯金纳（Chris Skinner）在《互联网银行：数字化新金融时代》中不断强调：银行只把互联网当作在传统实体分行系统之上建立的又一层业务，就像电话服务中心。银行从而完全受制于垂直整合的流程，围绕产品建立业务结构……银行无法利用数据，因为数据与产品库“锁”在一起；银行无法满足客户需求，因为他们根据不同的产品分层建立各自渠道……出路在于彻底拆除旧系统，然后用新的核心银行系统取而代之，真正的数字化银行要围绕客户数据建立银行业务构架，提供个性化、互动式和定制化服务。

互联网金融中所渗透的以用户为中心的服务理念，从目前的发展状况看，有这样一些具体体现。第一，综合性。传统金融体系是分业经营、分业监管的，因此消费者的金融需求只能通过不同的企业来满足，存款通过银行、股票投资通过证券公司、购买保险要通过保险公司等，消费者资产在这些不同投资方式间的转换是比较困难或者成本高昂的。但互联网金融发展的一个重要趋势是提供综合性金融服务平台、一站式服务模式。第二，操作简洁。互联网金融的服务媒介是屏幕，是人机交互，所以这要求相应软件的设计要简洁易学、搜寻快捷和层次清晰，适合于各个层次消费者的操作。第三，标准化金融服务与个性化需求的有机结合，满足差异化需求。标准化的产品和服务可以让消费者容易理解和接受产品，个性化组合空间的设计提供柔性供给的可能。大量新型的互联网企业都是通过这个思维进行创新，寻找生存空间的。第四，向消费者让利。传统金融体系具有一定的垄断性，政府的管制相对严格，这形成了市场上垄断利润和套利空间的存在，但这部分收益往往留在了金融机构内部。互联网金融的创新则大大推动了这些利益向金融消费者的扩散。美国证券市场上交易佣金的大幅减低，中国的“宝宝”类理财产品的低起点、高收益，是金融机构垄断性收益让利于消费者的典型例证。

在以用户为中心提供金融服务方面，非传统金融背景的大型互联网企业平台或新创金融企业往往先胜一筹，传统金融机构则由于受到原有体制的局限，以及现有产品和服务的收益冲突等，需要经历一个较长的过程。

3. 去媒介化的服务方式

互联网交换经济的一个表现形式是共享经济的出现。人们以个体对个体（Peer to Peer）的方式通过互联网搭建的平台，进行相互间闲置资源的交换利用，比较成熟的模式有二手物品交易平台、在线房屋租赁、移动叫车平台、图书漂流计划和时间货币社区服务体系等。这些共享经济平台充分调动了社会的闲置资源，同时加强了人们在金钱之外的情感交流和价值认同。在金融领域，共享经济的代表是P2P网络借贷和众筹融资。P2P网络借贷是一种个体对个体的共享资金使用权的借贷模式，虽然有平台企业的存在，但这个平台的主要作用是信息中介，并不像银行那样深度介入储蓄者和借贷者的债权债务关系。与传统金融机构和金融市场提供的融资方式相比，该平台具有脱媒化、去中心化的特点。至于众筹融资，无论是产品众筹还是股权众筹，投资者都对融资者有更多更深入的了解，在货币投入的同时往往也有很多情感的投入。众筹平台虽然承担着信息披露、项目筛选和交易匹配等多个功能，但整体上融资是否成功、回报如何都是平台不能左右同时也无权干预的，这也与传统的资本市场有很大的差异。

在互联网金融概念所包含的众多业态形式中，P2P网络借贷和众筹被视为最具互联网交换经济的本质特点及最具创造力的新型融资方式。虽然与传统金融中介一样，P2P网络借贷和众筹平台连接了投资者和融资者，但在这个平台上，投资者主体需要更强的甄别力和具有更大选择空间，融资者需要多样化地向对方发出信息来吸引对方，融资金额和回报的决定权也更多地在这二者之间的博弈中决定。在一定意义上，传统金融中介对于投融资双方的强势话语权，以及承担的重要媒介功能，在这两种融资方式下都被大大削弱了。

第二节
互联网金融的发展逻辑

1. 互联网金融发展的背景逻辑

作为高科技与尖端服务业融合的结晶，互联网金融在全球的发展格局是比较有趣的。一方面，互联网金融形式的创新和快速发展集中在美国和欧洲等金融业和信息技术非常发达的区域。但另一方面，互联网金融商业形态的创新和迅速普及又出现在金融自由化程度有限的中国，以及金融业和信息产业都极度欠发达的肯尼亚这样一些发展中国家。在这个领域里，耀眼的明星除了美国的 PayPal、Lending Club 和英国的 Zopa 之外，还有中国的支付宝、余额宝和规模庞大的 P2P 平台，以及肯尼亚的 M-Pesa(在第 3 章，读者可以看到对上述产品或企业的介绍)。在这些不同的国家里，互联网金融发展的背景逻辑似乎是不同的。

美国和英国的互联网金融发展处于全球领先的地位，是比较容易理解的。从金融业的发展状况看，全球最大的资本市场、最重要的金融机构和最活跃的创新产品都集中在这两个国家，它们的金融业自由化和市场化程度高，具有天然的适合新型金融生根发芽的良好土壤。另外，美国是互联网的发明地，每一个重要的信息技术发明都出现在美国，全球最重要的互联网企业也都发源于美国，这些也为互联网金融的诞生和发展提供了良好的基础。

中国的背景与美国、英国背景有所同，也有所不同。相同之处是，中国的互联网行业，尤其是互联网的商业应用行业，发展是比较良好的。在 21 世纪初，中国已经培育出从门户网站的新浪到社交网站的腾讯、电商领域的阿里和搜索领域的百度这些世界级企业，它们在自己的核心业务里拥有本土市场极高的知名度和市场渗透率。在互联网金融发展之初，中国已经有了全球最多的手机用户，也拥有了发展水平不亚于发达国家的互联网交换经济的形式，如线上游戏产业、电子商务等。不同之处是，中国的金融行业管制严格、自由化程度不高，利率的市场化也没有实现。传统的金融机构和资本市场还处在渐进式改革、演化的过程中，在业务和产品创新方面，也是跟随发达市场、亦步亦趋的状态。在以已故著名经济学家罗纳德·麦金农和爱德华·肖为代表的金融发展理论的视角下，中国属于金融压抑程度较高、金融发展水平不高的经济体。那么中国互联网金融快速发展的背景逻辑是什么呢？我们认为，恰恰是金融抑制造成的套利空间的存在，促成了中国互联网金融的繁荣。关于这一点，可以从货币基金“余额宝”和 P2P 网络借贷的爆发式增长中找到证据。余额宝是一个传统的金融产品——货币基金，它在短时间内吸引了众多投资者的原因，除了支付宝本身的影响力、低起点和高流动性设置外，最重要的是早期的高收益率。而这个高收益率来自于利率受到严格管制的存款市场与利率市场化的同业拆借市场之间的套利。中国的 P2P 网络借贷的特点是利率高，借助于线下的担保和抵押，这与美国的 Lending Club 的纯线上和低于信用卡借款利率的定位是完全不同的。这种模式在中国能够大行其道的原因是，正规金融渠道以极低的利率汇集的金融资源大部分配置到了国有背景及大型企业手中，民间的小微企业融资难问题极为严重，同时拥有日益增多的资金盈余的家庭和个人也在寻求回报率更高的投资渠道。长期以来中国庞大的民间地下金融市场的存在，就是绕过这一利率管制和贷款配额所造成的金融抑制的方法。P2P 网络借贷的出现只是为这个市场提供了更便利的技术手段，以及暂时合法的身份。因此，可以说 P2P 网络借贷行业的超乎异常的快速扩张，也源于正规金融市场与民间地下金融市场的套利。

肯尼亚的M-Pesa是一个移动手机银行服务。在2014年，肯尼亚35%的成年人使用M-Pesa，民众90%的生活费用如水费、电费等都是通过M-Pesa进行支付的。这个数据已经超过了其他国家任何一个单一互联网金融服务的市场普及率。而与此形成鲜明对比的是，在M-Pesa推出的2007年，肯尼亚每10万人仅拥有1.5个银行、1部ATM取款机，只有不到20%的肯尼亚人拥有银行账号。在互联网行业发展方面，肯尼亚也同多数非洲国家一样，基础设施落后，计算机普及率很低。M-Pesa的成功在于利用金融服务的市场空白，与移动手机结合，推出了汇款、转账和支付等服务，跨越了发达国家传统金融服务、桌面互联网金融服务两个阶段，直接进入了与移动互联网深度结合的互联网金融时代。肯尼亚这一模式成功的逻辑是极不发达的金融体系和对传统互联网的低依赖性所形成的巨大市场空白，在金融与移动互联网以恰当的方式结合后，激发了互联网金融的快速发展。

综上所述，互联网金融发展的背景逻辑是复杂而多样的，这是网络产业和互联网交换经济所具有的市场双边性、路径依赖、网络效应等特征综合作用下引起的有趣现象。

2. 互联网金融发展的金融权利演变逻辑

现代金融体系是以中央银行垄断性发行信用货币的制度为基础的，中央银行及法定准备金和存款保险制度覆盖的商业银行是整个社会信用扩张的基础，由此所构造的金融机构和金融市场体系具有“中心化”、“集权化”的特征。另外，因为规模经济和信息成本的存在，在金融业的服务对象的选择上，具有“精英化”的特征，小微企业、低收入阶层很难获得支持性的金融服务。但是互联网金融的出现和不断发展，正在逐渐改变这一金融权利的分布格局。

首先，互联网金融具有“去中心化”的特点，促进了金融权利的民主化发展。第一，多种支付工具的出现，在一定意义上形成了货币发行的竞争性格局。互联网金融中出现了两种形式的货币形态，即私人货币和虚拟货币，前者以支付宝和微信钱包为代表，后者以比特币为代表。支付宝和微信钱包里的余额代表着互联网金融平台企业与账户持有人之间的债权债务关系，也具有比较广泛的使用范围，只要持有者不进行法币赎回（转账到银行卡），这些余额实际上就有了私人发行的支付工具的性质。而“比特币”从根本上就和法币没有必然的联系，纯粹基于优越的技术特征和使用者的信赖而建立起来的民主化“货币体系”。第二，互联网金融中融资中介的“去中心化”，其典型代表是 P2P 网络借贷和股权众筹。传统金融体系中间接融资的核心形式是银行，直接融资的形式是公开的资本市场。银行虽然连接着众多的借款者和存款者，但这二者之间是没有直接互动关系的，银行是居于中心的平台，尤其在对借款人的选择中具有绝对的权威。相比较而言，在 P2P 网络借贷所形成的关系中，平台只充当了信息中介和交易撮合通道的功能，对借款人筛选的权利更多地赋予了众多的投资人。资本市场在任何国家都是一个垄断性很强、受到高度监管的体系。股票和债券形成的融资者和投资者之间的权利义务关系，虽然是直接的，但资本市场对融资者的准入具有绝对的权威，投资者实际上并没有被赋予足够的选择权利。在股权众筹构架的直接融资中，投资者在“上市企业”的选择中则被赋予了更大的“投票权”。

其次，互联网金融具有“普惠性”的特点，促进了金融权利的包容化发展。“余额宝”作为货币基金，1 元起投，有几千万用户购买了数千亿元；在“人人贷”P2P 平台上，投资者“50 元”起投，任何个人如果有融资需求就可以发布借款请求，进行议价；在肯尼亚，2007 年只有不到 20% 的肯尼亚人有银行账号，移动手机银行服务 M-Pesa 出现后，目前有 80% 的肯尼亚成年人使用手机进行汇款、支付。互联网信息技术对金融业的改造大大降低了普通民众使用金融服务的门槛和交易成本，同时互联网金融的创新也提供了多种面向小微企业和低收入阶层的产品和服务形式，这使得金融业的消费群体覆盖面迅速扩大，创造了一个更加公平、透明的金融消费环境。

3. 互联网金融行业本身的演进逻辑

互联网金融的业态形式几乎涉及了所有金融领域，其创新过程和演进发展也呈现出一些规律。

第一，从结构简单产品再到结构复杂产品的互联网化过程。金融产品的互联网化遵循着先简单再复杂的逻辑顺序。互联网金融在全球发展最早和目前最成熟的服务形态是支付，其次是通道类业务，如互联网基金销售、证券交易以及保险产品销售等，然后才是融资类业务，如各种债权和股权的众筹。支付过程是单纯的信息传输，涉及的权利义务非常确定，业务完成后当事人之间不存在事后的债权债务关系，因此“互联网化”比较容易。而在通道类业务中，存在支付和产品权利确认的双向信息传输，同时伴随着事后的债权债务关系的留存和解决。但相比于债权和股权众筹，在该类业务中，金融产品由第三方提供，互联网金融企业只是销售通道，不参与金融产品的供求双方的契约关系，即使发生产品无法兑现的风险，通道本身并没有责任。但在 P2P 网络借贷和股权众筹中，平台企业是债权债务形成的参与方，在投资者与融资者契约关系的形成中，不仅承担线上交易匹配的功能，同时还承担着一定的融资人筛选、事后追债、纠纷解决等可能不得不借助线下才能完成的功能。这类业务的规模化互联网转型，显然需要更多的技术条件和监管法规环境的支持。

第二，从非金融机构的互联网金融业务创新再到传统金融机构互联网金融转型的过程。电子信息技术以及互联网在金融领域的应用早在20世纪末就已经开始。但传统金融机构对信息技术的早期采用更多集中在企业内部流程的自动化和非人员化，以及网点和柜台之间连接的电子化。即使通过互联网直接向消费者提供服务，也局限在信息提供或者产品销售这样简单单向的服务上。在全球范围内，真正有冲击力的互联网金融业务都是由信息技术背景的非金融机构主导的，从网上支付的PayPal、支付宝，到纯网络银行的第一安全网络银行和微众银行；从货币基金“余额宝”到P2P网络借贷的英国Zopa再到中国的拍拍贷等，无一不是互联网技术类公司开发并开拓成功的金融产品和服务。这一逻辑不仅表现在互联网金融的发展中，在“互联网+”转型已经很成熟的其他产业里，如电子商务、在线出版等也呈现出同样的规律。新兴的技术类企业没有传统金融机构的内部组织机构分工和业务流程合规性等诸多的羁绊，更加理解技术和接近消费者，因此在金融领域的创新相对容易成功。非金融机构的金融创新，对传统金融机构的互联网转型起着极其典型的“鲶鱼效应”。

第三，从服务转型到机构转型再到监管转型的过程。目前为止的互联网金融创新还停留在某个产品、某个业务流程的层面，互联网金融的继续发展将会推动金融体系内部的金融机构和金融市场的转型。以银行业为例，商业银行是金融体系中最重要的金融机构形式，在资本市场欠发达的经济体中，银行体系的稳定性和效率就代表着整个金融系统的稳定性和效率，银行的存款、贷款循环也是金融市场信用扩张最重要的控制渠道。但是目前来看，受到互联网金融创新影响最大的金融机构也是银行。基于大数据的电商小额贷款和P2P的网络借贷与银行的贷款业务是替代性的，也降低了市场对银行存款的需求。此外互联网金融的线上特征也大大削弱了银行业物理网点最健全的传统优势。虽然我们并不认为比尔·盖茨的预言——“银行将成为21世纪的恐龙”——会成为现实，但银行的业务内涵和与其他金融机构的边界，以及银行本身的组织架构，要适应新的金融时代的来临就必须有大的改变。至于金融监管，事实上，目前各国的监管体制和法规都受到了来自互联网金融创新的挑战，正在进行积极的调整和应对。

第三节 互联网金融的发展基础

一、互联网金融的技术基础

1. 移动互联网

移动互联网，是指通过各种智能移动终端（如智能手机、PDA、电子书等）接入无线网络（如2G、3G、4G移动网络，WLAN、WiMax等）进行数据交换，从而获得商务、生活、娱乐等互联网应用服务。根据中国工业和信息化部电信研究院发布的《移动互联网白皮书》，移动互联网包括3个要素：移动终端、接入网络和应用服务。移动终端是移动互联网的前提，接入网络是移动互联网的基础，而应用服务则成为移动互联网的核心。

一方面，移动互联网将移动通信与互联网连接在一起，用户可直接在移动终端上实现对互联网的访问，无线移动通信网络（如2G网络、3G网络、WLAN、WiMax等）是数据传输的媒介；另一方面，移动互联网终端具有可移动、随身携带、可定位等特性，伴随着这些特性产生了大量个性化的移动应用服务，拓宽了用户的体验范围。

随着宽带无线接入技术和移动终端技术的飞速发展，人们迫切希望能够随时随地乃至在移动过程中都能方便地从互联网获取信息和服务，移动互联网应运而生并迅猛发展。然而，移动互联网在移动终端、接入网络、应用服务、安全与隐私保护等方面还面临着一系列的挑战。其基础理论与关键技术的研究对于国家信息产业整体发展具有重要的现实意义。

（1）移动互联网的基本特点

移动互联网与PC互联网同是网络应用与服务，既有联系又有区别。其根本的区别在于移动互联网的基本设备终端为移动设备，如智能手机、PDA等。移动互联网的基本特点包括：

第一，相对封闭的网络体系。移动互联网的网络不是自由开放的平台，它是一个相对封闭的网络体系，其封闭性来源于运营商的管理，而互联网的自由开放性是众所周知的。基于移动互联网的平台是有管控能力的，因此用户使用移动互联网和互联网的态度非常不同。

第二，庞大的自下而上的用户群。互联网时代的用户群是从上而下的，最早的用户群是有知识的人或有钱人，年龄也相对较大。移动互联网的用户群是一个不同的用户群，最早使用移动互联网并有非常高传染性和黏着度的是“三低人群”，即低学历、低年龄、低收入。这个人群正是因为手机学习门槛较低，价格也较低，与通信工具紧密地联系在一起，对手机有非常大的依赖感，他们是最有黏性的移动互联网用户。

第三，广域的泛在网。即使在桌面互联网时代，随时随地、如影随形这件事是不可能想象的，但广域的泛在网就使之成为可能。今天几乎每一个新闻事件都可能被马上发到微博上，每一个事件都可以在第一时间传播，这就是广域泛在网的作用。

（2）移动互联网与互联网金融

互联网金融作为一种创新形式的金融服务模式，大大拓展了金融交易的可能性边界，现代金融业的分工和专业化也有所弱化，取而代之的是基于互联网技术产生的综合金融服务模式。移动互联网是互联网金融得以迅速发展和普及的基石与媒介。

在移动互联网技术支持下的互联网金融，具有支付便捷、市场信息不对称程度非常低、资金供需双方在资金期限匹配和风险分担等方面的成本低、资源配置去中介化等特点，在金融资源的重新整合上具有重要的意义。可以说，移动互联网是互联网金融持续发展和延伸的条件。

首先，移动互联网产业基础持续积淀，助力金融服务水平提升。近年来，移动互联网通信基础设施建设得到大力发展。中央政府通过减免相关产业税收、在用地规划中为通信设施建设优先预留资源等方式，对网络建设事业给予了很大支持。移动互联网产业的蓬勃发展，移动互联网客户覆盖率、接通速率以及稳定性的不断提升，为移动互联网金融服务在保证服务范围、服务效率及服务稳定性等方面提供了有效的基础性支撑。

其次，移动互联网进一步强化了互联网金融快捷、便利、普惠的概念。移动互联网应用的多种多样丰富了金融服务的多样性，而金融创新的不断推进也必然会带动移动互联网应用服务的不断发展，如手机银行、移动支付等。移动终端与用户行动的绑定，随时随地接入互联网，让金融服务与用户突破了地理和距离的界限，也消除了金融服务物理网点的定点时间要求。距离的缩短本身就令业务办理更为及时，省去了乘车、步行等交通和排队等待的时间，而服务时间的延伸使得很多业务更为及时、便捷、自在。

第三，移动互联网金融有更强的病毒式传播能力。金融产品与服务基于移动平台或社交网络平台推送，能在极短时间内完成传播、购买、办理等各项操作。同时，作为移动终端的手机较 PC 有更高的专属性与私密性，且用户使用时间呈碎片化、散点式分布，即时性强，因此基于移动端的金融服务与产品用户黏度更高。

第四，移动互联网智能终端性能大幅提升，价格不断下降，为金融服务在移动互联网环境上的进一步普及和拓展奠定了坚实基础。以目前最主流的智能终端手机为例，伴随处理器芯片、存储设备、液晶屏幕等组成部件设计、制造工艺的进一步发展，智能手机主频速度普遍超过 1GHz，内部存储器容量普遍在 8GB 以上，并支持数量和内容丰富的外设接口，这使得智能手机在功能、性能和价格等方面能够逐步满足广大用户的需求，特别是在视频、游戏、线上商城、社交应用、健康保健、快捷支付等服务领域的应用需求，并使其消费市场呈现爆发式增长的态势。与此同时，国内三大移动运营商也普遍加强了对手机设计制造厂商的合作支持力度，依托预存话费、捆绑套餐、低价购机等活动，强化对终端用户在产业链上下游各个位置的捆绑。近两年来，移动互联网智能终端还突破了手机的界限，逐步扩展到电视、汽车、手表等领域，进一步拓展了金融服务可能的供应渠道。

但同时，移动互联网在推动互联网金融快速发展的进程中，也令互联网金融面临来自安全性、行业监管等多方面的挑战。

安全性风险。移动互联网在令互联网金融更加便捷的同时，存在身份认证、安全管理、权限限定等薄弱环节。移动终端、操作系统及 APP 应用存在的安全漏洞、移动网络诈骗（钓鱼链接等）、免密登录与支付服务、移动终端易丢失性等安全隐患，可造成隐私泄露、资金被盗等众多风险，且风险扩散速度快、交叉影响率高。与互联网金融相似，安全问题将始终是移动互联网助力互联网金融发展面临的最大挑战之一。

泛金融生态圈的行业监管。移动互联网金融产品与营销方式创新层出不穷，部分产品与营销方式与现有监管政策“打擦边球”的现象时有发生，如变相向基金份额持有人承诺收益等。同时，移动互联网金融参与方众多，涉及银行、证券、保险、互联网、电信运营等多个行业，且竞争主体普遍存在产品、服务与渠道上的合作，资源共享及利益博弈，金融行业界线逐渐模糊，对人民银行、银监会、证监会、保监会、工信部等行业主管部门的监管提出了新的挑战。

2. 大数据

大数据即一个体量特别大、数据类别特别丰富的数据集，并且这样的数据集无法用传统数据库工具对其内容进行抓取、管理和处理。金融业是大数据的创造者，同时金融业也高度依赖信息技术，是典型的大数据驱动的行业。在互联网金融行业，数据已经成为金融核心资产，大数据的技术基础极大地撼动了传统客户关系、抵质押品在金融业务中的地位。

大数据可分成大数据技术、大数据工程、大数据科学和大数据应用等领域。目前人们谈论最多的是大数据技术和大数据应用。

大数据的“大”通常是为了突出数据规模庞大的特点，指数据量大到超过传统数据处理工具的处理能力，同时它也是一个相对的、动态的概念。后来，大数据又被引申为解决问题的方法，即通过收集、分析海量数据获得有价值信息，并通过实验、算法和模型，从而发现规律、收集有价值的见解和帮助形成新的商业模式。

（1）大数据技术的特点

目前业界普遍认为，大数据的特点可以归纳为4个“V”——Volume、Variety、Value和Velocity。

第一，Volume，即从量级上看，数据的体量巨大，目前数据级别已从TB跃升到PB（1 petabyte = 1024 terabyte; 1terabyte=1024 gigabyte; 1 gigabyte = 1024 megabyte）。随着基础数据存储和处理技术的发展，从各类互联网设备和应用中产生信息的增长速度惊人，大量信息来源于金融交易、客户互动和物联网。

第二，Variety，即从种类多样性角度看，数据类型繁多。物联网、云计算、移动互联网、车联网、手机、平板电脑、PC以及遍布地球各个角落的各种各样的传感器，都在产生各种类型的数据。随着移动互联网、各类搜索及社交网络（如Facebook、微博、微信等）的兴起，出现地理位置、音频、文本、视频、图片等非结构化数据，使得人们的思想言论、日常行为和情绪等生活信息被细节化测量和大量收集，这也被称为用户生成内容（User Generated Content，UGC）。企业从合作伙伴、客户、业务部门甚至员工个人收集信息的能力也越来越强。可以说，目前的数据类型已经远非我们原本可以想到的时间、地点、主体、交易数量、交易价格等这么简单，而是已经包罗万象，海纳百川。

第三，Value，即从数据的价值层面考虑，大数据的价值密度低，商业价值高。用户的几百条网页浏览记录，也许只有一两条真正引流、转化为消费；一条数小时的监控视频，可能有用的数据仅有一两秒。但如果能从海量数据中发掘出更符合用户兴趣和习惯的产品和服务，则大数据将成为企业竞争力的重要来源；同时，大数据对于把握行业动向、嗅探消费者需求等也有借鉴和参考意义。

第四，Velocity，即数据处理的速度显著快于传统的数据挖掘、处理方式，并随着信息技术的运用步入新的阶段。数据处理速度的提升是大数据技术运用的前提，如果不具备高效率的数据处理能力，自然无法面对数量庞大、种类繁多的数据库信息。

（2）大数据技术的具体应用

在互联网金融行业内，大数据技术主要应用于风控和营销两个方面。

第一，大数据技术引发了风控方式的变革。对于金融机构而言，其面临的最大问题仍是信息不对称。例如，银行只能获得贷款人的部分信息，而信息的缺失会影响对贷款人还款能力的判断，从而出现风险。通过大数据技术，金融机构能够收集和分析大量中小微企业用户日常交易行为的数据，判断其业务范畴、经营状况、信用状况、用户定位、资金需求和行业发展趋势，解决由于小微企业财务制度不健全、无法获取信用信息的难题，从而可以加强风险的可审性和管理力度，实现精细化管理。

以P2P网络借贷为例，平台企业就是通过大数据管理，将贷前、贷中以及贷后三个环节形成有效联结，向通常无法在传统金融渠道获得贷款的弱势群体批量发放“金额小、期限短、随借随还”的小额贷款，在有效管控风险的基础上，既为借出方提供了收益，又满足了贷方的信贷需求，创造了价值。首先，P2P公司会通过个人的网购、第三方支付、旅行酒店、银行信贷记录等渠道，收集客户积累的信用数据，对客户做完整的资信调查，再加上交易平台本身具备的客户信息（客户评价度数据、货运数据、口碑评价等），对信息进行量化处理；同时引入海关、税务、电力等外部数据加以匹配，或者与专门的数据库公司进行战略合作，建立数据库模型。其次，通过交叉检验技术辅以第三方验证确认客户信息的真实性，将客户在电子商务网络平台上的行为数据映射为企业和个人的信用评价，通过沙盘推演技术对地区客户进行评级分层，研发评分卡体系、微贷通用规则决策引擎、风险定量化分析等技术。例如蚂蚁花呗、京东白条，对每个个人账户开放的每月透支额度是不同的，而这些额度都是依据大数据进行分析得出的。在风险监管方面，开发了网络人际爬虫系统，突破地理距离的限制，捕捉和整合相关人际关系信息，并通过逐条规则的设立及其关联性分析得到风险评估结论，结合结论与贷前评级系统进行交叉验证，构成风险控制的双保险。目前的 P2P 贷款公司在资金借出后，出于外部的严格监管和内部的风控合规考虑，会凭借大数据技术监控贷款的流向，并对资金用途施加严格限制。

大数据技术在以上几个方面发挥作用，使得互联网金融企业的风险控制也呈现出新的特点。

第二，大数据技术下的精准营销与创新运营。大数据技术可以支撑企业更迅速、更灵活的决策，带来更贴近客户需求的产品创新，对客户进行精准营销，提升推广效率。互联网金融借助社交网络等新平台产生了海量用户和数据，记录了用户群体的情绪，但大数据库无法自己总结人类行为模式的规律。计算机科学家、统计学家正在开始与社会科学家协作，找到将大数据策略和小数据研究相结合的新途径。利用互联网，金融企业也可以对其客户行为模式进行分析（比如事件关联性分析），这类似于工程上的“对照实验”，即观察、测试不同条件下机构投资者或普通金融消费者对产品的反应，识别其中的因果关系，提高客户转化率，改善服务水平，实现互联网金融的精准营销。

例如，资产管理公司通过精细化分析客户风险、财富变化、家庭资产价值等数据并不断更新其背景资料，向客户提供量身定制的理财产品；客户端 App 通过感知消费者的地理位置和消费行为，及时推送到店短信和优惠信息；通过嗅探个人近期的关键词浏览记录，智能筛选出更符合个人需求的个性化主页推送……

（3）大数据技术带来的问题及挑战

首先，大数据对个人信息的大量获取导致了隐私和安全问题。随着个人的实时位置、购买偏好、健康和财务情况甚至联系方式等海量数据被收集，再加上金融交易习惯、持有资产分布，以及信用状况以更细致的方式被存储和分析，机构投资者和金融消费者能获得更低的价格、更符合需要的金融服务，从而提高市场配置金融资源的能力。但同时，金融市场乃至整个社会管理的信息基础设施将变得越来越一体化和外向型，对隐私、数据安全和知识产权构成更大风险。就个人隐私而言，大数据的隐私问题远远超出了常规的身份确认风险的范畴。最近对欧洲 150 万手机用户的数据进行的研究表明，只需要 4 项参照因素就可以确认其中 95% 的个人身份。

其次，基于大数据开发的金融产品和交易工具对金融监管提出挑战。大数据正在重构整个金融行业。但是，由于目前的大数据发展仍处于野蛮生长期，也给金融监管和宏观调控提出了新的课题。无论是从行业道德，还是行业标准、技术运用的红线与禁区，都亟待监管层予以统一的规范和管理。

3. 云计算

云计算（Cloud Computing）是分布式计算技术的一种，是计算机技术和网络技术结合发展的产物。云计算是指 IT 基础设施的交付和使用模式，即通过网络以按需、易扩展的方式获得所需的资源（硬件、平台、软件）。提供资源的网络被称为“云”。“云”中的资源是可以无限扩展的，并且可以随时获取、按需使用，随时扩展、按使用付费。

之所以称之为“云”，是因为它在某些方面具有与现实中的云相似的特征：云的规模一般都较大；云的规模可以动态伸缩，边界是模糊的；云在空中飘忽不定，无法确定它的具体位置，但它却是存在于某处。另一个原因是，云计算的鼻祖之一Amazon公司将曾被称为“网格计算”的技术取了一个新的名词“弹性计算云”（Elastic Computing Cloud），并取得了商业上的成功。

云计算的基本原理是，通过网络将庞大的计算处理程序自动拆分成无数个较小的子程序，再交由多部服务器所组成的庞大系统经搜寻、计算分析之后将处理结果回传给用户。通过这项技术，网络服务提供者可以在数秒之内达成处理数以万计甚至亿计的信息，达到与“超级计算机”同样强大功能的网络服务。

云计算的特点有：①超大规模。目前Google云计算已拥有100多万台服务器，Amazon、IBM、微软、Yahoo等的“云”均拥有几十万台服务器，企业私有云一般拥有数百上千台服务器，“云”能赋予用户超大规模的计算能力。②虚拟化。云计算支持用户在任意位置、多种终端获取应用服务，所请求的资源来自“云”，而不是固定的有形实体。用户只需一台计算机或者一部手机就可以通过网络服务获得需要的资源。③高可靠性。“云”使用了数据多副本容错、计算节点同构可互换等措施来保障服务的高可靠性。④通用性。云计算不针对特定的应用，同一个“云”可以同时支撑不同的应用运行。⑤高可扩展性。“云”的规模可以动态伸缩，满足应用和用户规模增长的需要。⑥按需服务。“云”是一个庞大的资源池，用户需要按需购买。⑦廉价性。基于“云”的特殊容错措施可以采用非常廉价的节点来构成云，其自动化集中式的管理模式大大降低了数据管理成本，其通用性使资源的利用效率较传统系统有大幅提升，用户可以只花费几百美元、几天时间完成以前需要数万美元、数月时间才能完成的任务。

互联网金融在诞生之初，就是意在将互联网技术与金融两个因素相结合，用互联网技术来解决金融行业业务发展的瓶颈，这也限定了它是以云计算和大数据为基础的一种全新金融模式。在互联网金融所使用的技术中，云计算和大数据是相辅相成的，云计算为大数据的存储、处理和分析提供了技术基础，通过对大数据的收集、整理、分析、挖掘和深度应用来创新产品、技术、营销和风险管理。

云计算为大数据的存储、处理和挖掘都提供了更高效且廉价的技术支持。①大数据存储。客户在进行互联网金融交易的过程中会留下规模十分庞大的数据信息，如交易数据、支付数据、个人资料数据等。传统的关系数据库无法满足海量数据高效存储的要求，而云计算技术通过分布式计算可以使用更低的成本、更高效率地完成数据存储。互联网金融企业可以通过使用云计算技术，将这些重要的数据信息存储在云端，不仅可以将大数据安全存储，而且可以随时提取海量数据。②大数据处理。首先，云计算技术可以帮助过滤大数据中的无用数据信息。在互联网金融数据的首次收集过程中，无用信息所占比例一般较高，因此需要过滤出可用信息。在大量的无用信息中，重点需要过滤两大类，一是大量存储的临时信息，几乎不存在投入必要；二是从防火墙外部接入到内部的网络数据，价值极低。云计算可以提供按需扩展的计算和存储资源，用来过滤无用数据。其次，云计算技术可以高效分析数据。目前基于云计算的数据处理技术包括数据并行处理技术、增量处理技术和流式计算技术。MapReduce 是 2004 年谷歌提出的一个用来并行处理大数据的并行处理模型。Hadoop 是 MapReduce 的开源实现，可以将大数据进行集中处理。增量处理技术是用来解决分布式大数据的动态更新问题的技术。目前 Google 公司已经采用增量索引过滤器来对频繁变化的数据集进行分析，使得搜索结果返回速度越来越接近实时。流式计算技术能提供灵活的、可伸缩的效率解决方案，又能在数据完整性、高可用、可扩展性及收缩性方面支撑上层业务。

目前百度公司已引入了流式计算系统 Dstream。③大数据挖掘。只有通过数据挖掘才能从低价值密度的数据中发现数据的潜在价值，而大数据挖掘技术的实现离不开云计算技术。数据挖掘需要在大规模数据上进行频繁的数据访问，这需要耗费大量的运算时间。数据挖掘领域长期受益于并行算法和架构的使用，GPU 平台通过使用并行架构和并行编程方法，使得计算能力呈几何级数增长。MapReduce 框架已经被证明是提升 GPU 运行数据挖掘算法性能的重要工具。

4. 信息技术

信息技术（Information Technology，IT），是指主要用于管理和处理信息所采用的各种技术的总称，是以电子计算机和现代通信为主要手段实现信息的获取、加工、表达、交流、管理和评价等功能的技术总和。按表现形态的不同，信息技术可分为硬技术（物化技术）与软技术（非物化技术）。前者指各种信息设备及其功能，如显微镜、电话机、通信卫星、多媒体计算机。后者指有关信息获取与处理的各种知识、方法与技能，如语言文字技术、数据统计分析技术、规划决策技术、计算机软件技术等。信息技术主要包括传感技术、通信技术和计算机技术。

传感技术——信息的采集技术。传感技术的作用是扩展人获取信息的功能，其包括信息识别、信息提取、信息检测等技术。信息识别包括文字识别、语音识别和图形识别等。通常是采用一种叫做“模式识别”的方法。传感技术、测量技术与通信技术相结合而产生的遥感技术，会进一步加强人感知信息的能力。

通信技术——信息的传递技术。通信技术的主要功能是实现信息快速、可靠、安全的转移。各种通信技术都属于这个范畴。

计算机技术——信息的处理和存储技术。计算机信息处理技术主要包括对信息的编码、压缩、加密和再生等技术。计算机存储技术主要包括着眼于计算机存储器的读写速度、存储容量及稳定性的内存储技术和外存储技术。

目前，信息技术的核心是微电子技术和软件技术。现在每个芯片上包含上亿个元器件，构成了“单片上的系统”（SOC），模糊了整机与元器件的界限，极大地提高了信息设备的功能，并促使整机向轻、小、薄和低功耗方向发展。软件技术已经从以计算机为中心向以网络为中心转变。软件与集成电路设计的相互渗透使得芯片变成“固化的软件”，进一步巩固了软件的核心地位。软件技术的快速发展使得越来越多的功能通过软件来实现，“硬件软化”成为趋势，软件技术已成为推进信息化的核心技术。

（1）信息技术的发展趋势

自 20 世纪五六十年代的第五次信息技术革命以来，伴随着电子计算机的广泛使用，信息技术行业不仅脱离了原来时间、空间上的限制，而且在所涉及的领域、传播速度与时效性方面都有了质的飞跃。通信卫星发射升空以及计算机网络系统遍布全球，使信息的收集、处理、存储、传递、应用等方面都达到了空前发达的程度。目前，三网融合和宽带化是信息技术发展的大方向。电话网、有线电视网和计算机网的三网融合是指它们都在数字化的基础上和网络技术上走向一致，在业务内容上相互覆盖。电话网和电视网在技术上都要向互联网技术看齐，其基本特征是采用 IP 协议和分组交换技术。同时随着互联网上数据流量的迅猛增加，特别是多媒体信息的增加，对网络带宽的要求日益提高。增大带宽是相当长时期内网络信息技术发展的主题。在广域网和城域网上，以密集波分复用技术（DWDM）为代表的全光网络技术引人注目，带动了光信息技术的发展。宽带接入网技术多种方案展开了激烈的竞争，无线宽带接入技术和建立在第三代移动通信技术之上的移动互联网技术正向信息个人化的目标前进。

随着信息技术的不断发展，互联网的应用已经普及其他各行各业，并由此引起了以融合为特点的产业改革。从而产业之间包括产品、服务与技术等各项业务开始交叉融合，使原有的产业界限日益模糊化。随着信息技术和终端技术的不断发展，以及互联网和移动互联网对用户和行业普及率的提高和深入，未来互联网行业和其他行业的融合将是必然趋势。互联网金融则是互联网行业与金融行业融合的典范。

（2）信息技术与互联网金融

信息技术是互联网金融的技术基础之一。互联网金融是将互联网与金融行业融合，将互联网在信息收集上的优势运用于金融领域，充分利用大数据、云计算与移动互联网等信息技术，开发更针对客户需求的个性化产品，提升客户产品选择的自主性。信息技术将强化互联网金融信息处理、资源配置、互联网金融支付系统的三大支柱性优势。

在金融体系中，信息处理是非常重要的，尤其是资金供需双方的信息，而互联网信息技术的发展就为信息处理带来了优势。人们对社交网络、搜索引擎的广泛应用以及互联网高速的信息传递效应，使得个人和机构的大量信息（包括财务状况、消费习惯、信誉行为、朋友关系网等）可以被互联网技术记录下来，以便查询和识别。而云计算技术的发展更是保障了处理海量信息的能力，使得互联网金融在信息生产和处理上具有效率优势，因而相较于传统中介机构，互联网金融可以有效地解决一定的信息不对称问题。例如 P2P 网络信贷，资金的供需双方可以利用互联网这一平台发布自身的金融需求，通过初步匹配后资金的供需双方可以直接“面对面”进行交流，中间不需要传统银行机构的参与。互联网金融的基础是移动支付，伴随着智能手机和移动互联网的发展，移动金融的概念变得更加广泛，而互联网金融的信息处理主要依赖于大数据、云计算。互联网金融的核心支柱性优势能够良好运行则依赖于高速的带宽和良好的信息设备，主要为信息硬件的集成度和运算能力。

目前，信息技术高速发展，集成电路的集成度和运算能力、性能价格比继续按每18个月翻一番的速度呈几何级数增长，支持信息技术达到前所未有的水平。互联网带宽由最初1～30kbit/s发展到目前带宽大于10Mbit/s的水平，极大地改变了信息传播的方式与速度，移动互联网带宽从2Gbit/s到2.5Gbit/s再到3Gbit/s以及现在的4Gbit/s，整个带宽行业情况呈现几何级的飞速发展。

信息技术的发展可用于防范互联网金融风险。随着互联网应用领域不断拓展，互联网金融领域安全问题显得日益严重。尤其是互联网支付领域，网络支付与手机支付在使消费者的支付行为更加便捷、节省时间成本的同时，也存在着严重的安全隐患。而以上安全隐患问题的根结在于数据没有标识，无法有效管理。想要解决各类产品接入互联网后的数字客体的主权、所有权、流转等一系列问题，就必须对数字客体进行有效规范的管理。在目前基于DNS技术的标识与解析机制的安全性缺陷日渐显露的背景下，信息技术发展了Handle系统的解析和链接机制作为互联网资源标识技术，为解决该问题提供了新的方法。Handle作为新一代互联网的底层共性技术，是互联网上的“DNA”，拥有成熟的编码规则、权威的全球管理机制、安全的后台服务系统，能够实现跨地区、跨行业、跨平台、跨系统的规模化应用，为不同领域创造新模式、催生新业态、拓展新市场、搭建新平台提供支撑。未来，随着互联网金融的深入发展，各种新的风险点会逐渐暴露，而信息技术的发展将能够为应对和解决相应的问题提供技术支持。

5. 区块链技术

区块链（Block chain）是一个去中心化的数据库，作为比特币的底层技术，是与比特币相关的一个重要概念。区块链是一串使用密码学方法相关联产生的数据块，每一个数据块中包含了一次比特币网络交易的信息，用于验证其信息的有效性（防伪）和生成下一个区块。

更简单的描述可以以比特币为例。比特币的概念由化名为“中本聪”的系统工程师在2009年提出，是一种新型的数字化虚拟货币。它已经成为一种完全脱离政府和银行控制、总量“封顶”、可实现兑换法定货币且价格由供求决定、被认为有可能彻底改变全球金融格局的数字货币。我们将区块链想象成一个比特币的“公共账本”，这个“账本”：①存放在互联网的各个比特币节点上，每个节点都有一份完整的备份；②里面记录着自比特币诞生以来的所有比特币转账交易；③“账本”是分区块存储的，每一块包含一部分交易记录。每一个区块都会记录着前一区块的id，形成一个链状结构，因而称为区块链；④当要发起一次比特币交易的时候只需将交易信息广播到P2P网络中，“矿工”将你的交易信息记录成一个新的区块并连到区块链上，交易就完成了。

（1）区块链的金融含义

金融的实质是记录和交易产权，融通资金、管理风险等是它提供的经济功能。由于产权需要证实、授权、执行等，人类社会的解决办法是由政府以法律来规制，由此形成以政府为权威的金字塔中心结构。这样的中心结构有以下三个特点：货币由中央银行发行，支付由SWIFT汇集处理，清算由交易所处理。

与大多数货币不同，比特币不依靠特定货币机构发行，它依据特定算法，通过大量的计算产生，比特币经济使用整个P2P网络中众多节点构成的分布式数据库来确认并记录所有的交易行为，并使用密码学的设计来确保货币流通各个环节的安全性。P2P 的去中心化特性与算法本身可以确保无法通过大量制造比特币来人为操控币值。基于密码学的设计可以使比特币只能被真实的拥有者转移或支付，这同样确保了货币所有权与流通交易的匿名性。比特币与其他虚拟货币最大的不同是其总数量非常有限，具有极强的稀缺性。该货币系统曾在 4 年内只有不超过 1050 万个，之后的总数量将被永久限制在 2100 万个。比特币背后的关键技术支撑即为“区块链”技术。它的意义要远远超越货币或现金。它创造的是一种解决彼此之间不信任的记账方式。

区块链技术在金融领域的另一个重大应用是物联网。顾名思义，物联网是物物相连的互联网，其核心和基础仍是互联网，它在互联网的基础上延展到物与物之间，进行信息交换。物联网的应用场景非常广泛，如院方可以远程监控、调节患者病情、工厂能自动化处理生产线、酒店可以根据客人的个人偏好调节房间内的温度。传统的物联网模式是由一个中心化的数据中心收集所有已连接设备的信息，但这样一来，在生命周期成本、收入方面有严重缺陷。为了解决这个问题，每个设备都必须能自我管理，这样就无需经常做人工维护——这意味着，设备的运行环境应该是去中心化的，它们彼此相连，形成分布式云网络。而要打造这样一种分布式云网络就得解决节点信任问题——在传统的中心化系统中，信任机制比较容易建立，毕竟存在一个中央机构来管理所有设备和各个节点的身份。但对于潜在数量在百亿级的联网设备而言，这几乎不可能做到。然而区块链技术却可以完美地解决这一问题。区块链技术解决了著名的拜占庭将军问题（Byzantine Failures）——它提供一种无需信任单个节点，还能创建共识网络的方法。比特币使用算法工程保证整个网络的安全，借助它，设备能在金融市场中完全独立于任何人工干预。一套算法会生成自己的比特币“钱包”，从而允许它与别的算法（别的“钱包”）进行交易。这在物联网上是同一个道理，所有日常家居物件都能自发、自动地与其他物件或外界世界进行金融活动，如你的智能电表可以通过调节用电量和频率来促成更优惠的电费账单。

区块链有着广阔的应用前景，在金融领域的应用还包括数字货币、数字资产、支付等。

（2）区块链金融与互联网

2014 年 11 月 1 日，在深圳举行的首届加密数字货币全产业链峰会上，Cola Pay 的创始人罗金海提出这样一个观点：“比特币的信用基础区块链技术是一种巨大的技术突破，这种以 P2P 为基础的去中心化的新体系革新了互联网与金融产业。现在的比特币行业，只相当于 1994 年左右的互联网，还处于基础建议阶段，但未来十年，区块链有可能取代互联网。”

这似乎有点耸人听闻，但在国外也有同样的观点，新闻媒体 Tech Crunch 专栏作家 Jon Evans 也谈到，区块链技术能够从根本上修复和重建互联网。他解释了区块链技术为何能够变革：“比特币所依托的区块链是一种新型去中心化协议系统，它能安全地存储交易或其他数据，并且无需任何中心化机构的审核，因为这些是由整个网络来检验的。那些交易不一定是金融交易，数据也不一定是货币。区块链技术能够被应用在许许多多应用之中。”

传统的互联网是一个“中心 – 去中心 – 中心”的结构，但本质是一个中心化结构；而区块链是一个“去中心 – 中心 – 去中心”的结构，更接近于自然的智慧。所以区块链较互联网更能为金融业带来强大的生命力和更广阔的发展空间。

2013年，比特币正式进入大多数中国人视野。时至今日，国内外的比特币产业链条均已初现雏形，包括挖矿、芯片生产、矿机组装、交易平台、投资理财、杠杆期货、钱包存储、跨境支付、商家联盟等，企业或者团队已经基本将比特币产业链各环节填充完毕，数额巨大的投资涌入这个行业。据业内媒体Coin Desk和Bitcoin Figures显示，2014年上半年已经有2.5048亿美元的比特币投资，这笔投资比十年前互联网行业的美金投资更高。

区块链取代互联网这一大胆的设想也正是发端于P2P与密码学技术的成熟与演变，这项技术可能为人类社会带来的改变足以穷尽大多数人的想象。我们现在面临的是一个巨大的机会，就像15年前的互联网，但区块链真的能取代互联网吗？这得需要时间来解答。

二、互联网金融的市场基础

互联网金融发展的市场基础可以从两个方面进行描述，一个是互联网相关产业的成熟与充分发展，它从技术层面提供了了金融创新的供给侧可能性，也培育了以互联网方式寻求各种需求满足的消费群体；另一个是现有金融体系中市场空白、垄断高价与套利空间的存在。

1. 发展成熟的互联网相关产业

互联网相关技术和产业的发展毫无疑问是互联网金融创新的技术基础，对此前面已经进行了详细的阐述。在这里着重强调的是，互联网相关产业的发展与普及培育了大批熟悉和信任互联网、习惯于通过线上方式满足自身需求的消费群体，这是互联网金融产品早期市场化过程中最重要的用户群体。

图2-1显示了2010 ~ 2015年中国网民普及率、网民中网络购物

用户比例以及手机购物用户比例的数字。在所谓的中国“互联网金融元年”2013年，中国的网民总数已达到3.61亿人，网民中进行网络购物的用户比例接近50%，而网购用户中使用手机购物的比例已达30%，这些数字都呈现快速上升的态势。

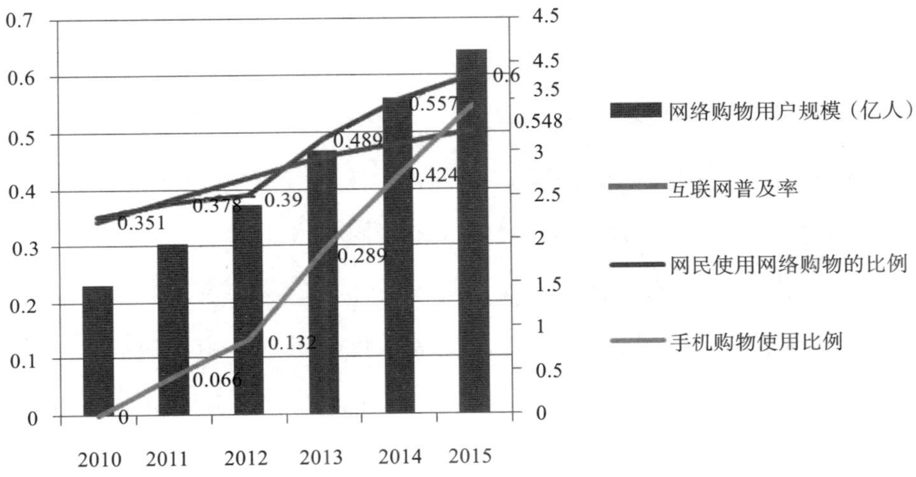

图2-1 中国网民数量及网上购物比例的变化

资料来源：中国互联网网络信息中心（CNNIC）发布的《中国互联网络发展状况统计报告》

互联网金融产品用户的线下向线上迁移的典型路径是这样的：上网浏览新闻或搜索→网上购物→开通网银并关联支付宝或者财付通账号→使用手机终端进行支付或使用其他金融服务，也就是说互联网金融的用户基本来自其他互联网产业用户的迁移。如果没有在互联网金融之前的其他互联网应用领域——搜索、新闻浏览、游戏、网上购物——的丰富经验，如果没有习惯于网上购物而产生的网络支付依赖，很难想象互联网金融产品能在短时间里吸引大批的用户。更为重要的是，早期发展的互联网应用产业所培育的用户群体以低龄和白领人口为主。当他们转化为互联网金融的消费者时，随着年龄和资历的提高，其收入水平和投资能力都处在生命周期的快速发展期，这个用户群体的金融需求非常旺盛。在本章的开始部分已经论述，互联网金融是典型的网络产业，早期面临用户基础建立的难题，但如果能够达到临界规模（critical scale）和行业“触点”（tip point）就会引发爆发式增长，而其他互联网行业恰恰为中国的互联网金融培育了这批用户。

有一个非常有趣的例子为上述观点提供了证据。微信是腾讯公司2011年推出的移动终端社交平台，2013年年底用户数量已超过4亿人，但到那时为止，对多数用户而言，微信还只是一个社交工具，与个人的金融需求没有任何关系。2014年春节前，微信平台嵌入了一个新的应用“微信红包”，使中国传统的春节发红包的习俗非常成功地发展到了网上，引发了当年春节的“红包热”。发红包的需求促使用户绑定了银行卡，许多用户不知不觉中成为了微信支付的用户。随后，二维码扫描O2O支付、理财通金融产品销售平台等金融应用就吸引了众多的用户。在这个过程中，腾讯非常巧妙地引导用户沿着“手机社交→发红包→建立微信支付账号→绑定银行卡→移动支付及理财”这一路径进入其互联网金融服务的消费群体。在这个例子中，微信社交功能所培育的庞大用户群体及其对微信入口的频繁依赖，是微信支付迅速成长为中国仅次于支付宝的移动支付工具的关键。

2. 金融行业的市场空白、垄断高价与套利空间

互联网金融滋生、发展的另一个市场基础在于金融领域本身未被满足的潜在市场需求，以及由于金融管制或机构垄断所形成的套利空间。正是由于这一市场基础的不同，世界各个经济体的互联网金融产品形态、平台的运行主体和模式呈现出不同的特点。

互联网金融创新在早期的发展阶段以填补现有金融体系留下的市场空

白、连接金融网络中的断点为市场切入点。例如，中国的网上第三方支付工具的大规模使用源于网上购物的支付需求。在一些发达国家，如日本，信用卡是网购的首选支付方式。但中国当时的支付市场情况是信用卡的市场普及率很低，支付方式的缺乏是电商发展的严重瓶颈。近年来，美国市场 Apple Pay 和 Square 支付的发展也基于相似的原因。在线下交易中，由于成本或系统的问题，一部分商家没有安装 POS 机，不能使用银行卡支付。Apple Pay 和 Square 则通过智能手机、读卡器和移动通信网络建立了一个持卡人银行卡和商家银行账号之间的连接，在小额零售市场支付中占据了一席之地。

还有某些金融市场的空白是由于传统监管规制造成的。在所有国家的资本市场上，公开的股权融资都需要严格的条件和高昂的成本，进入门槛很高。这种做法在维护了投资者利益和资本市场正常秩序的同时，也基本堵塞了小型企业的资本市场融资通道。互联网金融的新型融资类型中，股权众筹是一种面向多数人群发行股权的筹资方式，这一类型平台的出现正是试图构建一个普通投资者和小微初创企业的股权融资渠道，满足双方的需求。在现实中，中国的众筹平台通过代持或有限合伙的方式避开监管对股东人数限制的做法，美国则已经颁布了 JOBS 法案，对众筹设定了特殊豁免条款。

此外，金融体系中垄断或者管制的存在形成了某些金融服务的高价或者市场分割，这为新进入的互联网金融产品提供了盈利或套利空间。以 P2P 网络借贷为例，美国市场上 Lending Club 和 Prosper 平台上的债权有相当比例的“借款标”来源于个人的信用卡借款。信用卡行业自出现以来的惯例是不区分消费者信用级别，统一征收 10% 以上的欠款利息，而 P2P 平台则借助个人征信信息对资质良好的个人提供低水平的贷款，利用信用卡借款的统一、高利率的定价制度缺陷，找到了使参与方都受益的盈利空间。中国大量 P2P 平台的出现，则可以理解为在合法的正规借贷市场的低利率与非法的民间借贷市场的高利率之间的套利。

最后，需要强调的是，互联网金融的市场基础不仅仅在于其他互联网相关行业的发展以及现有金融体系中市场空白的存在这样一些外部因素，更重要的，还在于互联网金融开拓者们基于互联网思维、不受传统金融苑囿的创新精神。近十年来，这个群体盯住“长尾市场”，不断试错，基于实体经济的各种场景开发金融产品，以改善消费者体验为至上目标来设计流程和整合产品。他们的创新植根于对技术的真正理解，对消费者的充分尊重，这才是真正推动互联网金融发展的市场基础。

三、互联网金融的监管理念与制度更新

从全球来看，虽然互联网金融与现有金融监管体系有不相适应的地方，但各个国家的普遍做法是尽可能将互联网金融纳入已有的监管机构和法规之下，在此基础上，酌情推出有针对性的法律法规和管理办法。全球的金融监管体制可以划分为三类：以美国为代表的分业经营、分业监管体制，以英国、澳大利亚为代表的“双峰”监管（审慎监管和行为监管）体制，以及以日本、韩国为代表的统一综合性监管体制。中国在 1993 年确立了与美国类似的分业监管体制，即严格划分商业银行、证券公司、保险公司和信托公司等金融机构的业务范围，不允许跨业经营，与此相对应，也成立了“一行三会”的分业监管机构，中国人民银行、银监会、证监会和保监会分别负责各自领域的监督管理职能。虽然，20 世纪 90 年代末期以来出现了一些领域事实上的混业经营趋势，如银行、证券公司、基金公司都可以涉足资产管理业务，银行和证券公司都可以进行债券的承销业

务，以及金融产品的混合交叉销售等，同时也出现了全牌照、多牌照的综合性金融集团，但仍然通过不同业务法人隔离经营等措施，保持着分业经营和分业监管的大格局。

关于互联网金融监管，2015 年 7 月，中国人民银行等十个部委联合发布了《关于促进互联网金融健康发展的指导意见》，这被视为中国互联网金融监管的“基本法”。这个意见的基本方向是“谁家的孩子谁抱走”，明确了各机构的分工监管格局：互联网支付归中国人民银行监管，个人网络借贷、网上小额贷款、互联网消费金融和互联网信托归银监会监管，股权众筹归证监会监管，互联网保险归保监会监管。由此，分业监管下以机构监管为核心的理念将是未来中国互联网金融监管的方向。

从积极的意义上来说，互联网金融的业态形式非常丰富，目前尚处在缺乏有效监管、行业秩序混乱的状态。上述管理办法确定的明确分工、各负其责的原则，可以尽快建立起针对性、专业性和可行性强的基础监管规则，有利于互联网金融的稳定健康发展。但同时，也需要意识到，互联网金融创新的特点在于跨界、融合，其平台式经营模式的本质是丰富多样的产品生态体系的培育，以及以消费群体的需求为核心进行动态调整。因此，在未来的互联网金融监管中，以及机构分业监管格局不能改变的前提下，还应该融入功能监管和行为监管的理念。

1. 功能监管的理念

功能监管是美国经济学家罗伯特·莫顿（Robert Merton）在 20 世纪 90 年代提出的概念。他认为，虽然金融体系会随着历史的演进呈现出不同的形态，但金融的基本功能是稳定的。随着技术进步的不断发展，金融体系会自然地寻求低成本、高效率完成其功能的机构组织方式和市场制度安排。在这个过程中，金融机构提供的金融产品与服务的范围是不断变化的，金融机构与金融市场的边界也逐渐模糊。因此传统的机构监管，也就是由一个主管机构对某个金融形态进行全方位监管的方式，不可避免地造成监管重叠和监管空白的存在。因此，莫顿主张要抛弃机构监管形成的人为监管分割，而应该对执行相同金融功能、开展类似业务的不同金融机构进行相同的监管，也就是从金融功能类同的逻辑建立监管的分工逻辑。

这一新的监管理念提出来之后，对美国的金融监管产生了重大的影响。1999 年《金融服务现代化法案》颁布，其中就强调了各个监管机构间的合作式功能监管。如果说机构监管是一种纵向的监管，那么，功能监管可以说是横向的监管。功能监管理念在分业监管格局中渗透，可以通过建立不同机构的协调监管机制，防止监管套利和监管空白的出现。

功能监管首先是针对金融机构和金融市场的微观风险的监管。中国互联网金融目前面对的突出问题是信用风险、操作风险、流动性风险和信息科技风险，其主要的受害者是金融消费者。从目前频发的事件看，通过夸大宣传，误导和欺骗消费者是一类常见的行为，平台企业的拆标、期限错配、自融等违规性行为也是造成投资者损失的重要原因，此外消费者私人信息泄露、个人隐私被侵犯更是屡见不鲜。而功能监管的理念倡导以保护公众利益、控制金融活动负外部性为目标的审慎监管，强调金融监管要维护金融功能的正常发挥，因此上述行为是功能监管理念所不能容忍的。

此外，在分业的纵向监管格局下，监管机构往往为了防止风险的发生会严格控制金融机构的跨界经营，这与互联网金融的融合创新精神是违背的。但在功能监管理念下，根据金融功能进行监管分工，强调各部门监管活动中的协调和合作，鼓励数据和信息共享，这样既可以防止因为监管空白的存在造成的自发金融风险，也可以为监管放松、鼓励综合性和混合型的金融创新提供发展空间，为互联网金融发展提供宽严适度的环境。

2. 行为监管的理念

行为监管由英国学者迈克·泰勒 (Michael Taylor) 在他的“双峰监管”理论中提出。“双峰”指金融监管中存在的两个目标：审慎监管和行为监管。行为监管的理念与功能监管有非常相似的地方，是强调以提高金融效率为目标的监管方式，具体内容包括金融消费者保护、加强信息披露提高市场透明度、促进金融市场的公平有效竞争等。功能监管是针对美国的机构分业监管提出的理念，而行为监管是针对英国综合性监管下强调与审慎监管区别而提出的理念。在这一理念指导下，英国分别设立了负责审慎监管的金融审慎监管局（PRA）和负责行为监管的金融行为监管局（FCA）。后者主要负责保护金融消费者和改善金融市场的公平性和透明度，目前英国的 P2P 网络借贷和股权众筹都由这个机构监管。

互联网金融在中国发展的特点是供给方多集中于非金融类机构，主体多元，业务类型多样，需求方覆盖面广，平均单笔业务涉及金额较低。传统的机构监管着眼于对经营主体经营资质和准入的监管方式，出发点是控制金融机构自身的安全运营，关注自有资本充足率、坏账率等风险性指标，并没有从消费者利益保障为着眼点的规则和机制设计。因此，机构监管一方面很难覆盖所有的经营机构，形成监管漏洞和监管套利，难以保证市场的公平竞争；另一方面，专业知识和信息都处于弱势地位的分散消费者很容易受到利益的损害。而从英国注重行为监管的互联网金融监管法规看，其对准入的要求并不高，但对于相关机构的信息披露、资金托管、内控制度和风险处理措施等，从保护消费者利益和增强市场透明性、公开性的角度出发，予以了多方的规制。从目前看，这一监管理念既受到了业界的欢迎，也增强了消费者对这一市场的信赖，很好地促进了英国互联网金融的发展。

从具体的措施来看，互联网金融的行为监管对企业经营行为提出的规范性要求主要包括：

- 运营企业要客观、真实、全面地披露企业自身、金融产品及相关主体的信息，保护消费者的知悉权。
- 运营主体要有健全的内控制度，保证消费者的资金、金融资产的安全，并对企业获得的消费者个人信息负有严格管理、防止外泄的责任。
- 融资类平台企业还应承担对债务主体进行筛选、评级的职能，向投资人提示风险，并建立合格投资者的制度。在出现债务拖欠时，应有罚息、催账等事后处置程序，最大限度保护消费者的利益。
- 要完善消费者投诉受理、处理机制，并结合互联网金融的特点，尽可能设立网上投诉、网上受理和网上第三方裁决等快速、简便的纠纷处理机制，提供低成本的消费者维权手段。

3. 监管制度更新

“创新监管”是中国人民银行等机构颁布的《关于促进互联网金融健康发展的指导意见》中明确提出的五个监管原则中的一个。事实上，适应互联网金融发展的需要，进行监管制度的适度更新，是各国金融监管机构都面临的也在积极探索的课题。

2012 年美国总统奥巴马签署了《创业企业融资法案》(Jumpstart Our Business Startups Act ，简称 JOBS 法案)，这被认为是全球第一部关于互联网金融的监管法案。该法案针对原有监管框架下，由于资本市场融资的手续繁杂、成本高昂，限制了初创企业融资渠道的状况，对小型、初创企业通过股权众筹等方式的融资设定了一些豁免条款，对融资审批注册手续、企业信息披露以及投资者准入等方面都放松了相关的要求。这个法案的出台为其他各国互联网金融监管的创新提供了一个样本。2014 年 3 月英国金融行为监管局经过多方意见征询修改后发布了《关于网络众筹和通过其他方式发行不易变现证券的监管规则》，该意见对股权众筹的监管也进行了微调，放宽了投资者的准入标准。

2015 年被称为中国的“互联网金融监管元年”，这一年关于互联网整体发展的指导意见，以及互联网保险、网络借贷信息中介和互联网支付的行业监管办法相继推出（请参考表 2–1），其中的多数还是征求意见稿，修改后的正式稿以及执行细则都在加快制定中。此外，2016 年年初，中国互联网金融协会也正式成立，该协会一成立就提出了协会成员定期上报业务数据、建立信息共享数据库等要求，拉开了互联网金融行业自律的序幕。

表 2-1 我国互联网金融监管的相关立法（截止到 2015 年 12 月）

颁布时间	颁布机构	法规名称	针对领域
2013.3	证监会	《证券投资基金销售机构通过第三方电子商务平台开展业务管理暂行规定》	第三方综合理财销售平台
2014.12	证券业协会	《私募股权众筹融资管理办法（试行）》	股权众筹
2015.7	央行等	《关于促进互联网金融健康发展的指导意见》	被称为互联网金融监管“基本法”
2015.7	保监会	《互联网保险业务监管暂行办法》（征求意见稿）	互联网保险
2015.12	银监会	《网络借贷信息中介机构业务活动管理暂行办法（征求意见稿）》	网络借贷
2015.12	央行	《非银行支付机构网络支付业务管理办法》	互联网支付

在两个层面上，中国的互联网金融的监管制度更新比发达国家更加急迫。一个是作为金融后发展和变革中的国家，原有监管体系和法规并不完善，并不能像美国和日本那样将互联网金融较好地纳入现有监管制度之中；另一个是作为发展中国家，中国的互联网金融创新异常活跃，规模颇大，并有基于自身特色的业态和产品创新，更需要有中国特色的宽柔相继

的新的监管制度的出台。如果中国监管当局能够在目前机构分业监管的格局下，充分纳入功能监管和行为监管的理念，充分设置协调监管、联合监管的合作机制，在金融消费者保护机构设置、相关法律法规制定上因地制宜、充分创新，就可以为全球互联网金融时代的监管创新提供有益的模板。

习题

1. 互联网交换经济有哪些特征?
2. 中国互联网金融发展迅速的原因有哪些?
3. 请通过问卷、访问或其他方式，调查一下你周围的朋友是沿着怎样的路径开始使用互联网金融产品的。
4. 请结合具体产品或行业，谈谈信息技术的进步与互联网金融创新的关系。
5. 比较一下目前英国和中国关于 P2P 网络借贷监管办法的异同。
6. 为什么在互联网金融监管中，功能监管和行为监管的理念非常重要?
7. 请查找资料，说明美国的 JOBS 法案相比于传统的监管法规，有哪些重要的突破。

第3章 国内外互联网金融发展概况

中文的“互联网金融”一词出现在2010年之后，同一时期，英文也出现了含义基本相同的“Fintech”一词，这两个在不同语言环境中新造的词语近几年都成为被媒体频繁使用并为各国大众熟知的概念。上述词语的创新从一个侧面反映了互联网金融在全球如火如荼的发展。图3-1是CB Insights Data对全球主要发达国家互联网金融领域全球投资总额的统计，在2008年金融危机之前，每年只有约9.3亿美元，2013年达到40亿美元，2014年则快速增加到120多亿美元。在全球的投资中，美国每年都占到75%以上，是互联网金融领域最重要的市场。

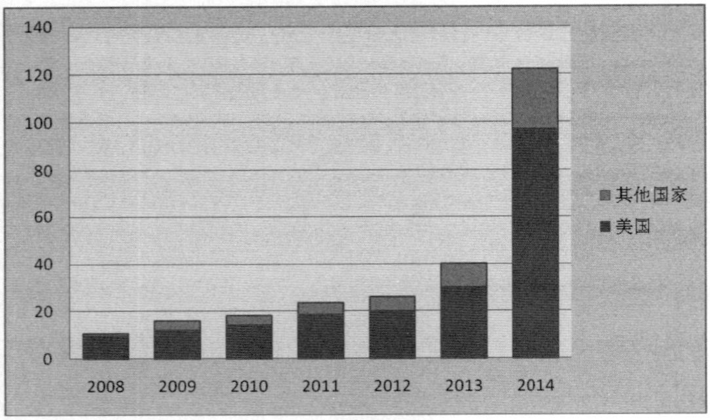

图 3-1 全球互联网金融投资额（亿美元）

第一节 国外互联网金融发展概况

像所有的信息技术产业创新一样，互联网金融发展最活跃、业态形式最丰富的是美国。同时，英国、日本和德国作为发达国家，各有独特的传统金融发展环境和通信信息产业发展路径，互联网金融发展也呈现出各自的特点。此外，一些经济欠发达国家和地区，由于传统金融服务覆盖率低、监管制度不健全，这为互联网金融的滋生和发展提供了独特的土壤，本节的最后介绍肯尼亚的互联网金融业态形式。

一、美国互联网金融发展概况

美国作为拥有微软、苹果、谷歌、脸书等世界级信息技术企业的经济体，其“互联网 +”产业在各个方面的发展都居于世界前列。“互联网 + 零售”诞生了亚马逊，“互联网 + 出租车”诞生了 Uber，“互联网 + 住宿”诞生了 Airbnb，“互联网 + 金融”则诞生了 PayPal、Lending Club 和

Kickstarter，上述这些新兴的企业有些虽然处于发展初期，规模有限，但都对相关产业产生了巨大的冲击和深远的影响。

美国互联网金融的发展可以追溯到 20 世纪 90 年代。1995 年 10 月安全第一网络银行（Security First Network Bank，SFNB）在美国成立，这是世界上第一家纯网络银行，没有物理网点，只通过互联网提供存贷款、转账等传统银行业务。银行作为最古老、最重要的金融服务机构，几百年来经营者已经习惯了通过富丽堂皇的高楼大厦和遍布各处的物理网点来开拓业务，消费者也习惯了面对面的人工服务。因此纯虚拟银行的出现对金融业产生了广泛的影响，这激发了随后传统金融业务的互联网化浪潮。美国市场的直营银行（Direct Baking）、在线折扣券商（online Discount Brokerage）和直营保险（Direct Insurance）在这一时期快速发展，同时传统的金融机构也通过设立网站、收购互联网金融公司的方式通过互联网提供服务。但新世纪之前美国的“互联网 + 金融”的发展具有马云所说的“金融互联网”的特点，还不是真正意义上对传统金融具有颠覆性的“互联网金融”。这主要表现在：第一，提供的产品和服务与传统金融机构没有本质差别，只是提供方式和服务渠道借助了互联网；第二，纷纷触“网”的传统金融机构只是将互联网当做众多销售渠道的一个，将互联网金融作为众多业务部门之中的一个，并没有根植于互联网特性的产品创新，也没有对以物理实体网络管理为基础的企业组织进行重构，这是在进入新世纪后传统金融企业在互联网金融创新中落后于新兴信息技术企业的重要原因。

金融系统提供的最基础的服务是支付和融资，美国的互联网金融创新也集中体现在这两个领域。在原有金融机构的互联网转型进展迟缓的背景下，美国相对自由的监管环境给予了互联网银行、互联网券商和互联网保险类独立机构发展的空间以及产品和业务创新的机会。此外，互联网尤其是移动互联网的普及打破了机构与服务对象在空间和时间上的阻隔，拓宽了消费者金融消费的选择范围，这随之产生了对金融产品进行比价、匹配、信用评估等金融支持服务的市场需求。以下将依次介绍互联网支付、互联网融资、互联网银行、互联网证券和保险等领域在美国的发展情况。

1. 互联网支付

美国拥有全球最发达的银行卡和支票支付清算体系，支付的便捷程度和效率都是比较高的。但是，随着互联网的不断普及，以信用卡、支票和现金为主要工具的支付体系的缺点也逐渐暴露。第一，基于互联网交易(即电子商务）的远程支付比较困难。对于陌生人之间的交易，通过银行卡、支票或者货到付款进行支付会让人产生不安全感，并且费用较高；第二，存在大量不便使用银行卡和支票支付的小额频繁交易场景，现金的使用比率仍然很高，而现金处理成本高昂是一个共识。针对上述传统支付体系的痛点，美国市场出现了一批以 IT 企业为主导的新型电子支付工具。

第一类是以贝宝（PayPal）为代表的网上第三方支付工具。与国内的支付宝类似，贝宝在网上交易支付中，不仅提供快速、低廉的在线支付清算服务，同时也提供第三方担保服务，降低了电子商务交易中买卖双方的风险。进入新世纪以来，由于北美市场电子商务交易规模的迅速增长，贝宝已经成长为全球交易规模最大的网上支付工具，也成为跨境电子贸易中的主要支付工具。

第二类是以 Square、PayPal Here 为代表的 O2O 交易移动支付工具。在美国存在很多小型商铺，没有条件安装 POS 系统，不能使用银行卡支付。消费者或商家利用 Square 和 PayPal Here 提供的移动读卡器，配合智能手机使用，可以在任何 3G 或 WiFi 网络状态下通过应用程序匹配刷卡消费，它使得消费者、商家可以在任何有无线网络的地方进行付款和收款，并保存相应的消费信息，大大降低了刷卡消费支付的技术门槛和硬件需求。

第三类是以 Apple Pay 和 Google Wallet 为代表的非接触式近场支付工具。接受付款的商家需要安装新型的 POS 机，付款方使用装有 NFC 支付功能的手机，近距离通过密码、指纹和声音等进行认证，就可以快速完成支付任务。

上述基于互联网软硬件技术的电子支付创新提供了多种支付方案，使在线和离线、近程和远程的无现金支付成为可能，改变了多年来美国支付市场支票和现金占据较大比重的局面，大大提高了日常交易的支付清算效率。虽然各有适用的条件和场景，但这些新型互联网支付工具都有以下几个共同的特征。

第一，必须连接银行账号和网关。上述电子支付企业通过互联网提供服务，没有面对面的人工服务，收付款方都只能开通并连接网上银行账号才可以进行支付。其中 Square、Apple Pay 实际只提供了用户的银行卡和银行账号之间的支付通道，在支付过程中并没有独立的账号，收入来源也是来自银行间支付清算的手续费分成。

第二，与交易场景深度嵌合，并提供附加服务。传统的支付工具网络完全独立于交易场景，只提供单纯的支付服务。如银行卡支付中，ATM、POS 机、银行卡和信息传输网络构成封闭的系统，这个系统与商家和消费者的交易行为是完全独立的。但 PayPal 提供的网上第三方支付服务中，支付过程与交易行为密切相关，资金的实际转移是根据交易完成的不同阶段顺次进行的，购买者下单只是将资金支付给第三方机构，只有收到所购商品并确认后，货款才最终进入出售方的账户。除单纯的支付清算功能外，上述新型支付工具都提供一些附加的功能，如 Square 提供的库存和财务管理功能、Paypal的第三方担保功能以及Apple Pay一部手机代替多张银行卡的功能等。

第三，都由非金融信息技术类企业开发主导，改变了几百年来支付体系由银行体系主导的格局。从现金到支票，再到银行卡和网上银行支付，似乎天经地义，支付工具的发行和支付服务都是由金融机构完成的。但是，美国市场近20年来活跃的支付创新的主力是非金融IT类企业，PayPal的母公司eBay、苹果和谷歌都是著名的互联网企业，Square则是成立不久的专业移动支付服务企业。

在美国的互联网金融发展中，互联网支付是创新最早和最活跃的领域。如果从PayPal诞生的1998年计算，近20年的时间里，每年都有新的支付解决方案推出并在市场上推广。虽然其中不乏失败的案例，但电子支付从桌面计算机到移动终端、从线上到O2O、从密码认证到个人生理特征认证，已经极大地改变了人们的支付习惯。

2. 互联网融资

金融体系的另一个基本职能是完成资金在盈余者和短缺者之间的融通，提高金融资源的配置效率。银行借贷、资本市场和私募股权投资是经过几百年探索后建立起来的主要融资方式，极大地促进了人类经济发展的速度。但是，由于风险规避和规模经济的限制，这些传统的融资模式基本忽略了无抵押担保资产、金额较小、无信用记录的弱势群体的金融需求。小微企业融资难和消费金融需求满足率低是全球性金融难题。互联网的出现改变了整个世界的信息获取和分布格局，降低了融资过程中的交易成本，从而为新的融资方式的出现提供了技术基础。

（1）P2P网络借贷

P2P（peer to peer）是指互联网环境下个人对个人的互动方式，P2P

网络借贷则是这种互动方式在个体间资金借贷方面的表现形式，无需抵押和担保，撮合速度快，借贷双方在网络上就金额、利率和偿还方式达成协议后，可迅速进行资金借贷。P2P 网络借贷至少涉及三个主体：筹资方、投资方和 P2P 中介平台。筹资方发布融资信息，投资方借出资金，平台提供信息展示平台和资金转移等服务。对于严格意义上的 P2P 借贷，平台只承担信息展示、融资方甄选和借贷交易撮合和催收等中介功能，不介入资金借贷偿还过程中的债权债务。美国最早的 P2P 平台企业 Prosper 成立于 2006 年，之后很快涌现了 Lending Club、SoFi 等一批 P2P 企业。经过近 10 年的发展，目前美国是仅次于中国的全球第二大 P2P 借贷市场。

由于 Prosper 和 Lending Club 是美国 P2P 行业的两大寡头，2014 年这两个平台完成的融资额占到了整个市场的 95%，因此下面以这两个平台为例介绍美国 P2P 行业的发展特征。

第一，运作流程。Prosper 和 Lending Club 的运作模式类似，只充当交易中介，负责展示借贷主体信息，提供交易通道，但不承担其他责任。在借款人的甄选中，两个平台都利用已有征信机构的信用评分，直接从 Trans、Union 和 Equifax 美国三大征信机构获取用户信息，并以 FICO 评分作为初步甄选的依据。同时它们也要求借贷人输入个人基本信息、借贷金额时间和可接受的利率等信息，平台综合上述信息给予借款人或借款项目的平台信用等级评价。筹资成功后，投资者的资金并不是直接进入借贷者账户，而是由专门设置的 WebBank 向借款者发放贷款，同时发行与该笔债权相对应的收益权凭证，然后再出售给投资人。如图 3-2 所示。

第二，利率确定和收入来源。目前 Prosper 和 Lending Club 都采用以借款人信用等级为依据的预先确定借贷利率的定价方式，信用等级低、借款时间长，则借贷利率高，反之则借贷利率低。2015 年，Lending Club36 个月贷款的平均借贷利率约为 11%，60 个月的平均借贷利率约为 15.5%，这个水平低于银行业的信用卡借款的利率，因此许多个人把信用卡借款转为 P2P 平台借款。平台的收入来源包括三个部分：根据信用等级和借款期限按比例向借款人收取的贷款手续费，费率为 1% ～ 5%；向投资人收取的服务费，费率为年度投资总额的 1%；因扣款失败向借款人收取的罚金。

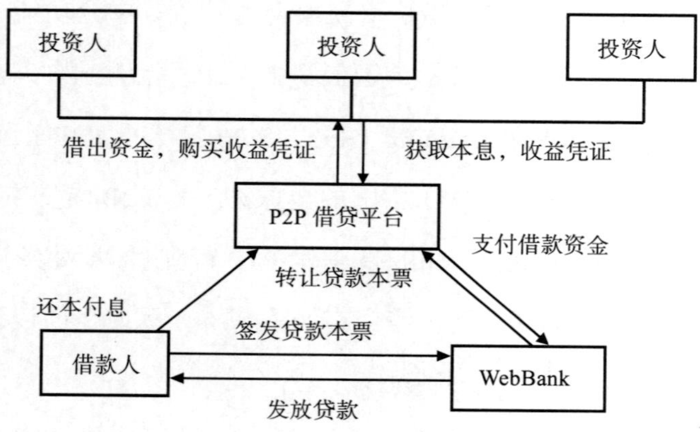

图 3-2 Lending Club 和 Prosper 网络借贷的结构图

第三，风险控制。降低坏账率、控制风险是 P2P 平台生存的根本。在这一方面，Lending Club 和 Prosper 采取的措施包括：①细致精准地对借款人和借款项目进行信用评级，设定与信用等级相应的借款利率。毫无疑问，这是平台控制风险最重要的环节。②鼓励投资人分散投资，平台上每个项目的最低投资额只有 25 美元，投资人可以通过把鸡蛋放到多个篮子里，有效规避风险；③按月还本付息。针对个人的大部分借款，都采用按月等额还本付息的偿还方式，这实际上缩短了借款期限，同时也可以及时跟踪借款人的财务状况；④催收和惩罚制度。如果借款人出现延迟偿还，平台就会启动催收程序，通过各种途径频繁向借款人发出催款通知。如果发生坏账，平台会利用第三方公司进行专业追逃。虽然在金融危机时期，上述两个平台有过达到两位数的较高坏账率，但2010年以后，坏账率得到有效控制，在5%左右的水平。

Prosper和Lending Club都是针对个人贷款的P2P平台，在此之外美国还出现了一些专业性的专做细分市场的P2P平台。SoFi（Social Finance）是2011年建立的专门为美国名校学生和毕业生提供贷款的平台，贷款利率低于美国联邦学生贷款，手续简便，发放贷款迅速。该平台对借款人定位于“早期的精英人群”，只针对SoFi选定的优质大学和热门专业（如法律、医学）的学生发放。由于很好了定位了质量高又有贷款需求的人群，SoFi虽然成立时间不长，但发展很快，到2015年年底，其发放贷款总额已超过50亿美元，学生贷款业务覆盖全国2000多所高校，成为P2P行业的一颗新星。此外，还有专门提供房地产贷款的National Family Mortgage，专门针对中小企业贷款的OnDeck和P2Binvester等。

从2014年的数据看，Lending Club完成的贷款总额是43.8亿美元，Prosper是16亿美元，估计美国整体的P2P贷款总额不过区区100亿美元左右，相对整个金融市场融资总额的比重几乎可以忽略不计。但是上述数据的年增速都在100%以上，作为一个新兴的行业，其发展前景不可估量。

（2）众筹

众筹（Crowd Funding）是通过互联网展示创意性产品，将其支持者组织起来为创意者提供项目启动资金的融资方式。2001年在美国上线的AristShare被认为是具有现代众筹意义的融资平台，它为原创音乐艺术家从其支持者那里进行小额、广泛、快速的资金募集，投资者可以对创作出建议，获得的回报一般是非现金形式的预购产品。但众筹行业的快速发展则是2008年IndieGoGo和2009年Kickstarter上线以后。

根据投资人获得的回报类型，众筹可以分为捐赠众筹、产品众筹、股权众筹和债权众筹。其中，债权众筹就是P2P网络借贷。捐赠众筹其实是慈善捐赠的网上形式，这里不做详细介绍，这里主要介绍美国的产品众筹和股权众筹。

1）产品众筹。以提前或优惠获得项目产品的形式为回报向投资者募集资金的众筹平台。美国最大也是全球最大的产品众筹平台是Kickstarter，该平台上的项目以原创性作品为主，包括艺术、科技、电影、游戏和音乐等13个类别。首先，项目发起人向平台提交项目说明，要求包括基本项目介绍、融资目标金额和风险说明等内容，经平台审核通过后就可向公众发布募集信息。Kickstarter仅允许项目发起人以与项目成品相关的实物形式提供回报，如音乐唱片、电影海报等。该平台项目主要以2万美元以下的小额融资为主，项目的融资成功率不到30%。根据Kickstarter于2015年10月发布的数据，平台筹资总额已经达到20亿美元，参与众筹的投资者人数达到950万，为26万个项目成功筹资，其中数量最多的项目依次是电影、视频、音乐和出版，但筹资到资金最多的是游戏类项目，达到4.124亿美元，科技和设计分别以3.6亿和3.516亿美元紧随其后。产品众筹平台的功能除了融资之外，还具有创意产品宣传推广和市场前景调查的作用，同时也可以促进原创者及其粉丝的互动。产品众筹平台对项目发起人收取成功融资金额5%的服务费，对投资者则是免费的。产品众筹面临的主要问题是对项目发起人缺乏有效的约束手段，“圈钱”行为时有发生，投资者的利益不能得到很好的保护。

2）股权众筹。顾名思义，以投资者获得股份为回报的众筹形式。2008年金融危机后，美国的中小企业融资环境进一步恶化，可以为初创型企业快速提供融资的股权众筹平台应运而生，短短六七年时间，美国已经出现了100多个股权众筹平台，比较著名的有AngelList、Circle和

Wefunder。股权众筹涉及的企业与投资者之间的权利义务关系是长期延续并且复杂不确定的，存在所有股份制企业所固有的经营者与股东之间信息不对称，从而投资者利益难以得到保护的问题，并且因为不受普通上市公司的种种限制，股权众筹企业的投资者更加处在弱势的地位。为此美国的股权众筹平台在投资模式上进行了探索，试图解决这个问题。目前，主要的投资模式有三种：第一，普通模式，投资者投资后直接获得企业的股权凭证。第二，“领投 + 跟投”模式，专业的领投人发起投资，其他公众跟投人共同出资，向一家企业投资。因为专业的领投人有相当的投资比重，并且负责项目选择和投后管理，因此一般跟投人只要选择信誉良好的领头人，不必对项目本身进行太多的关注。对于金额小、缺乏专业知识的投资人来说，这种模式比普通模式更加易于接受。近两年国内的主流股权众筹都采用这种方式。第三，基金模式，投资人得到的不是股份，而是投资于众筹企业股权的基金的份额。专业的第三方基金管理人负责项目甄选和投资管理。这个原理与一般的公募股权基金类似。股权众筹平台除了提供融资服务外，还提供一些其他的衍生服务，如为融资企业提供创业指导、人员招聘和财务数据分析等。AngelList 是全球第一家成立也是最大的股权众筹平台，该平台采用“领投 + 跟投”和基金两种投资模式。

P2P 网络借贷和股权众筹都是企业向不确定、大量公众募集资金的筹资方式，与公开市场的债权和股权融资本质上是一样的。对于后者，美国有众多的法律法规进行监管。在 P2P 网络借贷出现后，美国政府就开始探索对其监管的方法。2008 年，美国政府宣布按照已有的法律由 SEC（美国证券交易委员会）以证券模式对 P2P 进行监管。在这一监管模式下，P2P 平台的债权要求被作为证券进行登记，同时企业本身也被作为证券公司需要按照《1933 年证券法》进行注册登记，向投资者全面、及时、准确地披露每笔 P2P 贷款的所有重要信息。由于登记手续繁杂，这一规定出台后，曾在美国市场经营的英国 P2P 企业 Zopa 退出了美国市场，Prosper 也一度暂停了经营。但是这一严厉的监管制度在 2012 年奥巴马签署了《JOBS 法案》后出现了放松的趋势，并且在 2015 年 10 月通过了 JOBS 法案中众筹细则的条款。在这一新的法律框架下，新兴小型企业在网络众筹融资过程中的信息披露和公众宣传的自由度得以放宽，其公开发行证券的注册、审计、承销等环节被豁免，从而融资成本得以降低。此外，投资人的范围也更加宽泛。从目前来看，美国是全球最早建立起对网络众筹融资监管办法的国家，这不仅保证了美国本土相关行业的迅速发展，而且也为其他国家监管制度的建立提供了参考。

3. 互联网银行

互联网银行指完全基于网络提供服务、没有实体网点的银行。这种新型银行最早于 20 世纪 90 年代中期出现在美国，由于利率市场化和银行牌照容易获得的宽松环境，30 多年来，美国的互联网银行获得了引人注目的发展。截止到 2015 年，美国共有 34 家互联网银行，居全球之首。按照清华大学《全球互联网金融商业模式报告 2015》的分类，互联网银行被分为直营银行和数字移动银行两种。

（1）直营银行

直营银行（Direct Bank）也被称为互联网银行 1.0，这些银行除了必要的办公和设备放置地点外，一般不设立物理实体网点，而是通过早期的电话、ATM、短信和后来的互联网与用户连接，提供服务。直营银行拥有独立的银行牌照，与普通商业银行一样，由美国联邦存款保险公司提供存款保险。从提供的业务上看，也与传统银行基本相同，包括存款贷款、转账汇款、投资理财和银行卡等服务。但直营银行可以提供 24 小时不间断的“3A”（Anywhere、Anytime 和 Anyhow）服务，并且由于没有营业网点和大量人员的开支，运营成本低于传统商业银行，因此存款利率更高，贷款利率更低，其他汇兑手续费率也相对较低。与互联网的普及同步，美国的直营银行进入新世纪以后快速发展，存款总额的年复合增长率在 20% 以上，远远高于银行业总体 6% 的增长率。直营银行的存款总额占银行业存款总额的比重从 2003 年的 1.10%，提高到了 2013 年的 3.64%。表 3-1 展示了资产总额排名前 10 的美国直营银行。

表 3-1 美国资产总额排名前 10 的直营银行（2015 年 6 月）

排名	银行名称	简称	资产总额 / 亿美元	存款总额 / 亿美元	员工数	营业点
1	Charles Schwab Bank	CSB	1224.1	1130.77	555	12
2	Ally Bank	Ally	1067.25	618.41	853	2
3	Capital One Bank (USA)	COB	933.38	562.72	18823	3
4	Discover Bank	Discover	834.07	483.71	10660	2
5	USAA Federal Savings Bank	USAA	694.74	621.6	6182	1
6	Synchrony Bank	SB	583.76	405.3	7903	3
7	American Express Bank, FSB	AEB	491.87	337.08	311	1
8	E*TRADE Bank	E*TRADE	442.63	351.70	186	2
9	Barley Bank Delaware	BBD	263.47	175.53	2951	1
10	EverBank	EverBank	241.17	166.01	3108	13

资料来源：《全球互联网金融商业模式报告 2015》。

由于直营银行没有实体网点和 ATM 网络，不能处理现金，只能通过其他传统银行的账号和 ATM 来进行现金的提存。因此直营银行的运营与传统银行的物理网点是具有互补关系的。也是因为这个关系，美国的直营银行或者与其他传统银行保持密切的合作关系，或者其母公司就是大型的金融机构，如 Ally Bank 隶属于 Ally Financial Inc.、First Indirect 是 HSBC 设立的子公司。

（2）数字移动银行

这一类银行也被称为互联网银行 2.0，它们与直营银行的差别是完全通过移动终端 APP 提供服务，没有独立的银行牌照，与传统银行合作，向用户提供开户、存取款、转账、支付等传统银行业务，还提供信用评估、非接触式支付、消费记录和智能预算等个人财务管理服务。这一类企业实际上相当于传统银行的外包式公司，弥补了传统银行服务缺乏创新、客户体验差等缺陷。同时，数字移动银行也利用其移动终端的特点，利用大数据收集和 GPS 定位等功能，融入社交、本地服务（LBS）等要素，提供更加个性化、便捷的服务。这一类企业都是在移动互联网普及以后才发展起来的新型金融服务机构，目前还处在摸索的阶段。表 3-2 介绍了目前美国几家有一定影响力的数字移动银行的概况。

表 3-2 美国的数字移动银行

名称	成立时间	合作银行	个性化业务	一般银行业务
Simple Bank	2009	Bankcorp Bank	智能预算；消费记录	存款，支票扫描存款
Movenbank	2011	CBW Bank	CRED 个人信用评分；个人财务管理；手机非接触支付	转账 消费提醒 开卡
Blue Bird	2012	American Express	财务管理；家庭账户管理；会员卡福利	

资料来源：根据《全球互联网金融商业模式报告 2015》整理。

4. 互联网证券

通过互联网进行实时报价和证券交易委托早在 20 世纪 90 年代，在美国的证券行业就已经非常普及。从那个时期开始，伴随着交易收费的市场化，美国出现了一批低佣金、在线提供证券经纪和咨询服务的在线折扣券商，著名的企业有嘉信（Charles Schwab）、E*TRADE 等。但这里主要介绍近几年兴起的一些新型的集中体现互联网去中心化、商业交易社交化等特征的互联网证券模式。

（1）以 MotifInvesting 为代表的社交型证券经纪服务

社交活动与商业交易行为相融合是互联网经济发展的一个重要趋势。在证券投资行为中，投资者往往依赖于朋友、亲戚和熟悉的专家进行产品选择，在投资过程中，也倾向于与别人进行交流。社交型的券商正是基于证券投资行为的这个特征，提供交易平台。以 MotifInvesting 为例，该平台向投资者提供基于某个主题的投资组合，投资者投资于平台上的组合。投资组合的形成有两种方式：平台专家组合和用户自建组合。前者由平台的投资团队创建和维护，投资者可以选择组合，完全复制该组合，或者自己修改后进行投资。后者由用户自建组合，其他用户也可以复制其投资组合。创建者通过社交网站，如脸书、领英等分享自建组合，吸引其他投资者复制或修改。投资者每选择一个组合进行投资，都需要向平台缴纳一笔固定的佣金，这是平台的主要收入来源。由于其创立的平台很好地融合了投资行为与社交行为的互动，让每一个投资者既能得到专家的指导，又能发挥自己的独立见解，并得到相应的追随，MotifInvesting 从 2012 年成立，不到四年的时间就获得了市场的广泛认可和风险投资的注入，被称为证券行业“最具破坏力的企业”。

（2）以 Loyal3 为代表的众筹型证券经纪服务

这个类型的券商目前虽然非常小众，但非常体现“互联网 +”产业的共享经济特征，因此予以简单介绍。Loyal3 为用户提供免费股票交易，其收入来源于向上市公司收取的费用。目前 Loyal3 平台只有不到 70 只消费类股票可供投资，每只股票的投资金额限额是 10 ~ 10000 美元，消费者可以不购买整只股票。该平台面对的投资者主要是上市公司的粉丝，其通过聚合粉丝的资金，在股票交易中可以降低成本，同时也可以帮助上市公司获得普通消费者的支持。

5. 互联网保险

美国保险行业的互联网转型可以从三个维度进行描述：销售渠道的互联网化、保险公司主体的互联网化和保险产品与服务的互联网化。销售渠道的互联网化指保险产品从过去以人员销售、代理人销售和实体柜台销售演变为网络销售为主。保险公司主体的互联网化指传统保险的互联网转型以及新型纯网上保险公司的出现。上述两个方面容易理解，下面主要介绍保险产品和服务的互联网化。

（1）保险产品的互联网化

人身保险产品与投保人的日常行为有密切关系，财产保险则与被保财产的实时状态紧密相关，从而产品的可行性和定价高低在很大程度上取决于保险公司对投保人和被保财产信息的掌握程度。互联网和物联网的蓬勃发展提供了保险公司不间断无缝隙获取上述信息的可能，也为保险产品和服务的创新提供了新的手段。

在人身保险领域，美国出现了 Mobile health 健康险产品。保险公司通过手机、可穿戴设备以及传感器等移动终端，实时监测投保人的生命体征，追踪收集个人的健康医疗数据（如饮食、作息、运动），根据这些数据进行分析，不仅提供移动化医疗护理，还进行差别化定价，对信息良好的投保人提供合理的保费减免。

在财产保险领域，美国已经有二十多家保险公司提供 UBI（Usage Based Insurance）车险产品，这是一种基于被保车辆使用状态数据的新型保险。保险公司通过在车辆上安装传感器，追踪驾驶员驾驶行为数据，对车辆使用安全状态作出评估，从而进行差别化定价。

此外，保险产品的创新还表现在基于纯网络行为的新型产品的开发上，如 P2P 网络借贷违约保险、股权众筹项目跳票险、网络购物交易保障险、银行卡盗刷险，等等。

（2）保险服务的互联网化

保险公司对客户提供的服务出现了线下转线上、增加附加功能和社交化的趋势。客户与保险公司之间的互动，如产品咨询、报警、理赔等，都从过去的人工柜台服务逐渐转向线上的手机 APP 服务和网页服务。例如，在车辆遇险后，投保人可以通过手机报险，上传相关照片、视频、修车单据以及警察处理意见等，直接通过网络完成理赔手续。附加功能指保险公司在提供传统的保险服务外，还基于移动网络提供医生问诊、提供诊断结果和财产清单保存等额外的增值服务，从而改善用户的消费体验。在保险公司提供的核心产品同质化的背景下，附加功能的多寡好坏成为消费者选择的重要依据。社交化指保险公司通过已有社交网络或自建用户平台，听取消费者的意见和建议，在与消费者的良性互动中树立品牌形象，提高顾客的忠诚度。

无论在新型支付工具与融资方式的创新，还是在传统金融业的互联网转型方面，美国的互联网金融发展都走在了世界的前列，各种互联网金融业态形式和几乎所有新型互联网金融产品都可以在美国看到。而这个蓬勃的发展态势，与美国市场自由化程度高、科技创新环境好、金融监管到位、消费者对新生事物接受度高等各个方面有密切的关系。

二、英国互联网金融发展概况

英国拥有国际金融重镇——伦敦，现代金融的许多创新出现在这里，全球第一个 P2P 众筹平台 Zopa 就于 2003 年 3 月在伦敦成立。在信息技术发展方面，英国是互联网和智能手机渗透率最高的国家之一，其人均电子商务消费金额是欧洲最高的（参考图 3-3 和 3-4）。同时，在政府的金融监管方面，针对技术变革中的新型金融现象，英国也是较早作出响应、展现积极姿态的国家。因此，英国是整个欧洲互联网金融最发达的国家，也站在整个世界的创新前沿。

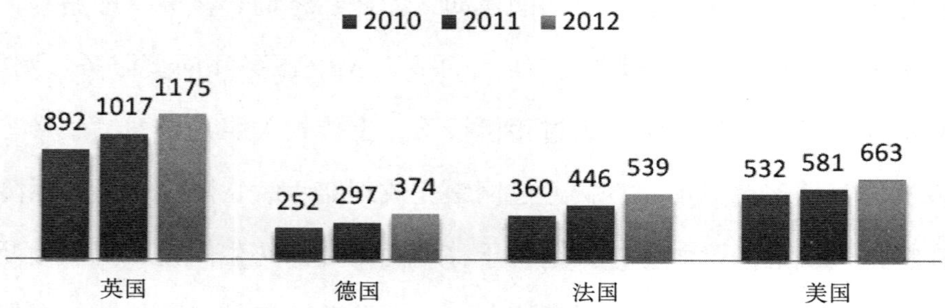

图 3-3　欧洲主要国家人均电子商务交易额（英镑）

数据来源：欧洲电子商务协会 (Ecommerce Europe) 发布的《欧洲电子商务报告》。

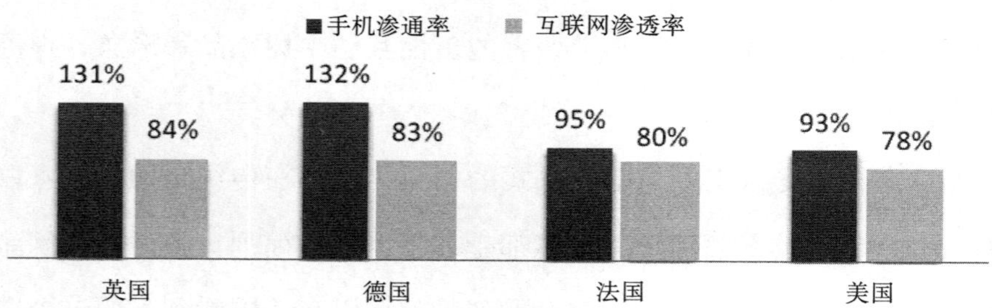

图 3-4　主要发达国家手机和互联网渗透率

数据来源：欧洲电子商务协会 (Ecommerce Europe) 发布的《欧洲电子商务报告》。

根据英国贸易投资总署（UK Trade & Investment，UKTI）编写的《英国科技金融概览》（Landscaping UK Fintech）报告，英国是全球互联网金融投资增长最快的国家，从 2008 年至 2013 年，年平均增长速度是 74%，而同期全球的平均值是 27%、美国硅谷是 13%。这个报告把英国的科技金融分为“传统科技金融”（Traditional Fintech）和“新兴科技金融”

（Emergent Fintech）两类。英国在后一领域表现尤其出色，在整个欧洲互联网金融类创业企业中，英国的企业占到了半数，优势非常明显。新兴科技金融指使用新技术的小型创业企业向消费者直接提供的金融服务，它对已有的商业模式有很大冲击。英国在互联网支付、P2P 网络借贷和互联网银行三个领域有突出表现，并拥有具有全球影响力的代表性企业。

1. 互联网支付

与美国市场相似，英国是全球金融业中心、金融机构数量众多，也是国际贸易的中心枢纽和电子商务发展迅速的市场，因此，相应地，依托于短信、电子邮件和移动终端的远程电子支付行业发展较早，代表性企业有 Monitise 和 TransferWise。

Monitise 是一家总部设在伦敦的第三方在线支付企业，2003 年成立，2007 年在伦敦证券交易所的 AIM 市场上市。到 2014 年其市场估值已达到 1.1 亿英镑，直接服务于近 3000 万用户。Monitise 的经营模式是以手机为终端，连接银行、银行卡组织、移动运营商和零售商等机构，为用户提供一种单一和连贯性的手机支付和银行服务。目前，公司为全球 350 多家金融机构和战略全球合作伙伴（如维萨和西班牙电信）提供服务，同时这些战略伙伴又将 Monitise 的解决方案提供给约三千万名全球用户。2015 年，该公司处理了近 40 亿笔移动交易，价值约 710 亿美元。通过专门为任何设备、运营商和网络而设计的一流平台和独特的网络方法，Monitise 始终致力于提供日益丰富而多样的手机银行、支付和商业解决方案组合。作为在线支付行业的老牌企业，Monitise 在成功地立足于欧洲、中东和非洲市场之后，2010 年之后开始致力于亚洲市场的开拓，在中国香港成立了分部，已经在印度和中国香港等亚太市场发展合作伙伴，提供服务。可以说，Monitise 是英国互联网支付领域的一面旗帜。

TranferWise是互联网支付领域的新秀，2011年在伦敦成立，提供P2P的在线货币汇兑和转账服务。与传统的银行货币汇兑转账服务相比，区别之一是，传统银行在消费者跨境汇款时要进行货币转换，但TransferWise平台通过P2P方式聚合各种方向的货币汇兑服务，不进行货币转换，从而省去了货币转换费用。区别之二是，传统银行的跨境不同币种的转账服务，收取的费用非常高昂，一般相当于汇款金额的5%左右，但TransferWise只收取1英镑或者汇款金额0.5%的手续费。TransferWise自诩为“汇款领域的Skype”，可以利用PSP众包模式，帮助个人和企业通过低廉的费用实现跨国汇款（参照图3-5）。2012年TransferWise获得了英国监管当局的授权，其早期使用者包括移民、留学生和移居海外的

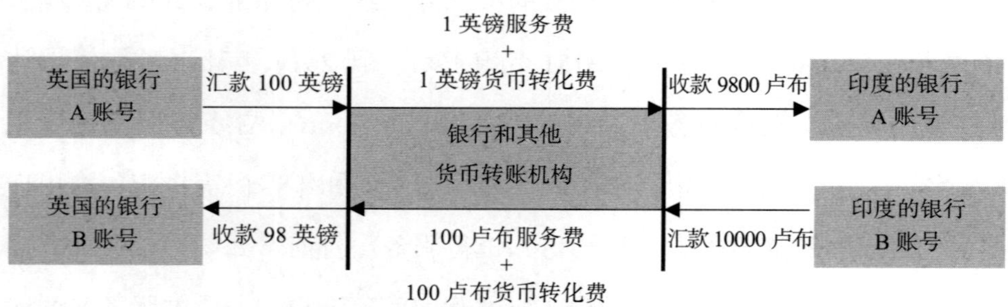

a) 传统银行的货币汇兑模式（1英镑=100卢布）

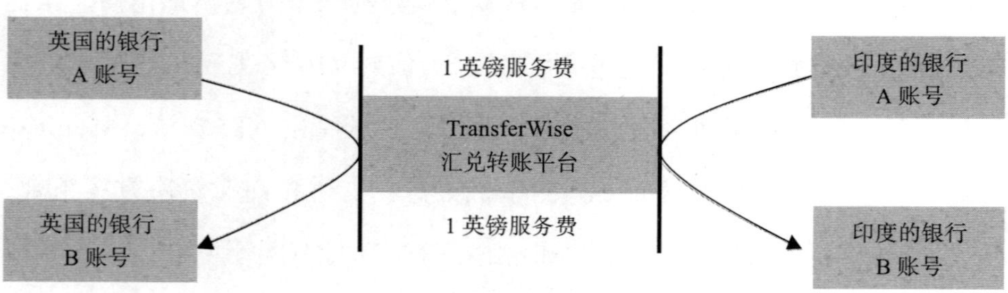

b) TransferWise的货币汇兑模式

图3-5 TransferWise与传统银行的货币汇兑模式比较

人士等，后来一些中小企业也开始使用 TransferWise 进行跨境汇兑。从 2011 年 1 月发布以来，已经有超过 50 万用户使用了该平台，可以提供覆盖 40 多个国家的 300 条以上的货币汇兑路径，并且上述数据还在以非常快的速度增长。TransferWise 公司面对的是全球 4 万亿资金转移市场，毋庸置疑，发展潜力巨大。

2. P2P 网络借贷

作为一种新型的通过互联网进行融资的方式，P2P 网络借贷于 2005 年出现在英国，在随后十年的时间里迅速被世界各地复制。与许多国家一样，英国银行业贷款速度和种类难以满足现代社会民众和小微企业的融资需求，同时民众通过银行存款的储蓄方式在长期低利率环境下，也希望寻找到回报更高的投资方式。P2P 网络借贷在一定意义上连接了传统融资市场未能满足的融资需求与供给。2005 年，英国牛津大学的毕业生 Giles Sndrews 和另外 6 位朋友一起创立了 Zopa 网贷平台，早期主要为个人提供汽车购买、家装维修和信用卡还款等消费信贷服务。Zopa 一上线，其新颖的融资模式迅速获得了大众与金融界人士的广泛关注，只用了两年时间，到 2007 年其会员数量就达到 14 万。之后，Zopa 还把他的服务对象扩展到了中小企业。到 2015 年，Zopa 运营时间已经超过了十年，这期间在这个平台上成功的借贷资金总额超过 10 亿英镑，借款人数量也超过 15 万人，目前 Zopa 是欧洲最大的 P2P 网络借贷平台。英国的 P2P 行业的飞速发展是 2010 年之后，其原因是 2008 年金融危机后，许多领域的融资都变得比以前困难。其中较著名的 P2P 平台包括专注于中小企业贷款的 FundingCircle、RateSetter，专注于房地产贷款的 Lendivest 和提供票据贷款的 Marketinvoice 等。在 P2P 行业平台数量和融资规模迅速增加的同时，行业内部的垂直化、专业化发展趋势也很明显。2014 年英国包括

P2P 借贷、众筹、票据融资、养老金融资等在内的非传统融资市场总额达到 17.4 亿英镑，其中 P2P 份额占到了约 79%。2014 年，英国 P2P 行业完成贷款总额达到 13.7 亿英镑。

英国 P2P 行业快速、健康的发展，除了得益于业界本身活跃的创业创新外，还与恰当的政府监管、政策鼓励和行业自律有密切关系。

第一，政府监管。2014 年英国金融行业监管局（FCA）发布《关于网络众筹和通过其他方式发行不易变现证券的监管规则》，这是全球首个关于网络众筹的专门监管法规，将借贷型（即 P2P 网贷）和股权投资型两类众筹纳入监管，并制定了不同的监管标准。该法规围绕金融消费者保护的监管目标，建立了平台最低审慎资本标准、客户资金保护规则、信息披露制度、信息报告制度、合同解除权、平台倒闭后借贷管理安排与争端解决机制等七项基本监管规则。与美国把 P2P 网络借贷作为证券进行监管不同，英国的 FCA 把网络贷款作为消费信贷来对待，相对比较宽松。

第二，政策鼓励。英国政府出资成立了专门的“P2P 影响力基金”支持网络融资的发展，同时财政部也出台了税收优惠政策，鼓励民众投资于 P2P 平台。从 2016 年 4 月份开始，通过 P2P 等互联网金融获得的收入中，第一笔 1000 英镑的收入完全免税。如果按照 5% 的利率来计算，这一税收减免政策意味着未来每一笔将近 2 万英镑的 P2P 贷款的收入都是免税的。同时，英国财政部还准备把通过 P2P 等互联网金融进行的资金借贷计入全部免税的个人储蓄账户。

第三，行业自律。2011 年，Zopa、FundingCircle 等七家 P2P 平台成立了全球第一个 P2P 行业协会——互联网金融协会。协会定期召开会员大会，负责行业自律，并积极与监管机构沟通，反映和解决行业发展过程中遇到的问题。

小结：英国是欧洲互联网金融发展最好的国家，与美国和中国一起站在了全球互联网金融发展创新的第一阵营。其在全球影响力的互联网金融模式有P2P众筹和在线支付。此外，英国政府在互联网金融的发展过程中起到了积极的引导和推动作用，不仅在监管法规制定方面响应及时、态度宽松，而且在创新孵化器建立、政府扶持基金设立和税收优惠方面采取了诸多有针对性的措施，这也有力地促进了英国互联网金融的发展。

三、德国互联网金融发展概况

欧洲各国的互联网金融发展格局与其经济格局很接近，英国、法国和德国无论是互联网金融的业务规模和企业数量，还是创新的活跃程度，都领先于其他欧洲国家，互联网金融的各种业态形式也比较完备。

德国的互联网金融从内容和发展历程上看，与美国和英国很接近。20世纪90年代在互联网普及后，互联网保险、互联网证券和互联网银行都有了很大发展，但主要由传统的金融机构设立子公司或者新部门从事这些业务，独立设立的新型机构比较少。进入新世纪，随着电子商务的发展，互联网支付的需求随之增加，交易者主要通过网银和网上第三方支付来进行支付。目前德国的网上第三方支付市场最大的厂商是PayPal，这是发源于美国的企业。自P2P网络借贷首个平台Zopa于2005年出现在伦敦并引起全球关注后，德国的众筹行业也很快发展起来，出现了一批网络借贷平台和股权众筹平台，并且有些平台目前在欧洲已经很有影响力。下面介绍德国比较有特色的两类互联网金融业务：直营银行和P2P网络借贷。

1. 直营银行

荷兰国际直营银行（ING-DiBa）是德国第一家直营银行，也是德国乃至欧洲最大的直营银行。该公司由全球著名的综合性金融服务集团——

荷兰国际集团（ING Group）于 1997 年在加拿大成立，之后业务拓展到德国、美国、英国、澳大利亚等八个国家，其中在德国市场的成就非常瞩目，目前被认为是全球规模最大、运作最成功的直营银行机构。除了一般意义上直营银行通过网络提供服务、不设网点、24 小时营业等特征外，ING-DiBa 在德国的成功，还在于以下一些经营方针：

- 专注于特定的零售市场。相比于企业客户，在银行服务上，个人和家庭构成的零售市场具有较强的对营业时间、物理网点距离和服务方便性等方面的要求，这与直营银行和传统银行的差异性有内在的契合性。荷兰直营银行在德国经营的主要目标就是中等收入阶层、30 ~ 50 岁熟悉网络的人群。
- 提供“简单、有限”的产品。ING-DiBa 坚持只提供活期账户、储蓄账户、个人房地产金融、中间业务、分期还款等基础性和标准化业务，不设最低存款要求，不追求个性化、定制化的服务，这种简洁、易操作的有限服务克服了直营银行不提供“面对面”服务的缺陷，非常适合远程、自助服务的要求。
- “线上平台 + 线下自助门店”模式。如何处理现金业务始终是直营银行面对的问题。ING-DiBa 的模式是除了线上平台外，还在加油站、大型超市及家电卖场等人流聚集场所设立自助门店，安装智能可视银行机、自动存款机、自助缴费机等。目前该行在德国设立了 1200 多个自动取款机，拥有自动取款机的数量在德国银行中排第 5 位。此外，通过与国际银行卡组织的合作，其信用卡客户也可在有 VISA 标志的自动取款机上提款。

德国银行体系一直以“万能银行”模式著称，由于没有像美国和中国一样分业经营、分业监管的监管限制，德国的银行除普通银行业务外还可以开展资产管理和证券业务。这种经营特色也同样延续到了直营银行。据德意志银行统计，2013 年，德国最主要的四家网络银行（ING-DiBa、Comdirect、DAB 和 Cortal Consors）吸收的存款额占全部银行存款余额的 6%，受托资产规模占 8%，拥有客户证券账户数量占 14%，开展证券交易占比超过 35%。

2010 年以来全球的互联网金融创新热潮也充分反映在了德国传统银行的转型和新型银行的创设上。德国最大的银行德意志银行在其 2015 年发表的“战略 2020 规划”中决定在其柏林、伦敦和硅谷三个分行设立互联网金融实验室，并分别与 HCL、微软和 IBM 进行合作。为此该行将投入 10 亿欧元，以提高客户体验、增大平台价值和获取新客户。德意志银行目前在其国内有 700 家网点，到 2020 年计划最少关闭 200 家。

上述介绍涉及的银行都是德国的金融集团的子公司或出资建立的直营银行，近几年德国也涌现出一些新型的银行，最具代表性的是 Fidor Bank。Fidor Bank 成立于 2007 年，2013 年获称“德国最具创新力银行”，2014 年被国际知名研究与咨询公司 Celent 选为“年度最创新银行”。作为互联网银行，它别具特点的经营特色有：

- 利用在线社交（Online Comunity）赢得顾客信赖。每一个用户都是其提供的社交网站的用户，在这个社交平台上，每个用户可以相互交流使用经验、通过 FidorBank 进行转账，并拥有零售银行账户。这种通过以建立用户社交圈为基础提供银行服务的方式，在建立了用户之间互动连接的同时，也建立了透明、多方参与的服务环境，密切了银行本身与用户的关系。
- 提供比特币和 Ripple 币的转账支付业务。德国是第一个正式承认比特币为合法货币的国家，对网络虚拟货币展示了比大多数国家更加宽容的态度。FidorBank 在这个环境下，非常积极且罕见地拓展与此相关的银行业务。他是首家接入 Ripple 协议的银行，采用这一创新型底层协议，可进行即时、免费的汇兑业务。FidorBank 也开展了使用比特币进行支付公共事业费、工资以及转账支付的业务。

综上所述，德国的直营银行发展得比较早，也比较成熟。行业构成以大型金融机构的独立子公司为主，与传统银行形成了业务上的互补。同时，发端于 IT 背景的独立的创新型的直营银行，近年来也不乏后起之秀。传统机构转型及时和新兴科技金融创新活跃，使德国银行业在“互联网 +”大潮下，其互联网银行业的发展不逊色于美国和英国。

2. P2P 网络借贷

德国的 P2P 网络贷款业务开始于 2007 年，目前市场呈现集中度较高的态势。最大的五个平台分别是 Auxmoney、Lendico 、Zencap、Smava 和 Finmar。其中 Auxmoney 是成立最早也是规模最大的 P2P 平台，也是仅次于英国 Zopa 的欧洲第二大 P2P 网络借贷企业。这些平台向个人和小微企业提供融资，与美国和英国不同的是，针对个人和家庭提供的无担保分期消费贷款是平台资产的重要构成部分。由于个人消费贷款市场原本竞争激烈，且利率较低，不超过 6%，因此 P2P 平台在这个领域优势不大。因此，平台的竞争主要集中在小微企业的贷款上，这些客户比较难以从银行获得贷款，且利率较高。上述平台除了根据信用等级向借款方收取手续费外，也向投资人收取成功还款金额 1% 的服务费。这与中国多数平台对投资者免费的做法是不同的。

非常值得一提的是，德国关于 P2P 网络借贷的监管办法与美国和英国有很大差别。根据德国法律，银行是唯一合法地发行贷款的金融机构，P2P 借贷平台只能与银行合作才能合法运营。债权债务的流程是，银行向借款人发放贷款，然后通过 P2P 平台将债权出售给投资者，形成了一个比较复杂的法律结构。也就是说，平台资产的借款人和投资者之间并无直接的契约关系。也正是这个原因，德国大部分 P2P 平台的债权无法形成投资者相互转让的二级市场，流动性较差。与此同时，德国关于禁止高利贷的法律明确规定了借贷利率不能超出市场平均水平的两倍，利率上限大致是 16% ~ 18%。上述这些规定大大限制了德国 P2P 行业的未来发展前景。

四、日本互联网金融发展概况

在欧美之外，另一个互联网金融发展较快、创新活跃的区域是亚太，包括日本、韩国和中国香港等发达经济体，以及中国和印度等新兴经济国家。亚太国家自第二次世界大战以后的经济发展历程、政府对经济的干预和监管都展现出与欧美国家截然不同的特点，这样一种格局也同样延续在互联网金融的发展上。

日本虽然从 20 世纪 70 年代就在第二次世界大战的废墟上建立起了一个无论经济体量还是技术发展水平都可以与美国、英国媲美的发达经济体。但是，相对来说，日本保持着较封闭的经济体系，政府对产业发展的干预较多，在与互联网金融相关的通信、金融等相关领域一直国有化程度较高、政府监管严格，形成了与其他国家不同的技术标准体系和产业运营形态。因此，其互联网金融的创新也具有一些明显与其他国家不同的特点。

1. 手机移动支付

手机移动支付可以分为远程支付和近场支付两个类型。欧美和中国市场发展较早和较快的是远程支付，如上面介绍的美国的 PayPal、英国的 Monitise 和中国的支付宝。这些产品早期提供在线网络支付，当智能终端从桌面计算机发展到移动手机后，这些工具也随之以 APP 的形式迁移到移动端上，但本质仍然是在线网络的远程支付。2010 年之后，Google 推出了 Google Wallet，苹果推出了 Apple Pay，基于 NFC 技术的非接触近场支付才开始在北美市场推广，而中国的支付宝和微信支付也通过二维码扫码的方式开拓 O2O 的近场支付市场。目前在整体上，这些市场的互联网支付特点都是远程支付，发展非常成熟，近场支付都还处在刚刚开始发展的阶段。但是非常有趣的是，日本从 2004 年起，由最大的移动通信服务商 NTT Docomo 主导，推出了采用索尼公司 Felica 技术的移动支付业务——手机钱包，之后 2005 年，其他两家通信服务商 KDDI 和 SoftBank 也推出了类似的产品，随后日本手机近场支付开始全面普及，成为世界上手机近场支付普及率最高的国家。目前，在大部分零售场所，如 24 小时便利店、餐厅、书店、公共交通工具、自动贩卖机、药妆店、超级市场，甚至于博物馆、电影院等，都可以用手机钱包支付。到 2014 年 3 月，日本市场已经卖出了 2 亿 4 千万个可装于移动终端的 Felica 芯片，有 600 多个手机类型可以安装这种芯片。

Felica 技术是一种在 0.2s 的时间、10cm 以内的距离就可完成数据读取和交换的技术，基于该技术的非接触支付需要付款方持有装备了特殊芯片的终端，收款方则需要配备专用 POS 机，才可以完成支付。这与 2016 年开始中国银联与苹果、三星合作推出的“云闪付”的技术原理和支付流程非常接近。相比于二维码扫描支付，其更安全但所需要的硬件条件较多、支付环节也更复杂。类似技术的支付，如 Google 从 2011 年开始推广的 GoogleWallet，中国移动曾投入重资推广的 2.4GHz 的 RF-SIM 支付方案，在市场上都进展不顺利。那么，为什么日本的移动手机近场支付能够顺利推广呢？这与日本一些相关产业的特殊背景有关系。

第一，发达的电子货币行业。这里的电子货币指的是卡介质的非接触性小额支付工具，相当于中国的公交卡。在NTT Docomo推出手机钱包以前，日本已经拥有了全球最发达的电子货币支付行业。公交卡的原理易于理解，其普及率在中国香港、韩国以及中国一些其他城市的普及率都很高。但在日本不同的是，公交系统（如JR）、零售商（如7-11便利店）以及专业支付公司（如Edy）都发行自己的电子货币品牌，并积极地拓展支付范围。这与中国的公交卡基本只能用于公交支付不同。此外，由于不同品牌的电子货币普及率的提高、支付范围重叠、市场竞争的结果，在技术标准、POS机设置方面，该行业在手机支付发展以前基本实现了标准统一、相互兼容的格局，这为手机移动支付的发展提供了极好的先天受理环境。这与目前中国的银联必须联合各家商业银行布设专用POS机网络，才能接受手机“云闪付”相比，具有先天的收款方用户优势。

第二，对手机终端控制力强的电信运营商。基于NFC技术的移动支付需要在手机上安装特殊的芯片，而这一点需要有硬件制造商的配合。在日本，由于早期的移动互联网模式i-Mode的大获成功，电信运营商在整个产业链中具有很强的话语权和控制力，硬件制造商基本只能通过运营商的店铺销售手机，而且手机和S IM卡是不可以分离的。因此NTT Docomo很容易布设装有NFC支付芯片的用户网络。Google Wallet和中国移动手机支付的受阻，都与终端用户推广困难有很大关系。

第三，开放合作的行业环境。移动支付是一个涉及银行、支付清算机构、通信服务运营商、硬件制造商等多个产业链条的服务，相关环节厂商的协调合作非常重要。NTT Docomo在早期推广移动支付时，并不发行自有品牌的电子货币，而是与已有电子货币发行机构合作，向对方提供从卡介质向手机介质支付转移的通道，同时也与银行、银行卡组织和大型零售商业机构合作，以开放兼容的姿态构建了顺畅的产业链。

第四，组织化程度高的零售行业。日本由于国土面积狭小，人口集中，无论是交通体系，还是零售行业都形成了用户密集、企业连锁化程度高的特征，这也为小额快捷支付提供了很大的需求，为专用 POS 网络的铺设提供了便利。

但是，由日本开发的独有的 Felica NFC 支付独占日本市场的情况，在苹果手机、谷歌手机进入日本市场并且市场份额逐步提高后这一状况开始发生变化。大约在 2010 年之前，日本的手机市场以本国品牌为主，但智能手机发展起来之后，日本手机厂商逐渐丧失了这个领域的领导者地位。随之，日本的年轻用户开始转向苹果、谷歌和三星的手机。由于技术标准的不同和其他原因，这些手机是无法安装 Felica 芯片的，这限制了基于 Felica 的移动支付的进一步发展，同时也为其他形式的移动支付发展提供了空间。

日本的互联网支付行业还有一个与美国和中国市场不同的地方是，虽然其电子商务发展规模很大，但电子商务的支付以信用卡为主，像 PayPal 和支付宝这样的网上第三方支付使用的比例较低。这种状况可能与日本良好诚信的商业环境和普及程度很高的信用卡发展水平有关。

2. 纯网络银行

与美国一样，日本的利率市场化早已完成，银行牌照的审批也比较宽松，因此从 21 世纪初开始，出现了一批只通过电话和互联网提供服务的纯网络银行。截止到 2015 年年底，日本共有 11 家纯网络银行，比较著名的有 Sony 银行、住信 SBI 网络银行、乐天银行、Jibun 银行和日本网络银行等。首家纯网络银行是 2000 年成立的日本网络银行。这些银行与传统银行相比，提供的服务类型基本相同，但存款利率较高、贷款利率低，转账汇款等第三方业务的手续费也非常便宜。所以吸引了一批对价格敏感的消费者。

表 3–3 给出了六家主要的日本纯网络银行的基本信息。从企业背景来看，日本的纯网络银行基本由金融领域、零售商业领域等传统行业的大型企业出资成立，基本没有像美国市场那样的小型创业类企业，也不同于中国依靠大型电商平台建立的纯网络银行。正因为这样，这些纯网络银行的运营特征和优势也与背后支持的公司有千丝万缕的联系。比如，资产和存款规模最大的住信 SBI 银行的大股东之一是日本最大的证券公司 SBI 证券，因此其很多客户来自于 SBI 证券的个人投资者。AEON 银行是日本大型零售集团的子公司，因此它不同于其他网络银行只能借助于其他机构

表 3-3　日本的纯网络银行（2015 财政年度数字）

名称（成立时间）	背景	存款总额 / 万亿日元	1 年期存款利率	特点
住信 SBI 网络银行（2007）	三井住友信托银行；SBI 证券公司	3.58	0.08%	与 SBI 证券业务关系紧密，许多客户可通过其他机构的 ATM 存取现金
大和 NEXT 银行（2011）	大和证券集团			与大和证券账户可通用，不能使用 ATM
AEON 银行（2007）	大型零售金融集团 AEON 旗下的银行	2.00	0.12% ~ 0.22%（依存款金额不同而浮动）	在 AEON 各个零售网点设置自己的 ATM，拥有直接向顾客提供服务的网点
索尼银行（2001）	索尼生命保险；索尼财产保险	1.87	0.20%	可使用其他机构的 ATM
乐天银行（2001）	日本最电子商务平台乐天旗下的子公司	1.53	0.25%	拥有 500 万以上账户数量，是纯网络银行之最，可使用其他机构的 ATM

资料来源：作者根据各企业网站数据整理。

的 ATM 处理现金业务，AEON 银行在 AEON 的各个零售网点布设了自己的 ATM。而日本最大电商平台乐天旗下的乐天银行，其客户主要来自于电商平台的交易者。

截止到 2015 年年底，所有纯网络银行的存款总额不超过 20 万亿日元，相比于超过 1000 万亿日元的金融机构存款总额，这个数字几乎可以忽略。所以从这个意义上看，日本目前的纯网络银行的影响力是有限的。这与这些银行的业务创新不足有关，同时可能与日本消费者相对保守、风险意识较强，对没有实体网点的互联网银行信赖度不高有关系。

五、非洲互联网金融发展概况

有趣的是，互联网金融在全球的发展呈现不平衡的两极快速发展的格局。一方面，如上文所述，发达国家依托自由的金融市场环境、活跃的企业创新氛围和领先的信息技术水平，引领着全球互联网金融的发展；另一方面，由于传统金融的不发达和金融压抑，一些发展中国家存在大量未被满足的金融需求，市场空白很多，当互联网的技术手段与金融服务的适当模式结合后，滋生出耀眼的互联网金融蓬勃发展的光芒。典型的例子一个是中国，另一个是本节介绍的非洲。2015 年英国《金融时报》对于非洲互联网金融发展的评价是："只有不到 1/4 的人拥有银行账户，但 80% 以上的人能够用上手机的非洲，在这场变革中一马当先。"

非洲的互联网金融发展发源于肯尼亚的手机银行 M-Pesa。M-Pesa 是肯尼亚最大的移动通信服务提供商 Safaricom 与英国的 Vodafone 公司于 2007 年合作推出的基于移动手机的金融服务，一开始主要为解决穷人汇款需求，后来发展到可以通过手机完成转账、汇款、取现、话费充值、付账、发工资和偿还贷款等业务。M-Pesa 不仅能在国内汇款，在海外也可以向 M-Pesa 用户汇款。

在 M-Pesa 推出之际，肯尼亚每 10 万人仅拥有 1.5 个银行、1 部 ATM 取款机。由于广大农村地区基础设施落后，平均收入低，肯尼亚的银行只为城市区域的精英阶层服务，超过一半的居民没有银行账号。而 M-Pesa 瞄准的正是这一阶层。在 M-Pesa 的服务体系中，移动运营商 Safaricom“三位一体”，同时充当了电信运营商、银行和支付清算商的角色。SIM 卡就相当于银行账号，具有储蓄、消费、支付、借贷、转账和兑现等各种功能，可以随时充值。M-Pesa 由独立于商业银行金融体系之外的三个系统组成：手机客户端应用系统、后台处理系统和代理商网点营销系统。其中，线下的代理商网点营销系统的存在，是肯尼亚不同于其他国家移动银行服务的最重要区别，也是 M-Pesa 成功的关键系统。由于没有银行物理网点和 ATM 网络，设立账户和现金存取是提供金融服务首先面临的困难，而 Safaricom 作为移动运营商，网点数量也极其有限。为了解决这个问题，Safaricom 把现有的邮局、超市、药店的营业网点发展为代理网点，客户在各代理网点录入基本信息就可以免费注册 M-Pesa。也可以在这些代理网点进行现金与 M-Pesa 账户余额的转换。操作中，用户只需发送文本消息和代码就可以在不同手机用户之间进行电子货币交换和转账。在这个服务中，汇款人和收款人都不需要银行账号，只需要发短信就可以转账，收款人也无需通过 ATM 或银行网点就可以换取现金。这种服务对于交通不便地区的农村居民来讲非常方便。目前 M-Pesa 在肯尼亚的代理网点数量超过 11000 个，远远多于银行的网点数量。

2010 年 5 月，Safaricom 与肯尼亚股权银行合作推出了 M-Pesa 的国际汇款业务——M-KESHO。这项业务允许 M-Pesa 客户转入和转出肯尼亚股权银行的账户资金，还可以用手机银行购买人身保险和获得短期贷款。同一年，推出超市付款服务，用户可以使用其 M-Pesa 账户在超市进行付款。2011 年，M-Pesa 推出国际预付费 Visa 卡，用户可通过其 M-Pesa 账户向国际预付费 Visa 卡转账。此后，又通过与国际支付清算机构和其他国家银行机构的合作，M-Pesa 实现了在 ATM 上取款、境外金融机构账户间汇款服务。据 2014 年的一项调查显示，肯尼亚通过手机端转账和支付的使用率处于全球领先地位，有高达 71% 的受访者表示曾使用过手机金融业务。1700 万人（肯尼亚总人口为 4100 万）使用 M-Pesa，2013 年约 25% 的肯尼亚国内生产总值就是通过 M-Pesa 交易的。

M-Pesa 的巨大成功引发了非洲地区其他金融机构和移动运营商对移动支付和手机银行领域的兴趣，目前肯尼亚国内已经发展 Zap 和 yuCash 等 12 个类似移动交易系统，而坦桑尼亚、利比里亚和苏丹的手机金融业务使用者也分别高达 40%、39% 和 38%，远远高于全球的平均水平。同时，M-Pesa 在肯尼亚的成功经验也使一些其他经济欠发达地区开始大胆践行这一模式，目前来看，M-Pesa 已在阿富汗、印度等国得到了很好的复制与推广。

需要提到的是，M-Pesa 在肯尼亚的成功还得益于政府对包容性金融发展的宽容姿态。虽然 M-Pesa 提供的相当于银行服务，但该业务可以不受肯尼亚银行业务代理监管规定的约束。其业务代理商可以不接收政府颁发的《银行代理指南》约束，这使 M-Pesa 得以在宽松的监管环境下得以迅速发展。

非洲的互联网金融发展路径和提供的产品服务与前面介绍的发达国家有很大差异。发达国家是发达的金融体系和较高的互联网和手机渗透率促进了互联网金融业务的发展，但以肯尼亚为代表的非洲国家却是手机银行业务的快速发展促进了金融业的发展以及手机普及率的提高。发达市场的互联网金融业务往往发源于人们在互联网上进行的其他活动，如电子商务、游戏和社交等，但非洲的互联网金融根植于未被满足的最基础的转账、汇款金融需求。如果说，互联网金融对于发达国家的经济发展只是锦上添花的话，而对于非洲等经济和金融极度落后的国家，则可能是一个重要的经济发展助推器。互联网金融所具备的普惠、低价、小额和快捷的特点，正对非洲的传统金融体系产生着革命性影响，它可以帮助非洲人实现脱贫，接触在传统金融体系下遥不可及的微贷款、微融资、微保险和微储蓄，使穷人享用到更广泛的金融服务，并创造就业机会。

第二节 国内互联网金融发展概况

2013 年 6 月 17 日，在中国最大的网上第三方支付工具支付宝的平台上，上线了一款理财产品——“余额宝”。用户可以使用支付宝账户余额或银行卡购入余额宝，1 元起购，上线时年化收益率在 4% 以上，可随时赎回。而当时的银行活期存款利率只有 0.35%，一年期基准存款利率为 3%。余额宝不仅为用户带来投资收益，还可以直接用于网上购物或支付账单。该产品一上线，即受到已经拥有 6 亿多支付宝用户的热捧，短短半年时间，截止到 2013 年年底，余额宝的客户数已经达到 4303 万人，规模为 1853 亿元。一年后的 2014 年年底，这个数据更新为 1.85 亿人和 5789 亿元。在余额宝上线两周年时，支付宝公布的数据表明，用户数量已超过 2.2 亿人，规模达到 6678 亿元。此时，余额宝已成为全球规模第二大的货币基金，其连接的货币基金的发行企业——天弘基金从 2012 年年底中国基金公司规模排名的第 49 位一跃到了首位。毫无疑问，余额宝创造了世界货币基金业发展的一个奇迹。

余额宝的巨大成功引发了其他机构的争相模仿。2013 年 10 月 31 日"百度白赚"上线，2014 年 1 月腾讯的"理财通"和苏宁的"零钱包"上线，2014 年 3 月京东小金库上线……一时间，通过互联网购买理财产品成为人们时髦的投资方式，互联网金融也成为全民热议的话题。实际上，余额宝不过是一只货币基金，是基金行业非常成熟的一种产品。在此之前，货币基金已在国际金融领域出现了 40 多年，在中国也已运营 10 年以上。但就是这样一个传统的金融产品，与互联网平台的恰当结合不仅创造了货币基金的销售记录，同时也给传统金融业投入了一块巨石，激起千层浪花。

由于余额宝所产生的上述效应，2013 年被称为"中国的互联网金融元年"。如果说这一年最引人瞩目的现象是互联网基金的话，那么 2014 年的 P2P 网络借贷行业、2015 年的股权众筹，以及 2016 年 Apple Pay 进入中国引起的移动支付大战，则使中国的互联网金融业创新极为活跃、格局更加完善，已经毫无悬念地站在了世界发展的前沿。

一、国内互联网金融发展历程

中国的互联网金融发展可以分为三个阶段：传统金融机构"触网"期、新型互联网金融初创期和互联网金融快速发展期。

1. 第一阶段：传统金融机构"触网"期（1997 ~ 2006 年）

1997 年是中国的"互联网元年"，新浪、搜狐和网易均在这一年出现在中国。在金融领域，招商银行率先推出了网上银行，首次通过互联网界面向消费者提供信息查询和账户交易等服务。之后，其他银行也相继推出网上银行业务。2000 年左右，一些证券公司和保险公司也相继开展了互联网证券和互联网保险业务。不到十年的时间里，几乎所有大型的金融机构都设立了独立网站，成立了企业内部专门负责网络运营的部门，通过互联网这一新型的通道向用户提供服务，在一定程度上摆脱了物理网点和柜台人员的地域、时间限制。

虽然从起步时间看，我国的互联网金融并不晚于欧美发达国家，但由于受到特定金融市场环境的约束，如金融牌照许可、业务审批、利率和佣金限制等，这一阶段的互联网金融的发展仅仅局限在传统金融机构体系内部以及已有产品业务结构上。对于银行、证券公司和保险公司来说，网上业务只是多了一个营销渠道，基于互联网特征的组织机构重置、产品形式创新和业务流程重构都没有取得明显的进展。

2. 第二阶段：新型互联网金融初创期（2007 ~ 2012 年）

2007 年中国第一家 P2P 网络借贷平台“拍拍贷”上线，拉开了互联网金融在中国发展的新篇章。这一时期中国互联网金融发展的特征是非金融机构在金融领域大显身手，第三方支付、互联网融资、互联网理财中介等崭新的金融创新非常活跃，对原有金融体系开始产生冲击。

在支付行业，2008 年支付宝推出手机支付业务，开始支持水、电、煤、通信等公共事业缴费，这个中国最大的网上第三方支付工具开始从电子商务交易的辅助工具走向通用支付工具，对由银行承担的第三方收费、银联和商业银行构成的银行卡支付清算等服务产生了替代效应。与此同时，财付通、汇付天下、快钱、拉卡拉等独立的第三方电子支付企业不断成长，针对现有以商业银行为中心的支付体系的“痛点”和“断点”，不断进行产品业务创新，为消费者和一些特殊行业提供定制化的支付服务支撑，大大提高了支付清算效率。也在这个时期，中国互联网监管的第一个行业管理办法——《非金融机构支付服务管理办法》于 2010 年出台，2011 年开始颁发支付业务许可证，2012 年年底，共有 200 多家机构获得了这个许可。这个时期，智能手机和移动互联网的快速发展也推动了网上支付从桌面计算机向移动终端的发展，移动支付以及近场支付的快速发展都开始出现端倪，近场二维码扫描支付也由支付宝在2010年推出。

在互联网融资方面，P2P网络借贷和基于大数据的小额借贷在中国市场有了快速的发展，并展现出了对传统金融融资方式的突破性创新。继2007年“拍拍贷款”上线之后，人人贷、红岭创投、陆金所、宜人贷等一大批P2P网络借贷企业出现。这些平台面向长期被银行等传统金融机构忽视的小微企业和个人的融资需求，通过互联网进行信用评估和交易撮合，提供灵活、小额的长短期借款，并同时向个人提供了利率和风险更加多样的可投资资产。据《中国P2P借贷服务行业白皮书2013》显示，2012年年末，中国P2P网借贷络平台超过200家，可统计的P2P平台线上借款余额将近100亿元，投资人超过5万人。虽然这个金额相比于当年15.76万亿的社会融资总额微乎其微，但增长速度和影响力却不容小觑。此外，由电子商务巨头提供的小额贷款也在这一时期出现并获得了快速发展。2007年开始，阿里基于其阿里巴巴B2B、天猫、淘宝和支付宝等平台原始商户的数据积累，与建行、工行合作提供无担保无抵押的信用贷款，同时建立信用评价体系、数据库以及一系列风控机制。2010年开始阿里自建小额贷款公司，向平台电商提供贷款。由于多元化的数据积累和对交易信息的充分把握，“阿里小贷”保持了低于银行的不良资产率和快速的发展势头。截止到2012年12月，“阿里小贷”最新客户数为20万人，平均每户贷款余额为6.1万元。

在新型互联网金融初创期，中国互联网金融的发展特点是传统金融机构的互联网转型步伐缓慢，电商和IT背景的非金融机构在支付、融资和理财中介等领域表现突出。虽然新型的互联网金融业务在规模上尚无法与传统金融相比较，但其包容普惠、重视用户体验和与实体经济场景深度融合等特征克服了传统金融的局限性，为中国金融业在信息技术推动下的创新展现了良好的发展前景。

3. 第三阶段：互联网金融快速发展期（2013年至今）

事实上，直到2013年，"互联网金融"才作为一个专用词语被逐渐界定并频繁见诸报端，也成为中国独有的一个金融词汇。这一年，发生了许多中国互联网金融发展历史上的重要事件。

- 6月，余额宝上线，年底即成为国内规模最大的货币基金。
- 7月，京东旗下专业金融公司"京东金融"开始独立运营。
- 9月，保监会批准了中国第一家纯网络保险公司的设立申请，这家公司叫"众安在线财产保险公司"，由阿里巴巴、腾讯和中国平安共同出资组建。
- 9月，民生银行率先宣布设立直营银行，并于2014年年初上线。开启了国内商业银行设立直营银行的热潮。
- 2013年年底，多家证券公司向证券业协会提交互联网证券业务方案，次年先后有三十多家公司获得了互联网证券业务试点资格。

从这些事件可以看到，从2013年开始中国的互联网银行、保险和证券业务都开启了新的篇章，以前高高在上的大型商业银行和券商深切感受到了来自新型互联网金融机构的威胁，拉开了其互联网转型所必需的组织结构重构和业务流程重造的序幕。与此同时，基于电商、搜索和社交等核心业务的互联网企业也把自身的发展重点转移到金融业务上，纷纷把附着于原始平台的金融相关业务剥离出来，成立了旗下独立的金融公司。其中最具代表性的是阿里旗下的蚂蚁金融服务公司和京东旗下的京东金融。

也是从这一年开始，P2P网络借贷业务快速扩张，产品和股权众筹平台数量激增（参考表 3-4），提供支持服务的网上信用评级和金融产品销售等互联网金融服务业态形式不断涌现，中国的互联网金融发展呈现出传统金融机构和新型金融机构的创新齐头并进、相互合作并竞争的态势，互联网金融占整个金融零售业务总量的比重迅速提高。

表 3-4　2011 ~ 2015 年中国 P2P 网络借贷行业概况

年份	成交规模 / 亿元	贷款余额 / 亿元	运营平台数量	停业平台数量
2011	31	12	50	10
2012	212	56	200	6
2013	1058	26	800	75
2014	3291	1386	2358	287
2015	9823	4394	2824	276

数据来源：《中国网络借贷行业蓝皮书 2013》《中国 P2P 借贷服务行业白皮书 2014》和银率网数据库。

从国际的横向比较来看，美国是互联网金融发展最集中的国家，其次是中国和英国。由澳大利亚知名机构 H2Ventures 和毕马威联合 2015 年年底发布的《全球金融科技 100 强》报告显示，全球 Top50 的互联网金融企业中，美国占据了一半，中国有 7 家入选，位居第二。

当然，自 2013 年进入快速发展轨道以来，中国的互联网金融风险日渐突出，对专门监管法规出台的呼声也日益强烈。2013 ~ 2015 年期间 P2P 平台“跑路”和倒闭事件频频发生，使众多投资者的利益受到损害，也大大影响了互联网金融的市场声誉。因此，无论从业务的发展还是监管制度的健全来看，真正能够实现普惠、包容和便捷，并健康、稳定发展的中国互联网金融的到来还需要各方的共同努力，来日方长。

二、国内互联网金融迅猛发展的根源与成因

经济发达程度和金融发展水平超过中国的经济体非常多，但为什么中国的互联网金融获得了迅猛的发展，且处于该领域世界前沿呢？其根源和

成因可以从互联网产业的良好发展基础、传统金融体系的市场空白和政府的监管规制这样三个方面进行分析。

1. 互联网相关产业的良好发展基础

从市场供给方面看，互联网相关行业是中国近二十年来发展最快的领域之一，无论是计算机、手机和通信设备等硬件制造，还是软件开发，中国都诞生了世界级优秀企业，向中国也向世界提供着物美价廉的商品，这为中国互联网的普及提供了良好的硬件基础。从市场需求方看，中国拥有全球最多的互联网用户，人口结构中年轻人居多，对新兴技术接受能力强，这为早期的互联网平台企业，如门户网站、搜索平台、社交平台、电商平台、游戏平台等大型企业的形成提供了良好的用户基础。因此，互联网金融发展之前，中国拥有发展中国家里较高水平的互联网产业基础。更为重要的是，由于互联网是新型行业，没有大型国有企业的垄断和政府的过多干预，诞生于其中的中坚力量都发端于"草根"企业，熟悉中国互联网行业的规律，经历过市场的优胜劣汰，因此具有极强的创新能力和探索精神。目前引领着中国互联网金融发展前沿的阿里巴巴、京东、腾讯和百度都是互联网平台企业的杰出代表。下述的数据可以提供一些证据：

- 2014 年华为远超爱立信成为全球第一电信设备商。
- 从 2012 年开始，联想成为全球第一大电脑制造商。
- 2015 年全球 12 大智能手机制造商中国占 9 席，是全球产量的三分之一。
- 2015 年全球互联网公司市值前 20 强排名中国占 6 席。
- 在电商领域，中国拥有全球最大的 B2B 网站——阿里巴巴 B2B，全球第三和第十的 B2C 网站京东和苏宁易购。
- 在社交领域，全球五大社交网站中腾讯旗下的 QQ、QQ 空间和微信占据了三席，2014 年的月活跃账户分别为 8.29 亿、6.45 亿和 4.38 亿。

- 在搜索引擎市场，百度排名第二。

2. 传统金融市场中存在大量未被满足的需求

与互联网产业恰恰相反，中国的传统金融业是政府管制严厉、市场化程度低和垄断性强的行业。这一方面造成了原有金融机构缺乏竞争和创新压力、面对新技术反应迟缓的态势，如银联在移动支付领域的布局远远落后于同为银行卡组织的维萨，国内的支付清算份额正在被支付宝和微信支付侵蚀；另一方面也使大量金融需求难以被满足，形成了大量市场空白。而这给非金融机构的互联网金融创新提供了大量的市场空白，从而可以在短时间内发展壮大。例如，在日本和德国等发达国家，网上购物大量使用信用卡支付，而中国信用卡产业起步晚、普及率低，这为第三方支付工具支付宝的发展提供了良好的市场空间。中国金融非市场化的一个明显标志是正规金融市场的利率被人为压低，金融资源大部分流向国有部门和企业。这种金融抑制现象即是近三十年来中国民间地下金融市场存在的原因，也是 P2P 网络借贷、众筹和小额贷款在中国民间受追捧的理由。

例如，余额宝只是一只普通货币基金，它创造市场奇迹的原因与传统金融体系的缺陷有很大关系。首先，余额宝 1 元起购、“T+0”赎回，这与此前一般基金公司万元起点、“T+1”的流动性相比，优势明显。其次，余额宝还可以直接用于购物、缴费、信用卡还款等，相当于银行活期存款。余额宝带给用户的这一部分收益和流动性来源于支付宝平台的担保金，是阿里平台让利于民的表现。很难期待，长期享受利率管制下高额利差收益的商业银行有动机推出这样的产品。第三，余额宝最引人瞩目的地方是高于银行存款的收益率，本质上来说这个收益率来自于居民存款市场与同业市场的套利。2015 年前，前者的利率收到严格监管，被人为压低，后者则早已利率自由化，之前只有金融机构可以获取这个套利收益，余额宝不过是创造了一个让低净值的个人也可获取收益的通道。

中国并非传统金融不发达背景下互联网金融获得快速发展的个例，本书在前面关于非洲手机银行 M-Pesa 案例的介绍中，也提到由于肯尼亚众多的人口完全享受不到商业银行的服务，因此移动服务通信商 Safaricom 有机会通过杰出的商业模式建立起了一个手机银行使用率全球最高的用户市场。同样有趣的是，据万事达发布的报告显示，2015 年智能手机用户中电子钱包使用率最高的亚太国家是中国和印度，分别为 45% 和 36.7%，而日本只有 7.7%，韩国只有 13.4%。因此从这个意义上看，传统金融的不发达对互联网金融发展的影响是不确定的。

3. 政府监管方面的原因

首先，中国的金融监管的法律法规尚不完善，互联网金融产品早期迅速发展。例如，网上第三方支付工具 PayPal 于 1998 年在美国上线时，在注册方面受到《货币服务法》的规制，需要在各州申请牌照；在支付服务方面受到《电子转账法案》的限制，此外还要遵守消费者隐私保护、公平交易、反洗钱等相关法规。而 2004 年支付宝在中国面世时，遇到的法律方面的麻烦要远远少于 PayPal。此外，在监管方形成鲜明对比的还有 P2P 网络借贷行业。在 2012 年奥巴马签署 JOBS 法案之前，美国的 P2P 网络借贷平台的债权被美国证券交易委员会（SEC）要求进行证券登记，接受《1933 证券法》的监管，而这个注册过程复杂而困难，要求大量的文件以及律师和注册费用。为此 Prosper 不得不停业了一段时间，来自于英国的 Zopa 平台则推出了美国市场。相比之下，中国的 P2P 平台在很长的一段时期处在没有监管的状态下，只需进行简单工商登记就可运营。这是中国

P2P 平台数量居世界第一的重要原因。

互联网金融一直呈现先发展后监管的态势，在制定规则时，监管部门也秉持尊重市场选择、鼓励创新的宽容态度，这给予了中国互联网金融发展很大的创新和试错的空间。网上第三方支付、预付费卡支付在中国运行了近十年的时间，中国人民银行 2010 年才推出了《非金融机构支付服务管理办法》，2011 年才发放第三方支付牌照。同时在非金融机构的二维码扫描支付等市场推广中，相关部门也表现出相当大的宽容度。2015 年年底出台《网络借贷信息中介机构业务活动管理暂行办法（征求意见稿）》针对中国已经多达数千家的 P2P 平台也只在保护消费者资金安全、平台规范经营方面提出了较严格的要求，但对于平台模式、定价等没有过多的限制。

4. 互联网金融的行业特点与中国市场的契合性

互联网金融是一个典型的网络型产业，具有网络经济的诸多特点。首先，网络性产业由于用户间网络外部性的存在，具有发展初期起步缓慢，但一旦达到临界规模，产业发展就会进入正向反馈，进入爆发式增长阶段，在这里，早期的用户聚集是关键。而在中国，首先用户基数大，互联网行业在一个统一的市场中，这与欧洲各国的情况正好相反。其次，早期的中国互联网平台企业已经在其他业务上成功建立了庞大的用户基础，积累了大量用户数据，这些平台在推出互联网金融业务时，拥有先天的用户基础，比较容易达到“触点”。这也是为什么阿里巴巴和腾讯在互联网金融中表现突出的原因。实际上，美国的 Lending Club 在初期也是通过与 Facebook 进行“合作性的 P2P 贷款业务”获得了早期的用户基础。

此外，中国巨大的地区间经济发展水平差异和个人收入差距造就了多层次的金融需求和足够大的长尾市场，而在互联网技术下，基于空间距离的交易成本和信息不对称程度大幅降低。这两种效应交互作用的结果，为互联网金融提供了很大的创新空间和盈利基础。

三、国内互联网金融发展的价值与意义

互联网金融健康、快速发展的意义是显而易见的，可以从两个方面分析。

（1）可以更广泛、更高效地满足实体经济的金融需求，促进中国经济的增长

发展于20世纪六七十年代的以斯坦福大学教授麦金农为代表的金融发展理论表明，发展中国家普遍存在着利率管制、贷款配额等金融抑制现象，这妨碍了储蓄和投资的增长，导致金融资源配置的扭曲，是不利于经济增长的。相反，通过一定程度的、有序的市场化改革，可以促进金融深化和金融发展的程度，培育出更加完善的金融市场和多元化产品，从而促进经济的增长。尤其在收入水平已经得到提高的国家，对金融发展的需求更加迫切。对于中国来说，首先，互联网金融的发展可以推动金融体系更好地为实体经济服务。近几年，中国的金融规模，如货币供给量、社会融资总额、资本市场交易规模增长迅速，但存在着金融资源在房地产、股票市场空转的倾向，实体产业企业的融资可获得性并没有明显改善。回顾中国互联网金融的发展，无论是第三方支付，还是电商小额贷款、P2P网络借贷和众筹，都深深地贴近实体经济运行中对支付服务和融资服务的需求，其产品设计和流程运转无不以实体经济真实的交易和大数据为基础。其次，互联网金融的发展可促进中国经济发展的公私结构及区域结构的优化。发展壮大至今的中国的金融体系，更多地为各级政府及其投资平台企业和大中型国有企业提供者服务，动员的金融资源更多地流向了经济发达地区，小微民间企业、居民个人和经济欠发达区域群体的金融需求是被忽视的。中国互联网金融的创新发源于民间的自发创新，着眼于金融市场的

空白，连接了原有金融运营网络的断点，其面对的服务主体在类别结构上更多的是小型企业、民营个体企业和个人家庭，在区域结构上打破了传统金融在城乡之间、经济发达及欠发达地区之间、人口密集和人口稀少地带之间的区域歧视性倾向，更加公平地评估和服务于经济活动主体本身。因此，互联网金融更能克服传统金融嫌贫爱富、重批发轻零售的特点，促进金融服务和资源平衡配置，从而促进整体经济的均衡发展。

（2）可以推动中国金融体系的市场化、多元化改革，有利于建立稳定、健康的金融体系

至今为止，在中国的互联网金融创新业务中，其价格——如电子支付的手续费率、P2P 网络借贷和小额借贷的利率及手续费率、网上证券交易的佣金水平等——的形成都是由市场供求决定的，基本与监管机构对于收费水平、存贷利率和佣金方面的规制无关，打破了银行、证券公司的价格垄断。随着互联网金融规模的扩大，这可以渐进地、有力地推动金融领域的市场化改革。

互联网金融的发展降低了中国金融领域的风险。这个表现包括两个方面，一是在正规金融体系中，银行和资本市场承担了过多的风险，银联作为垄断性银行卡机构承担了过重的支付清算中枢的职能，前者在经济下行时很容易造成系统性风险，后者在系统出现问题时则可能引起支付体系的瘫痪。互联网金融目前在中国的发展，首先是提供了多样化支付工具，支付宝和微信支付等在一定程度上替代了“银联 - 商业银行”的支付清算服务，其次各种互联网融资方式的创新让借贷风险承担的主体更加多样、更加分散，减轻了市场对银行贷款、资本市场融资需求过于旺盛的压力。互联网金融降低中国金融领域风险的作用还在于，给解决民间“地下金融”问题提用了一个相对透明的、合法的解决办法。大规模、非正规的“地下

金融”市场在中国长期存在，它在有效解决了民间企业融资需求的同时，也存在信息不透明、缺乏监管、风险高等问题，其问题的暴露已经引起了山西、内蒙古等局部区域的金融风险。针对这一困境，互联网金融的发展则可能为这一问题的解决提供一个监管方和民间机构都认可的解决方案。

互联网金融引起的“鲶鱼效应”可以促进整体金融体系的竞争和创新，促进金融效率的提高，并可能在某些领域实现对金融发达经济体的“弯道超车”。

四、国内互联网金融平台概况

平台企业（Platform Enterprise）的概念来源于产业组织理论对双边市场的研究。在房地产中介、计算机操作系统、杂志报纸等行业，企业要同时面对两个或两个以上不同的用户群体，如房地产中介面对房东和房客，计算机操作系统提供者要面对软件开发者和终端用户，杂志报纸则要面对读者、稿件作者以及广告商。这些企业是通过提高这两类用户的匹配效率及互动频率而体现自身价值，并收取费用的。由于面对这种双边市场的特征，这些企业的运营要以两类或两类以上的用户群体都进入平台，并且数量和结构比较匹配为前提，因此在用户获取策略、定价等方面出现了一些不同于其他产业的特征。运营成功的平台企业为了增强用户的黏性，发挥范围经济优势，往往会在核心业务之外提供其他增值服务，或者为用户提供其他类型的服务，从而形成聚合效应，即在平台上聚合了众多的用户群体，也聚合了多样化的甚至跨行业的产品。在互联网相关产业中，具有颠覆性的企业都是这类平台企业，如微软的操作系统之于计算机软件行业，苹果的 iPod 之于音乐产业，Facebook 之于社交领域等。美国著名的网络平台研究专家 David Evans 把这些平台企业称为信息技术革命的“引擎”。

互联网金融业务具有极其典型的双边市场特征，如支付服务要面对付款者和收款者、众筹服务要面对投资者和借贷者，财富管理要面对投资者和产品提供者等。也像其他领域的平台企业一样，互联网金融业务的开展对任何一个企业来说，早期用户基础的建立都是一个难题。从中国目前的格局看，影响力大、发展较好的互联网金融平台有这样两个特征：一是企业本身拥有其他业务的庞大用户群体，先以他们为对象，开展互联网金融服务。二是渐进式开拓多种金融或非金融类的服务，这些不同类型的服务之间往往有很紧密的联系，互补性很强，从而形成了综合性平台，对消费者具有很强的黏性。

本节介绍目前在中国的互联网金融领域具有影响力和示范效应的几个综合性平台——阿里巴巴、京东和平安。前两个平台发端于大型电子商务企业，是非金融机构经营互联网金融业务的代表；后一个是传统的大型金融集团，近两年在互联网金融转型方面表现出色。

1. 蚂蚁金服

（1）平台背景

蚂蚁金融服务集团（Ant Financial）是阿里旗下的金融服务公司，这个平台集合了阿里旗下的主要金融业务。阿里巴巴由以马云为首的 18 人团队于 1999 年在杭州成立，早期做 B2B 的进出口及国内市场的电子商务。经过多轮风险投资基金注入后，规模不断扩大，其早期最成功的业务是 C2C 淘宝网站，以及后来的 B2C 天猫商城（早期叫做淘宝商城）。目前在中国的电子商务领域，对于 B2B、B2C、B2C 以及团购，阿里巴巴都是市场份额占第一。2007 年阿里在香港联交所上市，2012 年私有化退市，然后 2014 年在纽交所挂牌上市。除电子商务外，通过收购、出资等方式，目前阿里集团的业务范围包括数字地图、音乐、物流、云计算、体育、媒体等众多业务，已形成一个庞大的商业帝国。

（2）互联网金融业务构成

如表3-5所示，阿里平台从2004年推出“支付宝”开始，以电子商务的第三方担保支付业务为切入口，涉足金融服务业务。随后支付宝从淘宝网独立出来，支付范围也从阿里电商平台的交易开始向一般性的公共事业缴费、朋友间转账等领域拓展。在智能手机和移动互联网发展的背景下，及时推出了基于手机APP的“支付宝钱包”，并通过二维码扫描方式拓展线下的近场支付，迅速在中国的移动支付领域占据了重要的位置。

阿里平台的第二块互联网金融业务是融资，可以分为小额贷款、消费金融、产品众筹和股权众筹等。与传统的银行、小额贷款公司的贷款业务不同，阿里的小额贷款和消费金融产品均依托于电商交易平台的商家和消费者的数据积累进行信用评估，提供完全线上审核、发放和回收信用贷款，流程简单、快捷，并且坏账率很低。

阿里最广为人知且直接引发了国内互联网金融热潮的产品是“余额宝”，正如本章前言所述，这是一款货币基金产品，只是嵌入支付宝平台进行销售，被巧妙地加入了“T+0”、直接购物或还款等流动性增强机制后，短时间内受到支付宝用户广泛欢迎。此后，支付宝平台又上线了“招财宝”和“蚂蚁聚宝”，完成了一个综合性理财平台的搭建。

阿里还分别出资19.9%和30%成立了中国第一家互联网保险公司“众安在线”和纯网络银行“浙江网商银行”，完成了在保险业和银行业的布局。前者自成立后，主营与互联网交易直接相关的企业/家庭财产保险、货运保险、责任保险、信用保证保险和机动车保险等，业务发展状况优良。在2015年由《经济学家》杂志评选的全球“金融科技公司50强”中位居首位。后者2015年刚刚上线，由于监管方面的远程开户等限制，业务范围还有待于拓展。

芝麻信用管理有限公司提供个人征信服务，它也完全基于用户在阿里各个平台的基础信息、交易信息、社交信息等，进行多维度综合评估，推出了中国首个个人信用评分“芝麻信用分”，最低350分，最高950分。这在目前中国缺乏覆盖面广的个人征信数据的背景下，是一个非常难得的尝试。

表 3-5 蚂蚁金服的互联网金融业务概况

时间	名称	业务类型	说明
2003	支付宝	电子支付	早期是附属于淘宝网的一个支付工具，2004年分拆独立。 2008年推出手机支付，公共事业缴费上线。 2014年推出“支付宝钱包”手机APP
2010	阿里小贷	小额贷款	2010年成立了两家阿里巴巴小额贷款股份有限公司，向平台企业提供线上的信用贷款。 2015年又上线了“蚂蚁借呗”，面向消费者提供循环信用贷款
2013	众安保险	互联网保险	与腾讯和平安共同出资成立的中国首家互联网保险公司，阿里持股19.9%，最大单一股东
2013	余额宝	基金销售	2014年推出“招财宝”，2015年推出“蚂蚁聚宝”，这三个品牌构成了阿里综合性理财平台
2014	浙江网商银行	互联网银行	国内两家纯网络银行之一，阿里旗下的蚂蚁金服持股30%，是最大股东
2014	淘宝众筹	产品众筹	
2014	天猫分期 花呗	消费金融	依托电商平台的信用数据，向消费者提供分期付款等消费信用贷款。 花呗非常类似于银行的信用卡业务，提供有额度限制的循环消费信用贷款，每月最高额度可以达到30000元
2015	蚂蚁达客	股权众筹	国内首个获得股权众筹营业执照的平台。 为创业者提供股权众筹融资服务，支持创新与创业
2015	芝麻信用	个人征信	芝麻信用管理有限公司是国内8个首批获得个人征信牌照的企业之一。 推出了中国首个个人信用评分“芝麻信用分”，最低350分，最高950分

（3）互联网金融业务特点分析

作为非金融机构，阿里是国内最早涉足互联网金融的平台企业，也是业务种类最多的平台之一。总的来说，阿里的互联网金融平台有以下几个特点。

第一，电商平台积累的用户基础和数据是其金融业务的核心资源。阿里拥有市场份额第一的 C2C“淘宝”、B2C“天猫”和阿里巴巴 B2B，拥有几十万家的 B 端企业用户和几亿个 C 端用户，以及已经长达十几年的交易数据积累。大量用户已经形成了对阿里平台的依赖，这是阿里开拓所有新的互联网金融业务都要认真面对的用户群。

第二，作为支付入口的支付宝是阿里互联网金融架构的核心业务。互联网金融和传统金融一样，支付账户和支付网络是金融服务的基础设施，是提供其他金融产品的必经通道。支付宝 2015 年发布的数据表明，目前有 3 亿多实名认证用户，支付宝钱包用户也超过 2.7 亿，目前在国内移动支付市场的市场份额占据了 80% 以上。事实上支付宝已经成为中国整个支付账户和清算体系的重要构成部分。随着越来越多的用户的金融消费习惯从柜台迁移到计算机，从桌面计算机转移到移动终端，支付宝占据的移动电子支付入口的优势会日益明显。同样，守住这一优势也是阿里极为重要的战略。

第三，阿里平台上的电商、支付、理财、征信和融资等业务之间具有很强的互补性，对于消费者可以起到交互锁定的效应。这比单纯提供支付、理财业务的互联网金融平台，对消费者的黏着力强很多。

目前来看，阿里互联网金融业务还必须依赖于其他银行的基础账户，在证券投资方面还没有完成布局。但相信，随着银监会对互联网银行规制的明确，网上银行的远程开户等问题得到解决以后，阿里就会成为一个体系完整的互联网金融生态体系。

2. 京东金融

（1）平台背景

京东金融（JD Finance）是京东商城旗下的子公司，京东集团的所有金融相关业务都整合在这个子平台上。京东商城由刘强东创立于1998年，其电子商务的业务开展始于“非典”之后的2004年。早期的业务集中在3C产品，后来逐渐拓展到其他领域，目前已经成为中国最大的自营式B2C综合性电子商务平台，2014年在美国纳斯达克上市，当年与阿里巴巴、腾讯、百度一起进入全球互联网公司十强的行列。作为B2C电子商务平台，京东商城有两大优势：对上端供应商有很强的控制力和自建的物流体系。这两个资源使京东对产品来源、仓储、运输和递送的全过程有很好的控制，给消费者很好的消费体验。京东金融的早期金融业务也主要是围绕京东电商平台所构建的供应商和消费者而展开。

（2）互联网金融业务构成

京东金融成立于2013年，以建立一站式在线投融资平台为目标，是京东集团近年来重点发展的业务领域。京东的互联网金融业务虽然开展时间不长，但发展很快，如表3-6所示，目前已经上线了包括消费金融、供应链金融、众筹、支付和财富管理等多个业务板块，可以满足京东平台商户和消费者的多种金融需求，基本建立起了一个综合性金融服务的生态体系。京东金融目前发展最好的业务可以分为两个部分：小额贷款和股权众筹。

根据服务主体的不同京东金融的小额贷款业务可以分为面向终端买家的消费者金融和面向终端卖家的供应链金融，这两个业务的产品名称分别叫做“白条”和“京东贷”。前者与阿里平台的“借呗”和“花呗”非常接近，基于消费者在平台的历史交易数据进行信用评估，然后对不同等级用户提供不同额度的信用贷款。后者“京东贷”虽然在业务类型上与阿里的小额贷款相似，但由于京东电商的模式以自营为主，自身拥有很多的供货商，同时前几年投入巨资建立了自己的物流体系，对以京东电商为核心企业的供应链具有极强的信息跟踪和控制力，由此其特色产品是供应链金融——“动产金融”和“京宝贝”，在业界非常有影响力。

在 P2P 网络借贷之后，股权众筹是互联网融资受到广泛关注的形式。京东金融 2014 年上线了私募股权众筹业务“东家”，截止到 2015 年年底已经有 5 万多客户参与了投资，累计为 77 个项目提供融资服务，成功 54 个，实际融资金额为 66450.4 万，项目成功率为 70.13 %，融资成功率达 98.19 %，平均融资额度是 1230.56 万，各项数据几乎都位居当年股权众筹市场首位。

表 3-6 京东金融的互联网金融业务构成

类别	平台分类	产品名称	上线时间
消费金融	白条	**京东白条**：针对京东平台购物的分期付款业务 **京东金条**：可随借随还、按日计息的小额贷款 **动产融资**：向供应商提供的以动产为抵押物的贷款业务	2014
供应链金融	京东贷	**京宝贝**：凭借采购、销售等财务数据向平台供应商提供的快速、短期贷款业务 **京小贷**：向开放商家提供的信用贷款业务	2013
众筹	众筹	**东家**：股权众筹，主要采取“领投 + 跟投”的模式	2014
财富管理	理财	**小金库**：相当于用户在京东平台的账户，余额可购买货币基金、购物等 **小白理财**：对接多种产品的综合理财平台	2014
电子支付	支付	**网银钱包**：京东自己的在线支付平台	2014

（3）互联网金融业务特点介绍

与蚂蚁金服一样，京东金融业发端于电子商务平台，在互联网金融业务的拓展上与蚂蚁金服相似点很多，如注重利用电商平台的用户和数据资源提供金融服务，强调向平台用户提供金融服务增强整个大平台用户的黏性等。同时也可以看到，京东金融也基于京东自营式的电商模式特点和优势，提供了差异化的金融产品，注意与阿里金融的错位竞争。京东的支付平台仅仅定位于自身平台业务的自身服务，并没有像支付宝那样发展成为一般支付工具的倾向。在蚂蚁金服尚没有精力发展的股权众筹方面，应该说京东金融着重发力，占据了先发的优势。

3. 中国平安

（1）平台背景

中国平安保险（集团）股份有限公司于 1988 年成立于深圳蛇口，是中国第一家股份制保险企业，为香港联合交易所主板及上海证券交易所两地上市公司。经过多年的拓展，已经发展成为一个拥有国内金融全牌照、业务范围广泛的综合性金融集团。目前平安集团旗下子公司包括平安寿险、平安产险、平安银行、平安证券、平安信托、平安大华基金等，涵盖金融业各个领域，是中国少数能为客户同时提供保险、银行及投资等全方位金融产品和服务的金融企业之一。

在传统金融机构的互联网金融转型中，平安无疑是国内最成功的代表。以公司董事长马明哲为核心的管理层很早就意识到互联网技术将对金融业产生的影响，从 2010 年开始陆续推出了平安付、一账通、万里通等以公司原有业务和用户为基础的支付和综合类账户服务产品，同时也进行外部投资成立了众安保险、陆金所等新型的金融服务机构。中国平安依然依靠其在传统金融业务中的优势，以及在 P2P 网络借贷业务中陆金所的成功布局，极大地发挥了原有金融业务与互联网金融的协同效应，实现了集团整体在互联网金融业务整体上的突破。根据平安集团年报披露的数据，截至 2015 年 12 月 31 日，平安互联网用户规模约 2.42 亿，较年初增长 75.9%；移动端 APP 用户数 1.07 亿，较年初增长 4.4 倍。用户在核心金融公司与互联网金融公司间的迁徙超过千万人次。其中，3146 万核心金融公司的客户通过注册互联网服务平台账户转化为线上客户，占当年新增互联网用户总量的 30.2%；平安互联网用户中，持有平安核心金融公司的金融产品的用户数达 5712 万，较年初增长 49.8%。

（2）互联网金融业务构成

平安集团的互联网金融类业务的发展可以分为两条线，即传统金融业务的互联网化和创新型的互联网金融。前者是在平安旗下各公司原有业务和组织架构下开展的“传统金融 + 互联网”的业务，如平安银行早期的网银业务和 2014 年上线的直营银行事业部“平安橙子银行”，以及打通平安旗下各金融业务账户的“一账通”等。后者则是平安集团通过设立子公司或整合后成立的独立机构开展的“互联网 + 金融”的业务。2015 年，平安集团对其互联网金融业务进行了大规模整合，基本形成了构架完整、定位清晰的互联网金融综合平台，如图 3-6 所示。

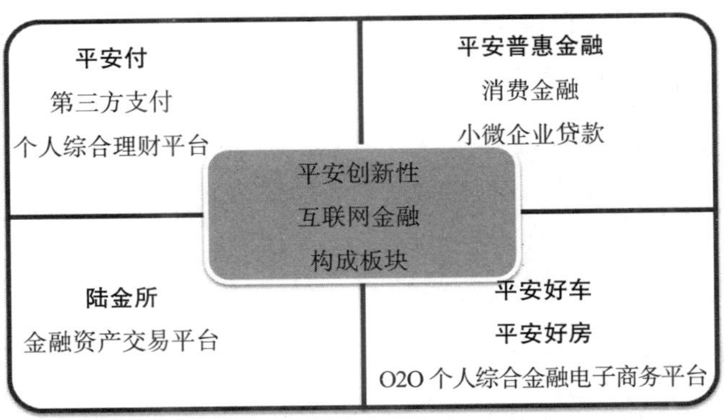

图 3-6　中国平安集团的创新性互联网金融业务板块构成

整合后的平安创新性互联网金融业务由五个独立的板块构成，即平安付、平安普惠金融、陆金所、平安好车和平安好房。下面逐一进行介绍。

• **平安付**

平安付由原平安集团旗下的第三方支付公司“平安付”和通用积分管理平台“万里通”合并而成，“壹钱包”是其推出的手机移动终端 APP 品牌。平安付电子支付有限公司是首批获得央行颁发《支付业务许可证》的第三方支付机构，业务涵盖全国范围的互联网支付、移动电话支付、银行卡收单及预付卡发行与受理。“万里通”则是中国首家通用积分平台，2008 年成立，通过与大型电商平台及其他企业合作，打破了积分消费的壁垒，让用户积分聚少成多，轻松实现“积分不浪费、积分当钱花”的消费体验。平安付和万里通经过多年的积累已经积累了上亿级的用户。

2015 年，平安集团对平安付和万里通进行了合并，整合后的平安付在平安互联网金融的布局中定位为重要的入口和基础的第三方支付服务。这个平台一方面满足平安核心金融业务对网上支付服务的需求，同时也借助原“平安付”和“万里通”所开拓的非平安传统金融用户，致力于面向一般个人的互联网支付和第三方理财的金融服务，它是平安集团互联网金融业务的基础和底层构架。此外，平安付的手机钱包“壹钱包”则致力于成为移动端的入口，并以交易支付为根基，打造一站式理财平台。

• **平安普惠金融**

平安普惠金融的定位是向消费者个人和小微企业提供贷款，目标是建成中国最大的消费金融公司。2015 年由平安集团旗下的直通贷款业务、陆金所辖下的 P2P 小额信用贷款及信用保证保险事业部三个业务群剥离后成立。平安银行最早曾于 2005 年就开展了消费信贷业务，2010 年开通了平安直通贷款业务，开展贷款产品的线上销售服务。陆金所的 P2P 小额信用贷款业务开始于 2011 年，是陆金所 P2P 平台的重要业务。平安信保成立于 2005 年，其模式是以“信用保证保险 + 银行贷款”发展小额个人无抵押消费贷款，帮助个人及小微企业客户从合作银行获取无抵押贷款。

• **陆金所**

陆金所全称为上海陆家嘴国际金融资产交易市场股份有限公司，是平安集团于 2012 年上线的网络贷款投融资平台。成立之初以 P2P 网络借贷平台的面貌呈现，代表产品为“稳赢 - 安 e 贷”。2014 年以来，陆金所采取了“两条腿走路”的方式，一个是网络投融资平台 Lufax，另一个是金融资产交易服务平台 Lfex，共同打造互联网金融“巨无霸”平台。2015 年，陆金所剥离了 P2P 贷款业务，专注于打造非标资产的在线交易开放平台，完成了从“个人网络借贷”到“金融资产交易”的全面布局。陆金所从成立至 2015 年年底，累计总交易量达 18146 亿元，其中个人零售端达 7339 亿元，机构端达 10807 亿元。

在 2014 年和 2015 年中国 P2P 网络借贷行业快速发展的阶段，毫无疑问，陆金所成为其中最耀眼的明星。2015 年陆金所获得 4.85 亿元 A 轮融资，2016 年年初完成 12.16 亿元 B 轮融资，目前其平台估值已经达到 185 亿美元，已经着手在上海或者香港上市的准备工作。

平安普惠金融和陆金所是陆金所控股旗下的兄弟企业。前者的业务模式主要是个人无抵押、有抵押和 SME(小微企业贷款)，相对而言较传统，重资本，也会有大量线下门店的扩张。而陆金所则具有强大的线上优势。两者整合后将产生线上线下协同效应，打造出 O2O 的互联网金融生态圈。

• **平安好车**

上海平安汽车电子商务有限公司是平安集团 2013 年成立的子公司，目前的主要业务是二手车交易，但平安好车的整体构想是为汽车生活所有相关服务提供整体解决方案，成为一个融交易服务、金融服务、车主服务三大支柱为一体的 O2O 个人综合金融电子商务平台。在金融方面，致力于为车主和经销商提供车险、车贷等与汽车相关的一站式金融服务。

• 平安好房

平安好房电子商务有限公司成立于2014年，是中国平安集团旗下的房地产电子商务企业，致力于将金融与互联网融入房地产全产业链之中，推出全新的互联网金融房产营销模式，打造“互联网 + 金融 + 房地产”的电商平台。房屋交易的过程中伴随着融资需求，而融资中的预付款、借贷和还款过程与房屋所有权、使用权转移等交易流程息息相关。在传统的房屋贷款中，房屋交易中介和房产贷款是由不同企业分别承担的。平安好房的目的则在于，在提供房产买卖和租赁交易平台的同时，嵌入全方位的金融服务，在一个平台上连接消费者、房产供应商和金融机构。从互联网金融的角度看，就是致力于特定交易场景的融资借贷服务。

（3）互联网金融业务特点介绍

与阿里巴巴和京东的互联网金融业务相比，中国平安的互联网金融业务有以下几个特点。

第一，核心金融业务与创新型互联网金融业务协同发展。平安集团旗下的保险、银行、证券、信托等传统金融业务与其创新型的网上支付、消费者金融、小额信贷、资产交易平台等业务具有天然的互补特征，平安集团通过多年的尝试、整合，很好地实现了核心金融业务与互联网金融业务协同发展的效应。这一点是非金融机构出身的互联网金融平台不可比拟的优势。

第二，线上与线下相互依托。蚂蚁金服和京东金融都“脱胎”于纯线上的电商平台，因此其互联网金融业务基本在线上完成。而平安集团旗下有众多的传统金融机构和完整的线下网点，其互联网金融业务的拓展也充分地利用这一优势，表现出“线上 + 线下”相互依托的特点。例如，平安普惠本身拥有很多的线下门店和服务人员，陆金所平台的许多资产由平安担保提供担保等。

第三，业务板块较多，构架庞杂。在平安旗下，手机APP平台就有50多个，涉足互联网业务的企业数量众多，关系复杂，且业务有交叠重合，这造成其互联网金融业务的核心优势不明确，入口太多，市场份额分散，缺乏像支付宝、微信这样能凝聚巨量用户的平台。

五、国内互联网金融发展中的问题

与制造业和一般的服务业不同，金融业具有极强的外部性特征，对经济整体的溢出效应很大。与信息技术结合的互联网金融又具有了去中心化和普惠的特征，比传统金融的渗透率更高，因而对其运行的监测和管理更加困难，也更加重要。快速发展中的中国互联网金融有以下几个问题需要注意。

1. 风险问题

目前，中国互联网金融的发展带来了一些新的风险因素。在宏观层面包括：

1）市场波动的系统性风险。金融市场始终存在发生系统性风险的可能，对传统的金融体系，监管部门有成熟的预警和应急机制。但在互联网金融环境下，参与金融活动的主体数量和资金规模更加庞大，盲目性增强，相关部门对资金动向的监控更加困难。2015年发生的股价快速上升和股价暴跌的一个原因就是场外配资和之后对配资的清理。场外配资是证券投资者利用互联网平台进行融资的新手段，监管机构事先没有充分地认识到它的体量和风险。此外，像余额宝、支付宝和数量众多的P2P网贷平台都聚集了较大规模的资金，这些资金大多来自于投资者的商业银行存款，投资对象与金融市场的各种产品有千丝万缕的联系。在网络效应作用下，上述平台的资金流向变化、流动性危机和兑付苦难等风险将会被放大传导到金融体系整体。

2）资本外逃和洗钱的风险。互联网金融的无国界性为违法的跨境资本移动提供了更加隐蔽和快捷的通道。在人民币单边升值阶段结束和目前国内市场利率走低、美国市场升息迹象明确的情况下，需要防止短期的资本流出带来的风险。客户身份识别、报告大额交易和可疑交易、保存客户身份资料和交易信息是反洗钱预防措施的三项基本制度。在互联网环境下，上述所有环节的操作主体和流程、信息传输记录方式都发生了变化，反洗钱的难度进一步加大。

在微观层面，互联网金融面临的新风险包括：

1）市场风险。这里的市场风险主要指投资者面临的欺诈风险、价格波动风险和信用风险。目前形成热潮的 P2P 网络借贷和股权众筹都是以平台为中介的直接融资模式，与传统的债权和股票直接融资模式有根本区别。传统的直接融资市场中，借贷方的资质要受到第三方机构和监管机构的严格审查，但互联网直接融资下，只需各个平台根据自己的标准甄选投资标的就予以发行，这为恶意的欺诈行为提供了极大空间。此外互联网融资以无抵押信用贷款为主，利率水平由借贷方和平台三方议定，因此信用风险和价格波动风险也远远高于普通的金融市场。

2）信息泄露风险。在互联网金融下与传统金融的数据集中处理和存储不同，所有信息都是在开放的因特网上进行录入、传输、存储和分析。在这个过程中，个人交易数据等敏感信息很容易被广泛收集，这对客户账户安全和个人信息保护提出了巨大的挑战。目前客户的信息数据丢失或者被违法出售的事件屡见不鲜。许多互联网交易平台并没有在这方面建立个人隐私保护的完整机制。

3）网络技术风险。计算机网络系统的缺陷构成了互联网金融的潜在风险，比如开放式的网络通信系统、不完善的密钥管理及加密技术，加之计算机病毒以及黑客高手的攻击，都极易引起交易主体的资金损失。在传统金融体系中，市场集中度高，企业平均规模大，交易系统相对封闭，有能力构建有效防范上述风险的系统。但互联网金融的发展趋势是提供服务的企业数量增加，交易分散，经过的网络节点和路径更加多元化，因此网络技术的风险敞口大大增加。

2. 监管问题

目前中国互联网金融发展中面临的监管问题包括两个截然不同的方面。首先是法制、法规和监管机构的缺位，其次是现有监管体制对互联网金融发展的束缚。

一方面，对于创新型的互联网金融产品，如网上支付、P2P 网络借贷、产品众筹等，在中国的发展路径是先发展后规制的自下而上路径，因而在时间和行业上存在着监管空白。以网上第三方支付为例，支付宝成立于 2004 年，财付通 2005 年推出，但中国人民银行 2012 年才发放了首批第三方支付牌照，对电子支付行业开始全面整顿和管理。中国最早的 P2P 网络借贷平台出现于 2007 年，到 2015 年已经有数千家平台，并有上百家平台“跑路”和倒闭，众多投资者无法收回投入。而针对这个行业的管理办法——《网络借贷信息中介机构业务活动管理暂行办法（征求意见稿）》，在 2015 年年底才出台，这比美国、英国等发达国家的相关管理办法的出台滞后了较长的时间。

另一方面，在传统金融的互联网转型方面，由于沿用已有的金融规制办法，束缚了互联网金融的创新和发展。互联网银行是发达国家互联网金融发展最早和目前最成熟的形态，但中国这个行业的发展依然停留在“传统银行 + 互联网”的阶段。虽然 2015 年纯线上的网商银行和微众银行宣布开业，但目前央行关于远程开户方面的规定使得其线上银行的特点难以发挥，不仅使得阿里巴巴和腾讯集团内部的金融业务间的协同效应难以发挥，同时对银行业未来竞争力的培育也是不利的。股权众筹作为互联网融资的重要形式，其本质特点是“众多”和“小额”的权益融资，但目前中国沿用的是关于私募股权投资的管理办法，在投资人数和对公众宣传等方面有严格的限制，这在一定意义上背离了互联网金融普惠、包容的特点。

综上所述，面对活跃的互联网金融创新，中国的监管体制面临着规制与放松、创新与风控的矛盾，探索适应国内发展环境、有中国特色的互联网金融监管体系是一个迫在眉睫的任务。

3. 消费者利益保护问题

互联网金融的发展给消费者利益保护带来了两个方面的挑战。首先，互联网金融普惠、包容的特点，使更多的消费者进入金融业的服务群体中。在传统金融体系下，净资产低的客户集中在风险低、标准化的投资领域，如银行存款、国债等。但互联网金融的发展大大降低了高风险、非标资产的投资门槛，使过去只有机构和高净值客户才能够涉足的风险投资进入普通消费者的选择范围。而这些群体往往不具备基础的专业知识，容易受到虚假信息的影响。在利益受到损害后又缺乏自我保护的能力，维权成本极为高昂，所以往往放弃维权。

其次，互联网金融模糊了传统金融体系的行业分类和专业分工，目前的分业经营分业监管的体制是与之不匹配的，这使得消费者维权的难度极高。综合性金融平台是互联网金融发展的必然趋势，前面介绍的蚂蚁金服、京东金融与平安集团都开展了支付、借贷、众筹、理财和保险等服务。在分业监管的体制下意味着，同一平台的不同业务受到不同部门的监管，这样不可避免地会出现“监管真空”以及出现问题后责任推诿的问题。另外，互联网金融的发展往往延长了一个金融产品的链条，使众多机构参与其中。如P2P网络借贷，除了平台企业和融资方外，提供担保的第三方担保公司、提供支付的第三方支付企业、提供资金存管业务的银行等都是参与其中的关联方，各自承担着相应的职能和责任。一旦出现问题，责任的划分和追究可能变得非常复杂，如果没有专业的消费者利益保护机构参与其中，依靠投资者自身进行维权是不可想象的。

习题

1. 根据本章内容，请总结全球互联网银行业的发展概况。
2. 请查询资料，比较美国市场上几种不同移动支付方式（网上第三方支付PayPal、谷歌钱包和Square）的差别。
3. 欧洲互联网金融发展有什么特点？
4. 中国互联网金融发展可以分为几个阶段？每个阶段有哪些特征？
5. 与发达国家相比，中国的互联网金融业务发展有什么特点？
6. 基于中国的发展情况，请比较“互联网金融”与“金融互联网”的区别。
7. 蚂蚁金服与平安集团相比，它们的互联网金融业务有什么异同？

02
第二篇

互联网金融实务

第4章 网络贷款实务

第一节 网络贷款定义与发展概述

一、网络贷款定义

网络贷款（简称网货），又称为 P2P 网络借款。P2P 是英文 Peer to Peer 的缩写，意即个人对个人、点对点信贷，国内又称为“人人贷”。P2P 网络贷款是指个人或法人通过独立的第三方网络平台相互借贷。一般来说，是由 P2P 网贷平台作为中介机构或平台，借款人在平台发放借款标，投资者进行竞标向借款人放贷的行为。一般需要借助电子商务专业网络平台帮助借贷双方确立借贷关系并完成相关交易手续。借款者可自行发布借款信息，包括金额、利息、还款方式和时间，实现自助式借款；借出者根据借款人发布的信息，自行决定借出金额，实现自助式借贷。

这种债券债务关系的形成脱离了银行等传统的融资方式，资金出借人可以明确地获知借款人的信息和资金的流向。在 P2P 网贷模式中，P2P 网贷平台在借贷双方中充当服务中介的角色，通过安排多位出借人共同分担一笔借款额度来分散风险，同时也可以帮助借款人以较优惠的利率条件获得融资。2015 年 7 月 18 日，央行会同有关部委牵头、起草、制定互联网金融行业“基本法”——《关于促进互联网金融健康发展的指导意见》(以下简称《指导意见》)，其中规定：“网络借贷包括个体网络借贷（即 P2P 网络借贷）和网络小额贷款。个体网络借贷是指个体和个体之间通过互联网平台实现的直接借贷。在个体网络借贷平台上发生的直接借贷行为属于民间借贷范畴，受合同法、民法通则等法律法规以及最高人民法院相关司法解释规范。个体网络借贷要坚持平台功能，为投资方和融资方提供信息交互、撮合、资信评估等中介服务。个体网络借贷机构要明确信息中介性质，主要为借贷双方的直接借贷提供信息服务，不得提供增信服务，不得非法集资。网络小额贷款是指互联网企业通过其控制的小额贷款公司，利用互联网向客户提供小额贷款。网络小额贷款应遵守现有小额贷款公司监管规定，发挥网络贷款优势，努力降低客户融资成本。网络借贷业务由银监会负责监管。”

2015 年 12 月 28 日，《网络借贷信息中介机构业务活动管理暂行办法》(以下简称《监管细则》) 正式公开征求意见，网贷作为互联网金融业态中的重要组成部分，近几年的发展呈现出机构总体数量多、个体规模小、增长速度快以及分布不平衡等特点。许多业内人士表示，网贷行业形成以来由于监管政策和体制缺失、业务边界模糊、经营规则不健全等，在快速发展的同时也暴露出一些问题和风险隐患。

根据不完全统计，截至2015年12月底，全国正常运营的网贷机构共2595家，撮合达成融资余额4000多亿元，问题平台数量1000多家，超过全行业机构总数的三成。12项负面清单、客户资金银行存管、备案制度、“四部门+地方政府”的监管模式和行业自律、建中央数据库等措施的亮相，让《监管细则》颇具亮点。

从《指导意见》中我们可以看出，P2P平台在互联网金融领域只是一个中介角色，仅仅承担信用认定、信息匹配、利率制定以及法律文本起草的责任，不仅不能介入借贷交易，也不能替出借人分担借款人的信用风险，借贷违约的风险全部由出借人自己承担。

二、国外网络贷款发展状况和典型模式

1. 国外网络贷款发展状况

依靠互联网的力量，P2P借贷平台将借款人和放款人有效地联系在一起，为借贷双方创造了可观的价值。过去十年间，P2P借贷服务行业已经在世界各地蓬勃发展。英国的Zopa作为全球第一家知名P2P借贷平台，到2012年年底已经促成了约2.9亿英镑的贷款。

Zopa和Prosper都是在2005年成立的，Lending Club则是成立于2007年。虽然Zopa、Prosper和Lending Club成立的时间不同，但其创始人却有着相似的创业理念。他们都不认同银行以无差别的金融产品和服务供给模式来满足拥有不同需求的金融消费者，力求通过自身商业模式和产品服务的创新为消费者提供价值。例如，Zopa的创始人Richard Duvall希望创造一种自由的方式，让已经厌倦大银行僵化体制的消费者在使用资金时有更大的话语权；Prosper的创始人Chris Larsen希望“推进借贷过程的民主化”；而Lending Club的创始人Renaud Laplanche则希望利用消费

者的“同质性”来为借款人和放款人提供更好的交易。

Web 2.0 的兴起和 2008 年的金融危机为 P2P 平台的发展提供了重要契机：前者提供了 P2P 借贷产生的可能性，后者则是 P2P 借贷成长的助推器。一方面，Web 1.0 的模式将用户视为被动的信息接收者，而 Web 2.0 则允许用户参与其中，并且创造信息与价值；另一方面，三家公司成立不久金融危机就爆发了，大型金融机构在危机冲击下开始收缩信贷，迫使很多消费者转向 P2P 平台借贷。例如，危机期间高风险的个人投资者受到严重冲击，很难申请到无抵押贷款，于是把目光投向 P2P 借贷；而很多贷款申请被拒的大学生，也开始对 P2P 借贷感兴趣。这几年，虽然 P2P 平台的运作模式发生了一些变化，但却都在忠实地遵循着成立之初为消费者提供价值的宗旨。

2. 国外网络贷款的典型模式

网络贷款模式起源于英国，2006 年传入美国，2007 年传入中国。P2P 本身就有很多模式，国外有 Zopa、Kiva、Lending Club 等典型代表公司，对应的模式分别如下。

- 竞标匹配——Zopa

2005 年 3 月 Zopa 成立于英国，是全球首个 P2P 网络小额贷款平台。在 Zopa 平台内，出借人报出期望的贷款利率，参与竞标，利率低者胜出。借款人可借入 1000 ~ 15000 英镑的借款。借款资金按月偿还，提前还款不会收取任何的违约金或罚息。

Zopa 将借款人按信用等级分为 A*、A、B 和 C 四个等级，然后出借人可以根据借款人的信用等级、借款金额和借款时限提供贷款，借款人也可以相应地选择能够接受的贷款利率。Zopa 在整个交易中代替银行成为中间人，所担责任包括借贷双方交易中所有有关借款的事务、完成法律文件、执行借款人的信用认证、雇佣代理机构为出借人追讨欠账等。Zopa的收入包括收取借款人每笔0.5%以及出借人年借款额0.5%的服务费。

Zopa先后获得Benchmark、Bessemer Venture Partners和罗斯柴尔德旗下基金Ritcapital Partners的投资。

• “批量出借人 + 小额借贷”模式——Kiva

2005年10月Kiva创立于美国，向发展中国家的创业者提供小额贷款。一般每位出借人只要支付25美元。借款人根据偿还前期贷款的情况、经营时间和贷款总金额等项目将申请者分级。一旦一笔贷款的总金额募集完成，Kiva使用PayPal将贷款转账给Kiva的当地合伙人。当地合伙人一般是发展中国家当地的小额金融服务机构（MFI），他们负责找寻、跟踪和管理企业，同时负责支付和收集小额贷款，最后将到期的贷款收集齐后返还给Kiva，Kiva再通过PayPal返还给出借人。

• P2P社区贷款服务——Lending Club

2007年5月Lending Club创立于美国，是针对美国用户的私人借贷平台。通过使用Facebook应用平台和其他社区网络及在线社区将出借人和借款人聚合。Lending Club具有固定的贷款利率及平均三年的贷款年限，平均贷款额为5500美元，最低为1000美元，最高为2.5万美元。借款人在进行贷款交易前必须要经过严格的信用认证和A ~ G分级，信用评级低的借款人相比于信用评级高的借款人要支付更高的平均贷款利率。根据贷款人的各种信用信息，包括FICO信用分数，将借款人分成不同的风险等级，风险越高，则利率越高。

Lending Club目前占据美国P2P借贷市场79%的份额，已经获得了来自Canaan Venture Partners和Norwest Venture Partners的1230万美元投资。与之类似的还有Prosper。

三、国内网络贷款发展状况

在被称作“互联网金融元年”的2013年，网络贷款成为行业热点，成百上千个P2P平台如雨后春笋般涌现出来，又在市场的选择和现实的困境中偃旗息鼓。

网络贷款的本质应该是运用互联网的渠道和信息对接优势来解决传统金融体系存在的资金转移壁垒和信息不对称的问题。而在中国，这批具有代表性的公司除了采用传统P2P模式外，还引入了私募基金、小额贷款公司、融资担保机构等机构。

在P2P网贷进入中国到现在的时间里，大批不具相关资质的P2P网贷平台鱼龙混杂在这一行业当中，甚至出现了劣币驱逐良币的态势。对此，监管部门也逐步出台了各项措施来加以防范。现在针对P2P网贷行业的法律规范最早能追溯到1986年《民法通则》关于“民间借贷利息最高不得超过同期银行贷款利率的4倍”的规定。

央行关于个人信用信息基础数据库不向网络借贷中介平台开放的规定则让P2P网贷行业的信用风险大大增加，所以这些网贷公司不得不引入第三方担保机构或者小额贷款公司来为交易做担保。而这一引入行为又让这种类型的P2P网贷在一定程度上脱离了金融的范畴。

在中国，由于种种政策上的原因，贷款过程不得不一半在线上进行，一半在线下完成。因此，P2P网贷公司为了适应政策和规避风险，逐渐将最原始的模式演变出了担保模式、理财模式、债权模式等多种具有中国特色的模式。

截至2016年2月底，全国共有网络贷款平台3944家，其中2月当月增加27家（如图4-1所示），2016年2月P2P网贷行业整体成交量为1130.09亿元，较2016年1月环比下降了13.33%，是2015年2月成交量的3.37倍。由于2月正值春节长假，大多数平台在节假日期间大幅度减少或者停止发标，网贷人气出现一定程度的回落，导致2月网贷成交量相比1月出现了较大幅度的下滑，但这仅仅是网贷行业大幅度发展进程中的一次短暂的停歇。随着3月各大平台完全恢复正常运营，网贷成交量将出现较大幅度的回升。截至2016年2月底，网贷行业历史累计成交量达到了16086.24亿元，2016年1～2月份累计成交量达到2434.03亿元，约是去年同期累计成交量的3.51倍，去年同期累计成交量为692.96亿元（如图4-2所示）。

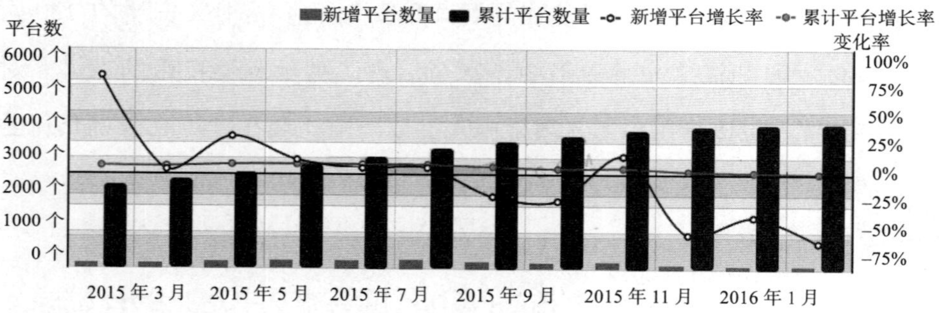

图4-1 我国网贷平台数量及增长率图示

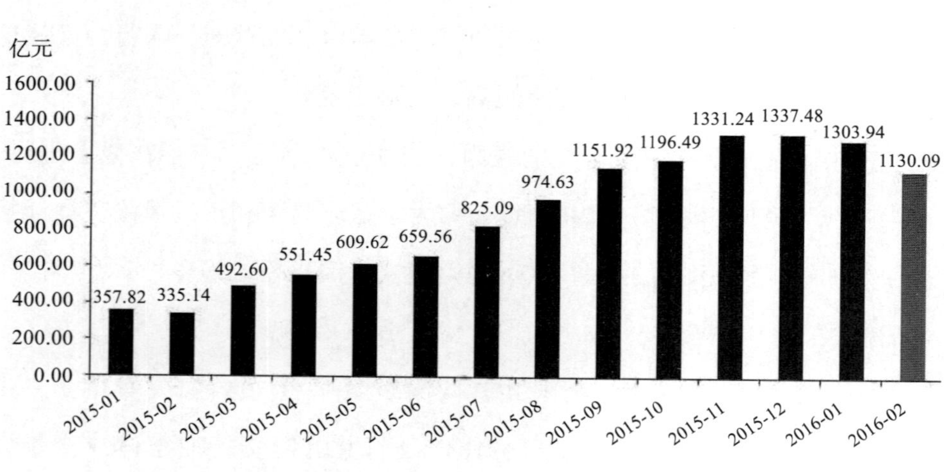

图4-2 我国网贷平台单月成交量图示

从 2016 年 2 月各省市 P2P 网贷的成交情况来看，进入统计的 29 个省市中，27 个省市的网贷成交量相比 2016 年 1 月出现了一定幅度的下降，这也说明 2 月网贷成交量出现下降是各地平台全面发生的情况，成交量出现上升的天津、海南仅仅是因为平台数量较少而产生微幅上升。2 月成交量排名前五的省市为广东、北京、上海、浙江、山东，分别达到 369.50 亿元、305.74 亿元、142.42 亿元、137.42 亿元、43.60 亿元，其中北京、广东、上海三地的成交量下降幅度均大于 10%，浙江、山东的成交量环比下降幅度相对略小，均小于 10%。排名前五位的省市 2 月累计成交量为 998.68 亿元，相比 1 月累计成交量下降 155.42 亿元；排名前五位的省市 2 月累计成交量占全国总成交量的比例为 88.37%，占比数值与 1 月几乎无变化。

除了广东、北京、上海、浙江、山东五省市外，2016 年 2 月网贷成交量超过 10 亿元的省市还有四川、江苏、重庆、湖北，其中重庆的成交量下降幅度最大，相比 1 月约下降了 30%，而江苏的成交量下降幅度较小，仅下降了 2.78%。海南、甘肃、内蒙古、宁夏、新疆等地仍然位于网贷成交量的尾端，主要原因在于这些省份的网贷平台数量较少，实力平台缺失所致（参考图 4−3）。

2 月成交量（亿元）

黑龙江	1.75	新疆	1.14	内蒙古	0.45	北京	305.74	辽宁	2.64	吉林	1.46
宁夏	0.69	山西	4.14	河北	2.75	天津	2.25	山东	43.6	甘肃	0.47
陕西	2.26	河南	3.48	江苏	26.55	四川	26.27	重庆	11.47	湖北	12.31
安徽	7.34	上海	142.42	贵州	5.44	湖南	3.86	江西	5.93	浙江	137.42
福建	5.24	云南	1.96	广西	1.48	广东	369.5	海南	0.08		

图 4−3　我国网贷平台按地区交易量图示

第二节 网络贷款交易流程

在 P2P 网贷过程中，借、贷双方首先需要在 P2P 网贷平台上进行注册并建立账号。然后，贷款人向平台提供身份凭证以及资金用途、金额、接受利息率幅度、还款方式和借款时间等信息，等待平台审核。平台审核通过后，借款人的相关信息即可在平台上公布，对于投资者而言，可以根据平台发布的借款人项目列表，自行选择借款人项目，自行决定借出的金额，实现自助式贷款。P2P 网贷平台上的借款交易过程多采用“竞标”的方式实现，即一个借款人所需的金额资金多由多个出借人出资，待所借金额募集完成后，该借款项目会从平台上撤下，此过程一般为期 5 天左右。而资金出借人与借款人直接签署个人间的借款合同，一对一地相互了解对方的身份信息、信用信息。若借款项目未能在规定期限内筹到所需资金，则该项目借款计划流标（参考图 4-4）。

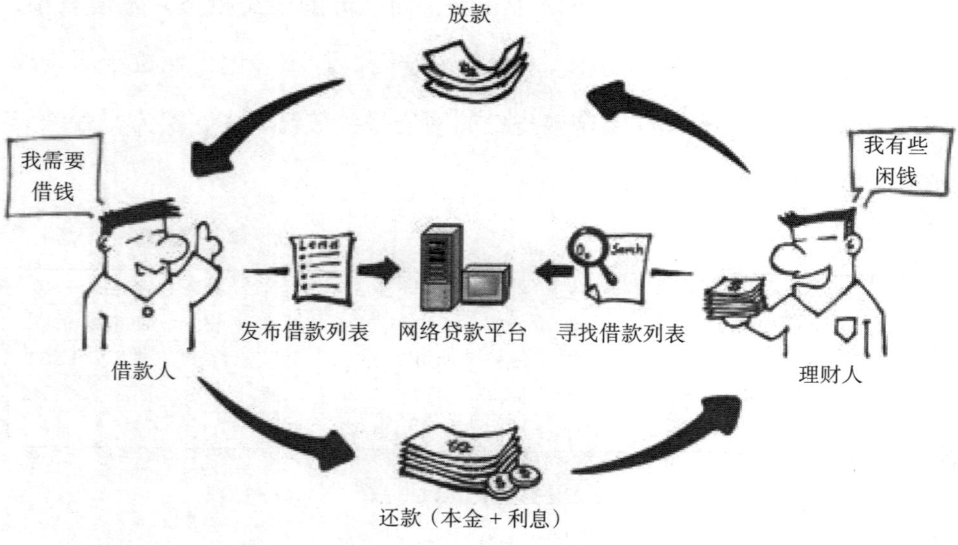

图 4-4　交易流程

P2P 平台与银行的区别在于放款速度快，手续简单。银行审批需要的时间较长，急需资金周转的个人选择 P2P 平台贷款会更便捷，引进国外 P2P 模式有助于规范民间借贷。由于国家即将出台 P2P 行业相关法律法规，众多互联网金融大佬纷纷加入 P2P 行业，行业的发展前景会越来越好。下面将分别从借款人、投资人和平台的角度阐述交易流程。

一、借款人角度

第一步：寻找合适的借贷平台

目前，从我国网络贷款的发展来看，有 3000 多家网络借款平台，包括具有国资背景、上市公司背景、金融机构背景也有纯民间私营资本投资的平台，对于借款人来说，选择合适的平台进行借款需求的发布是网贷融资的第一步。

作为借款方，需要注意辨别诈骗平台，还需要关注平台的能力及影响力，即平台能否在短时间内为借款方“融”到需要的资金额度，具体来看可以选择有资质的网络借款平台，核实平台的营业相关证件是否完备，包括平台成立时间、企业营业执照、税务登记件、组织机构代码证、银行开户证明等。此外，还要看平台的经营团队是否具备专业的金融知识，有无相关经验、能力等。挑选运营时间长、信誉度较高的网络借款平台。一个平台在运营了很长时间后，会积累很多客户和口碑，从以往投资者的评价中能清楚地了解平台是好是坏，判断筹资的有效性。此外，运营时间较长的平台规模不会小，资金规模大，风控技术也比较完善。

第二步：注册 / 登录

每个 P2P 网络借贷网站都有注册 / 登录功能，想要进行 P2P 网上贷款，就要登录网站，如果没有账号，可以选择 P2P 网上贷款平台合作的账号(腾讯 QQ、新浪微博等)登录，也可以自己注册。在选择好借贷平台后，就需要进行注册、登录和提交借款信息了。

第三步：验证个人基础信息

个人基础信息包含个人基础资料、银行卡信息、登录密码、提现密码等。贷款人向平台提供身份凭证以及资金用途、金额、接受利息率幅度、还款方式和借款时间等信息，等待平台审核。平台审核通过后，借款人的相关信息即可在平台上公布。

第四步：按时还款

在融资标的满标后，平台就会扣除基本的手续费，将所融资金通过银行或第三方支付机构打到借款人的账户上，在标的到期前，作为借款人有义务将指定的金额通过平台要求的渠道归还到指定账户，当然根据还款方式不同，有的还需要按月付息或采用等额本金、等额本息等方式按月还款。

二、投资人角度

第一步：选择合适的投资平台

作为投资人来说，在有一定的闲余资金准备进行网络贷款投资时，首先要做的就是选择合适的投资平台，目前我国投资平台众多，而且目前问题平台的比例很高，达到了 30%，所以对于投资人来说，选择合适、靠谱的平台至关重要。选择平台时可以参考以下几个方面。

1）真实的借贷业务，线上与线下的资料相对应。如今，P2P 网贷平台“跑路”已不是什么新奇的事。P2P 平台“跑路”的原因多种多样，除了运营不善外，自融也是导致平台“跑路”的原因之一。为了避免平台自融，投资者要查看平台的借款资料是否齐全，如借款人的身份证、抵押物相关证书、征信报告、抵押物照片等。

2）借款标是否处于平台能力覆盖范围的区域。判断借款标是否真实还有一个方法，即看借款人所在的区域是否在平台或者是平台分公司所覆盖的区域。

3）强有力的风控团队。风控是 P2P 网贷平台的灵魂。P2P 网贷平台的风控团队主要有两项工作，一是前期对借款人进行审核，二是对借款进行催收。因此，每一个环节都需要有专门的人把关，马虎不得。以融金所为例，融金所对借款人的审核从资料审查到贷后管理分为 10 个流程，每个流程都有专业的工作人员把控，具备专业化、系统化。

4）强有力的线下催收能力。借此，投资者可看出平台对抵押物的处理能力以及平台的社会资源。

5）可靠的技术，能根据投资者的意愿进行改进。为了防止黑客攻击，更好地保护投资人的资料安全，专业的技术团队必不可少。除此之外，若一个平台对投资者的意见能及时处理并加以改进，有良好的用户体验，相信投资者会更愿意在这个平台长期投资。

6）可靠的推广能力。若一个平台的注册量在稳步上升，便意味着这个平台是受到人们认可的。

7）专业的客服。投资者对一个平台是否满意很大程度上取决于这个平台的客服人员。投资者的问题通常都是向客服反映，因此，客服人员对投资者问题的处理速度、专业程度都影响着平台受欢迎的程度。

第二步：注册账户

平台账户的注册一般包括：用户名、密码、确认密码、邮箱、真实姓名等。根据提示填写，用户名和密码要记牢，如果忘记，可以通过“忘记密码”来重设。

第三步：通过认证

邮箱认证：注册完账户后会需要认证一些信息，认证后的邮箱用来接收各类信息，忘记密码并要找回密码的时候也会用到邮箱，所以一定要认证常用的邮箱。

手机认证：有些平台是必须要手机认证的，有些则没有强制的要求。手机认证用来接收一些重要信息，一般开通手机认证会更安全一些，如果手机丢失或者换号，需要及时更换认证手机号。

实名认证：实名投资是保障资金安全的前提，实名认证的过程并不复杂，单击“实名认证”，提交相关身份证信息，上传个人身份证正反面照片或扫描件，提交认证就可以了。为了快速通过实名认证，可以在提交认证后立刻联系网贷平台的客服，让客服及时审核。

第四步：设置相关的银行卡信息和交易密码

在没有充值之前，可以提前设置好提现的银行卡信息，主要是开户银行、开户行名称和银行账号。另外许多网贷平台都有二级密码，也就是交易密码，这与前面注册时设置的密码不同，注册时设置的密码是登录密码，用来登录账户，而交易密码是在投资（投标）以及提现和设置自动投标时用到的，因此有必要设置为不相同的密码，以保证账户的安全。另外，也可以设置密码保护问题和答案，再为密码保护加一把“锁”。

完成以上步骤，则基本的注册工作就完成了，也就可以开始网贷投资了。

第五步：充值

投标前，投资人需要进行充值。所谓充值，就是将银行卡上的资金转到平台账户上。充值方式主要有在线充值和线下充值。

大部分的网贷平台都支持在线充值，一般都是通过国付宝、易生支付、环迅支付、支付宝等第三方支付平台进行充值，也有少数网贷平台支持少数银行直充。

线上充值，一般需要填写充值金额，选择第三方支付平台，输入充值验证码，选择充值银行卡，填写银行卡信息并进行银行卡充值。大部分的平台充值是不收费的，当然少部分平台还是会收取一定的充值费用，而实际上这部分费用是第三方支付平台收取的。

在实际的充值中，需要按照步骤充值，耐心等待返回充值成功的页面，有时候由于网络较卡或者其他原因可能会有“掉单”的情况，也就是银行卡里的钱扣了但是没有转入网贷投资账户之中，这个时候不用太着急，因为所有的资金记录都是可以查询的，一般不会出现资金丢失的情况。这个时候可以联系客服，让他们来处理。

另外部分平台支持线下充值，所谓线下充值，就是将资金直接打入网贷平台公司或者是私人高管的账户上。对投资者而言，可能会有一定的手续费用，但是对网贷平台而言，可能会节省充值的费用。

第六步：投标

充值后，投资人可以在自己的账户中看到自己的可用资金，这时就可以进行投标了。

投标过程并不烦琐，在网站的“我要投资”页面下会有许多借款者的借款标，后面是相关投标的链接，单击后按照提示即可完成。投资人选中平台的一个标后，单击“投标”，输入投标金额、交易密码及验证码，再单击“确认投标”后即投标成功，投资标的从满标之日开始计息。

投资人投标之后需要检查标是满标还是流标，若流标，则投资人的资金被打回投资人在平台的账户，投资人投资无效，需要再重新选标并重新投标。

投资成功以后，投资人还可以多关注这家平台的运营状态，也可以看看其他平台，考虑分散投资的问题。

第七步：提现及撤资

所谓提现，就是将个人平台账户上的资金提取到本人的银行卡上。大部分的平台对于提现都有一些规则，比如一些平台规定了提现的费用，15 天以内的充值提现费用是多少，15 天以外的充值提现费用是多少，还有一些平台不允许 15 天内的充值提现，这些规定在投资的时候就应该了解。

设置好提现账户后（就是投资人之前绑定的银行卡），提交提现申请，通过平台审核后就能进入实际的打款步骤，具体提现的时间要看网贷平台财务部门的处理效率及不同银行转账和到账时间。不过参照现在网贷平台的提现速度，总体而言，大部分提现一个工作日内是能够到账的。

网贷投资终有撤资的一天，或者是因为找到了更好的投资平台，或者是因为找到了更好的投资项目，或者是其他任何原因，都没有关系，事实上，如同其他投资，比如股票和基金一样，一味在一个不满意的网贷平台上继续投资，可能最终都是很糟的结果。因此，适时或者说果断地撤资，可能会有一个崭新的开始。

三、平台角度

对于不同业务模式和产品类型的网络贷款平台来说，它的业务流程也不尽相同，但随着监管的逐步规范和严格，起到纯信息中介作用的平台将会成为未来发展的主力军。P2P 全流程模式就是典型的一种，该模式保留了欧美传入的 P2P 网贷的本来面貌，即出借人根据需求在平台上自主选择借款对象，平台不介入交易，只负责信用审核、展示及招标，收取账户管理费和服务费以作为收益来源。其具体借贷流程可分为以下三个步骤：

1）出借人和借款人在平台上填写相关信息注册，出借人将其出借资金充值到平台虚拟账户中，平台对出借人进行实名认证。

2）经过审核的借款人填写借款信息，平台将其信息列入借款列表并挂在网站页面上。

3）出借人浏览借款列表并进行投标，由平台进行信息撮合并确定最后有交易资格的出借人，至此，借贷交易达成。资金划拨成功后，借款人必须按约定的还款方式还付本息，使出借人得到相应的收益。

P2P 全流程模式要求平台直接从事借款人、出借人的开发以及交易的撮合，平台需承担多方工作，要跟进完整的资金流程。这种模式有筹资方便、高效率、低成本等优势，且平台可以选择参与或不参与借贷的资金交易，对于借款人逾期或者违约造成出借人的损失，平台也可以选择垫付或者不垫付。

第三节
网络贷款平台运营模式

一、国外网络贷款平台模式

1. 英国的 Zopa

（1）纯线上运作，人员精简

Zopa 的运营模式是纯粹的线上借贷模式，无担保、无抵押，同时信用评审和贷后资金管理都由相应的第三方专业机构承担，因此目前真正就职于伦敦 Zopa 的员工仅有 36 人。相关数据显示，到目前为止，Zopa 已经向英国客户累计贷款 7.64 亿英镑，活跃在平台上的借款者和贷款者分别超过了 5 万和 10 万。凭借雄厚的实力和信誉，公司在 2010 年获得“最佳个人贷款提供者”的荣誉，并在 2010 ~ 2014 年获得“最值得信任的个人贷款者”。公司取得的成就依赖于其完善的经营模式。

（2）借款人信用评级

当借款人想通过 Zopa 借款时，首先需要在网站上进行注册，然后向平台提供详尽的个人资料。Zopa 会对借款人进行信用评级，将借款人分为 A*、A、B、C 四级。评级的主要依据是借款人提供的资料以及英国信用管理部门出具的个人信用报告。不同信用级别的借款人对应的借款利率不同，信用评级越低，证明该借款人的风险系数越大，借款利率越高。Zopa 这种市场细分方式可以让出借人了解借款人的信用状况，便于出借人根据自己的风险承受能力选择合适的借款人，提高了资金匹配的效率。

（3）分散投资

为了避免借款人违约给单一出借人造成较大的损失，Zopa 平台引入了分散投资的理念，将每笔贷款按照每 10 英镑一份强制分成 *N* 份，分别匹配给风险适中的 *N* 个出借人。如一个信用评级为 A 的借款人通过平台贷款 1000 英镑，审核通过后，Zopa 平台会将这 1000 英镑贷款均分成 100 份，分别提供给 100 个选择在信用评级为 A 的市场上投资的出借人，这样就算借款人违约，每个出借人也仅仅损失 10 英镑，不会遭遇较大的财务冲击。

2. 美国的 Lending Club

（1）证券化的运作模式，增加流动性

Lending Club 成立于 2007 年 5 月，其成立之初的运营模式是利用 Facebook 实现借款人和出借人的对接，主要扮演了中介平台的角色。由于美国证监会认为其运营模式不合法，要求其暂停运营并重新注册和整改，2008 年 10 月 Lending Club 重新运营，其运营模式发生了改变，通过借款人和出借人买卖票据的方式进行贷款的发放。当借款人申请下来一笔贷款后，并不是直接由借款人和出借人完成资金的交接和合同的签订，而是通过 WebBank 来完成整个流程，WebBank 会向借款人发放贷款，同时向出借人分配相应的贷款票据。出借人的贷款票据可以在第三方交易平台上进行转让，这大大增加了贷款的流动性。

（2）监管最严，运作模式更合法

美国的监管已经上升到法律监管层面，Lending Club 必须遵守 1993 年颁布的《证券法案》，受到美国证券交易委员会的严格监管，并在 SEC 和公司网站上及时披露相关信息。另外还必须遵守《Truth-in Lending Act》、《Equal Credit Opportunity Act》、《Electronic Funds Transfer Act》、《Privacy and Data Security Laws》等多部法律，此外还需要遵守各州的相关法律。

（3）已经成功上市

2014 年 12 月，作为全球最大的 P2P 网络借贷平台，Lending Club 率先在美国纳斯达克成功上市。上市首日，其股价暴涨 56.20%，市值达到 85 亿美元，显示了市场对于 P2P 行业的热情。然而，Lending Club 2014 年年报显示，2014 年公司亏损 3289 万美元，股票价格及交易量直接受到负面影响。究其原因，主要是市场营销和产品开发成本远高于其从贷款中获得的收益。尽管这些状况对 Lending Club 产生了一定的消极影响，但其凭借雄厚的实力和良好的运营模式，肯定会有新的发展和前进。Lending Club 上市给 P2P 网贷行业打了一剂强心针，大大提升了 P2P 在公众心中的形象，也为全球 P2P 行业做大做强创造了一条新的道路，特别有益于正在摸索中前进的中国 P2P 行业。

二、国内网络贷款平台模式

1. 纯线上模式的网络借贷

基于纯线上模式的运作，P2P 网贷平台本身不参与借款，只是实施信息匹配、工具支持和服务等。民间借贷搬到互联网上来运营的模式是 P2P 网贷平台最原始的运作模式，也是我国 P2P 网贷的雏形。纯线上模式意味着获得客户的渠道、信用风控、交易、放款等全部流程都在互联网上完成。这一模式的“鼻祖”是美国的 Lending Club。

较早在这个行业内出现的是拍拍贷——纯信用、无担保的网络借贷平台，拍拍贷与“淘宝网”的竞拍类似。不同的是，后者交易商品，竞拍原则是“价高者得”，而前者交易借贷，竞拍原则是“利低者得”。借款人 A 需要一笔资金，那么在网站上发布一则借款信息，约定借款期限、最高年利率以及资金筹措期限。若放款人 B（或多个自然人）有意向，则用自有资金进行全额或部分投标，但投标年利率不能高于 A 所约定的最高值。在资金筹措期满后，如果投标资金总额达到或超过 A 的要求，则全额满足 A 需求的最低年利率资金，中标；如果资金筹措期满仍未能集齐 A 所需资金，该项借款计划流标。借款成功后，网站自动生成电子借条，借款人按每月还款方式向放款人还本付息。

P2P 网贷平台负责审核借款人的真实身份、职业、动产、不动产、收入支出等个人信息，评定并公布其信用等级。同时，借贷网站开立第三方账户，用于放款人和借款人之间资金的中转（即放款和还款）。P2P 网贷平台上的借贷无需担保或抵押，投标前，放款人需存入投标资金到网站账户，作为保证金。

P2P 网贷平台只充当“牵线人”，披露信息，不担保。目前国内这种模式的平台已经很少。因为不提供资金担保，极容易出现逾期、提现困难等问题，让投资者很难接受。目前拍拍贷是这种模式的孤独坚守者，拍拍贷调用的是借款人的网络社交圈数据，其认为网络社区、用户网上的朋友圈也是其信用等级系统的重要部分之一。不过也有业内人士质疑："拍拍贷这种模式到底还能够走多远？这种模式居然还在存活？"

美国P2P上市公司Lending Club采用的线上模式借助的是美国完善的大数据信用体系，而我国的信用体系建设远不如美国，如宜人贷等平台"十分钟极速模式"据称是通过大数据模型来审核借款人信用，这也引起业内人士深度质疑，因为获得个人或企业的征信数据对于P2P网贷公司来说是一大难题，在目前的信用环境下，暂时缺乏专业全面的信用评级机构，个人信用数据相对缺失和封闭，P2P平台在个人信用借款领域的风险控制管理上面临很大的挑战。

总体来讲，纯线上模式的P2P网贷平台的优势在于规范透明、交易成本低，但其也存在着数据获取难度大以及坏账率高的缺陷，正是这种缺陷制约了纯线上模式的快速发展。

2. 线上+线下——中国本土化模型

目前中国大多数P2P网贷公司正在与Lending Club模式渐行渐远，纷纷放弃独立的、提供撮合服务的纯线上第三方平台模式，转向为"线上+线下"模式，线下进行风控审核等工作。

纯线上模式的P2P网贷逾期率高达10%，坏账率在5%以上，因此越来越多的P2P网贷公司线上完成筹资部分，在线下设立门店、与小贷公司合作或成立营销团队，寻找需要借款的用户并进行实地考察，在创新信用审核方式的同时有效开发借款人。

线上线下相结合的模式是指P2P网贷公司在线上主攻理财端，吸引出借人，并公开借款人的信息以及相关法律服务流程，线下强化风险控制、开发贷款端客户，P2P 网贷平台自己或者联合合作机构（如小贷公司）审核借款人的资信、还款能力。

（1）无抵押 + 债权转让 + 担保

由于个人信用贷款无抵押、无担保，所以很多 P2P 网贷平台主打小额、分散等特点，越来越多的 P2P 网贷平台将线下获得的债权进行拆分组合，并打包为“固定收益类”理财计划，线上销售给理财投资者。在有些业内人士看来，这种模式像是一个资金池。目前来看，对于该种模式，证监会在 2016 年 3 月 18 日出台了关于任何机构或个人不得向非合格投资者募集、销售、转让私募产品或者私募产品收益权，且单一私募产品不得超过法定上限的规定，从而为该种方式的未来发展提出了一定的限制。

（2）联合并争夺小贷公司等合作机构

为了寻找优质债权端，不少 P2P 网贷平台通过找寻合作机构来寻找借款人，如有利网联合小贷公司、翼龙贷同城借贷 O2O 模式，还有 P2P 网贷公司与房地产中介、便利店等合作，但是终归要谈到风险问题，如果 P2P 网贷平台自己没有资产源，完全依靠合作机构，则容易被牵制。总的来讲，在中国信用环境尚不完善的情况，“线上 + 线下”模式已经成为绝大多数 P2P 网贷公司的选择，是最被看好的一种模式，也将会是未来的主流模式。

3. 担保公司担保模式

目前，互联网金融迎来分工监管，P2P 网贷行业归银监会监管。监管层的意见是“去担保”，因为平台自身担保的模式遭到监管层的质疑。P2P 网贷公司“去”自身担保后，目前的担保主要有四种，一是引入第三方担保，二是风险准备金担保，三是抵押担保，四是引入保险公司。

引入第三方担保主要是担保公司担保，比如陆金所。

担保公司的类型分为一般担保公司担保和融资性担保公司担保。一般担保公司担保的保障又分为一般责任和连带责任。

大多数 P2P 网贷平台合作的都是一般担保公司，而且一般责任担保存在和不存在几乎无差别。连带责任担保可以起到作用，但是市场上的连带责任担保不多。

融资性担保比一般担保要求更严格。

首先是注册资金，一般担保公司的注册资本为 50 万即可，要求较低，而融资性担保公司的注册资金要求很高，至少 500 万元以上，一般都在 5000 万元左右。因此融资性担保公司的担保能力更强一些。

其次是融资性担保公司受 10 倍杠杆限制，随着 P2P 公司的规模上升，融资性担保公司的可保规模也需要提升，如 P2P 网贷平台陆金所采用平安融资担保（天津）有限公司提供担保。平安融资担保（天津）有限公司注册资本 2 亿元，即其担保极限是 20 亿元，据数据统计，陆金所贷款余额早就已经超过 20 亿元，陆金所的担保公司已经严重超出这个值，存在巨大风险。

第三，目前国内融资性担保公司也存在良莠不齐的情况，无论 P2P 公司还是投资者在鉴别优劣时也存在难度。

第四，担保模式存在费率问题，这增加了 P2P 的交易环节和流程，也意味着交易的成本在增加，成本最终会转嫁到借款人身上。举例来说，如果一家 P2P 公司的风险程度是 2%，但是融资性担保公司的费率可能达到 5%，在实际费率收取中这一比例甚至达到 10% 以上，这也是陆金所的收益率很低的原因。

- 去担保

典型的 P2P 网贷平台，如陆金所、红岭创投都在强调去担保。2014

年中国平安董事长马明哲宣布逐步取消陆金所的担保，将来要建立资产风险标准，用五星、四星、三星这种方式标注，供投资者做判断和选择。对于交易者，也会建立相似的信用标准。“担保模式”的开山鼻祖——红岭创投也选择“去担保”，取消担保公司担保的模式，改由风险准备金模式。

总结担保公司担保模式的现状及未来发展：①一些担保公司只推荐信息撮合交易，不担保；②担保公司如果只是一般责任担保，根本就无用处；③连带责任担保要好一些；④平台担保不是长远之计；⑤融资性担保公司要比普通担保公司好一些；⑥为保证担保效果，投资者可购买财产险。

4. 风险准备金担保模式

风险准备金担保模式是目前行业内主流的一种模式，已成为很多 P2P 网贷平台安全保障模式的一种。

风险准备金担保模式指的是 P2P 网贷平台建立一个资金账户，当借贷出现逾期或违约时，网贷平台会用资金账户里的资金来归还投资人的资金，以此来保护投资人利益。

但是这种模式的问题在于，一些 P2P 网贷平台的资金与风险准备金没有实现根本上的分离，风险准备金极有可能被挪用，形同虚设。还有另外一个问题是，风险准备金的提取比例较小，不足以弥补 P2P 网贷投资人的亏损风险。如票据理财出现风险问题的新浪微财富采用的就是风险准备金担保模式

• 该模式升级为银行、第三方支付机构托管

为解决风险准备金账户被挪用的风险，很多平台会与商业银行合作，专用资金账户交给银行托管，如红岭创投与平安银行在风险备付金方面的存管合作，人人贷与招商银行在风险备用金账户方面的托管合作。除了与银行合作之外，P2P 公司还选择与一些第三方支付机构合作，如与“汇付天下“合作的 P2P 平台已超过 100 家。

对于此类保障，第一，风险准备金额度本来就不高，仅由银行存管，风险准备金意义不大；第二，银行明确表示，“不承担资金来源及投资安全的审核责任，P2P 平台与基础业务相对对方产生的经济纠纷由贵公司自行协商解决，银行不承担任何责任”，那么引入银行后，对分担 P2P 平台风险实际上作用不大；第三，目前与 P2P 网贷合作的招商银行、平安银行、交通银行等，针对 P2P 网贷的资金存管系统都未上线，模式还有待开发。

总结：P2P 的风险准备金保障应该坚持实质大于形式。与风险准备金相比，P2P 平台的交易资金流向显得更重要。监管领导强调未来的趋势是，风险准备金和投资者的资金都要由银行或第三方支付机构进行托管。

另外，目前对于风险准备金，监管部门没有明确的表态，但在《指导意见》中提出“平台禁止增信”，所以风险准备金担保模式是否触犯了“平台不得增信”的监管红线，目前没有明确的意见。

5. 抵押担保模式

2014 年，P2P 网贷平台抵押担保模式盛行。抵押担保模式指的是借款人以房产、汽车等作为抵押来借款，如果发生逾期或者坏账时，P2P 网贷平台和投资者有权处理抵押物来收回资金。

从坏账数据上来看，抵押担保模式在 P2P 网贷行业坏账率是最低的。目前业内做得比较好的平台是房地产抵押贷的“91 旺财”和车辆抵押贷的“微贷网”。

房地产抵押贷无疑是最安全的，因为房地产无疑是最具保值价值的财产，其变现也相对容易，而且 2015 年年初全国 40 多个城市取消限购，房地产行业依然是我国国民经济增长的重要因素。房地产抵押的 P2P 网贷安全的原因很简单，房屋看得见摸得着，如果出现违约，可以通过各种渠道变卖房产，减少损失，但是不足之处就是万一出现风险问题时，房屋处置过程烦琐，有些 P2P 平台是房屋的二抵押、三抵押，在风险出现清偿时，首次抵押是排在前面的。

车贷抵押要有车管所办理的预过户和抵押登记相关手续。如果借款人出现风险问题到期无法还款，车辆归抵押人所有并有权处置车辆。但是如果借款人亏欠金额过多，直接恶意远离城市，然后弄掉发动机号、GPS 并将车辆当作黑车处理，这是很危险的。

• 房地产抵押 + 首次和足值抵押 + 一线城市

房地产抵押在传统金融机构里也是最受认可的，大城市的房价稳定，变现也相对容易。在当前的中国，拥有一套大城市的房产本身就具有很高的保值增值的价值，将一线城市的房产作为抵押物是所有抵押物中最为安全有效的。

总结：抵押担保的 P2P 网贷平台应做好抵押物的风控，尤其是房产和车辆，投资者也需要注意相关细节，保障资金安全。

6. 保险公司担保模式

有些 P2P 网贷公司已经或正在与保险公司“亲密接触”，保险公司将以第三方担保机构的身份帮助 P2P 平台分担风险。

P2P 与保险公司合作的方式大致有四种：一是平台为投资者购买一个基于个人账户资金安全的保障保险，保障资金安全；二是基于平台可能发生的道德风险等购买保险产品；三是为担保的抵押物购买相关财产险；四是为信用标的购买信用保证保险。

在保险公司担保模式中，同样存在如同融资性担保的问题——担保费率，因为担保费率会增加投资者的成本，而且比担保公司成本更高，降低了投资人的收益，这也是为什么银行的普通信贷业务没有介入保险的原因。根据投资项目的不同，保险公司介入后，对于平台投资收益的影响将在 1% ~ 8% 不等。

保险有其适用范围，适合借款人多、利用大数法则来规避风险的情况，而目前很多 P2P 网贷公司的借款人还很少，风控标准也不统一，保险公司是不愿意用大数法则来规避风险的。另外，保险公司与 P2P 网贷平台的合作模式对于究竟是保平台还是保项目，业内对此还有争议。

• 以牺牲收益降低风险

目前网贷平台和保险公司比较认可的合作方式是投资者在投资的时候可自主选择是否投保。如果保险公司能参与借款人审核、借贷平台运作和风险管理整个流程，此类业务大有发展空间；但如果做不到这一点，由于基础数据缺乏，风险难以管控，保险公司则轻易不敢涉足。

总结：高风险往往伴随着高保费，国内并非所有的 P2P 网贷平台都能够引入保险公司担保业务，毕竟保险公司不是“傻子”，保险公司在确认合作伙伴时肯定会对 P2P 平台的坏账率进行系统性调查，对于风险等级太高的平台，肯定列为拒保。

7 . P2P+ 票据理财合作模式

互联网上的票据理财被视为对传统票据业务的补充，使得较难通过银行渠道贴现的小额票据得以流通。互联网票据理财之所以广受欢迎，源于其显著优势：银行承兑汇票到期由银行无条件兑付，安全性高，流动性强。

不仅一些票据服务公司正在打造在线票据理财平台，京东、苏宁、新浪、360、国美在线等互联网巨头以及招行、民生等银行机构也先后开始此类业务。后来有 P2P 网贷平台也涉足票据理财，相关问题的爆发也体现出对票据理财的风险控制有些难度。

票据理财的问题就在于，票据的真实性、安全性、虚假票据、克隆票、延迟支付均是互联网票据理财的“疑难杂症”。票据造假的花样和手法日益翻新，甚至有一些中小银行曾在假票识别上栽过跟头，所以风险较大。

总结：票据业务在业内人士看来应该是呈萎缩趋势的，根据监管，票据的流转要基于真实的贸易背景，平台自律的安全重要性要强于票据模式的安全性。投资者切勿只看中高收益率，应以资质较好的、操作透明的平台作为首选，以免低劣平台假借虚假理财产品进行集资。

第四节 几种常见的网络贷款盈利模式

一、网络借贷盈利模式

网络借贷平台作为市场与信息经济的产物，在完成其特定经济社会价值的同时也必须具备其存在的必要条件——市场经济运行的资本价值实现，即网络借贷的盈利。由于网络借贷出现与发展的时间不长，其盈利模式存在不明晰性，不过根据国内外网络借贷平台的分析，也可以理清当前的盈利结构：对于投资者收取会员费、充值费、利息管理服务费等，以及对借贷者收取信息登记发布费和借入本金管理服务费等。

根据网络借贷平台在借贷运行中所承担的角色不同，可以将网络借贷平台的盈利模式分为三类。

1. 纯中介网络借贷平台的盈利模式

纯中介网络借贷平台在借贷过程中只提供信息服务，而不参与借贷资金往来，也不承担借贷过程中的任何违约风险，仅起到一个单纯的信息中介作用。此类平台的典型代表有美国的 Prosper，国内的人人贷、拍拍贷和点点贷等。

2007年拍拍贷平台正式运行，是国内首家小额网络借贷平台。借款人在拍拍贷注册为会员之后，如果需要借款会向平台提交申请，通过平台审核之后借款申请会发布在网上，出借方可以在平台上寻找合适的借款人，通过参与竞标的方式，双方自由选择，达成一致后完成借贷过程。网站的收益主要来源于借款成功的手续费和逾期费用等。

2. 复合型中介网络借贷平台的盈利模式

之所以叫复合型中介网络借贷平台，主要是该类网络借贷平台在借贷过程中不仅担任中介的角色，而且还担任担保人、代理人和监督者的角色。这样的平台主要包括英国的Zopa和中国的宜信、红岭创投等。

在借贷过程中红岭创投不仅是信息中介，而且还为借贷行为提供担保和承诺保障本金（目前《监管细则》中明确要求，平台不允许表述“保障本金”字眼）。在红岭创投下的安心贷网站上，所有借款人必须以真实信息注册成为会员，而且，平台会根据个人提供的信息将其划分为不同的信用等级。

与红岭创投的运行方式不同，宜信贷一般将借款人的款项打包分成期限不同和金额不同的债权，进而把债权转让给投资人，并把大部分收益转让给投资人。若有逾期还款的风险发生，平台就会全额赔付，故平台会收取一定的风险准备金作为全额赔付义务的补偿。复合型中介网络借贷平台不仅是中介，而且还参与担保等服务项目，这样给平台带来的风险相对来说较大，而来自借款者的风险相对较小。因此对平台的要求就提升了，平台承诺保障本金，这就需要平台本身具有比较雄厚的资金支持，否则当平台的借款人出现违约，并形成一定规模时，投资人的权益可能就会得不到保障。这就要保证平台的收益与风险匹配。其主要盈利是对借款人收取手续费、管理费和逾期费用，对投资人收取管理费用以及借贷双方的一定金额的固定费用等。

3. 公益类网络借贷平台的盈利模式

公益类网络借贷平台提供的贷款利率和手续费都比较低，相应的网站收益率也比较低，国外的Kiva以及国内的宜农贷、齐放贷等属于这类平台。宜农贷的运行模式与Kiva类似，都是由当地的金融机构代为管理，借款对象主要是贫困地区的农民和弱势群体，主要提供的是农业贷款。

我国目前的平台主要集中在第二类复合中介平台，其盈利方式不固定，也会通过债券转让的模式来取得更好的收益。

二、网贷平台的收入项目

网贷平台定位于信息中介，赚取服务费，其主要收入来源于两方面：主营业务收入和辅助业务收入。其中主营业务收入有对借贷主体收取的会员费、对借款方收取的提现手续费，这是平台作为信息中介的正常业务收入。

一般的网络借贷平台会设置会员，通过对其收取一定的会费来区别对待普通会员和VIP会员，以红岭创投为例来说，投资人投资的借款标逾期后由网站风险准备金进行垫付，非会员在垫付执行时享受本金50%垫付，VIP会员在垫付执行时享受本金全额垫付（信用标垫付本金，快借标、推荐标、公信贷、净值标、资产标垫付本息）。

提现手续费是一定金额范围内收取提现额度的一定比例作为手续费，一般是0.2%，比如“人人聚财”每月可以有5次免费提现的机会，超过5次就要收取提现金额0.2%的费用；再如“91旺财”是1000元以内就要收取2元的提现费用；也有的是根据提现额度的0.01%，如红岭创投是每笔5元，大额提现每5万元收取5元，依此递增。各平台会根据自己具体的情况确定提现收费情况。不过需要注意的是提现手续费一般都是由银行代收的，具体的收取情况由平台和银行协商一致后执行。

网络借贷平台的辅助业务收入一般包括对借款方收取项目考察费和项目分析师的分析费，对投资人收取项目分析保障费以及一些增值服务费。

一般是项目的借款者到平台提出申请，平台根据提供的服务对项目持有者收取一定的项目考察费和项目分析师的分析费（具体按照每个项目咨询分析收取分析费）。

如果投资人到平台注册，并且有投资意向，平台可以利用项目分析师专业的投资项目见解以及保值推荐收取服务费，也就是项目分析师保障费。

增值服务费主要是平台收取给客户提供的在线记账和在线项目的投资管理等账户的代管费用。对于借款管理费，一般平台每月会按照借款本金的 0.5% 收取，如红岭创投。对于逾期欠款利息，常规逾期欠款每天加收本金千分之八的罚息。对于利息分成，常规按投资者所赚取利息的 10% 收取管理费，如宜人贷、人人聚财等。

第五节
案例：陆金所“线上金融超市”的梦想

承载着平安董事长马明哲打造全国最大“线上金融超市”梦想的是其 2011 年推出的“陆金所”。这一由平安集团旗下上海陆家嘴国际金融资产交易市场股份有限公司建设的网络投融资平台，像目前所有的网络信贷平台一样，连接融资方和投资方，促成网络上的借贷。

但它又强调自己不仅仅是 P2P 借贷平台！一方面它面对的不只是个人，还有中小企业、非银行金融机构等；另一方面，它的野心不止于此——它已经开发出该平台的二级市场功能，即投资者的债权可以转让，还谋划着为小额贷款公司、担保公司提供评级服务，甚至还要卖基金、卖保险、卖信托产品等，以期成为全面的互联网金融交易平台。

“现在中国很多年轻人，从20出头到40出头，他们不一定买得到房子，但他们手头有一些余钱，也不敢把全部的钱投到股市，但如果把钱全部放在银行，考虑到通胀也是在亏钱，所以要给他们提供一个固定收益的投资机会。”这是2011年陆金所运营不久，其董事长计葵生接受媒体采访谈到目标客户时的一段表述。

与此同时，根据中国互联网络信息中心的数据，截至2011年年底中国互联网的用户已有5.64亿。很多网民的网络使用习惯已从娱乐性转移到商业性——根据陆金所提供的调研报告数据，60%的网民有在网络上购买理财产品的经验。另外，还有大批的中小微企业需要用钱却又难以从银行借到钱。综合这些因素，又借鉴国外同类金融平台的改革及发展后，平安集团认为，网络“微金融”领域充满无限的潜在市场。

因此，平安集团于2011年9月在上海以4亿元注册资金成立了上海陆家嘴国际金融资产交易市场股份有限公司后，上线了其网络投融资平台——陆金所，并于2012年3月推出第一项业务——“稳盈－安e贷”。

这是一项个人借贷类投融资中介服务，与拍拍贷、你我贷等平台类似，也是通过平台连接投资方（贷款人）和融资方（借款人），撮合并完成交易。目前该项目下的单一债权一般为1万元～15万元，期限为1～3年，年化利率为7%～9%。

与其他网络借贷平台不同的是，“稳盈－安e贷”强调一对一模式，即一笔投资仅针对一笔借款，借款人同时只能借贷一笔，而不是多人凑钱投资一个项目的模式。同时，投资人要收回借款及利息只能通过“每月等额本息”的方式。陆金所认为这有利于降低风险，投资人也可以对回收的资金再利用。另外，它采用全额担保模式，由平安旗下担保公司进行担保。

在计葵生的描述中，陆金所的借款人目前基本上还是以个人为主，但未来会把重点放到小额贷款公司、担保公司等非银行金融机构。陆金所同时强调，“稳盈－安e贷”的借款人中很多是小微企业主，如菜农、小商品销售者等，他们以个人名义借贷，这部分用户可能都没有信用卡，借贷金额也不大，是其他金融机构不愿服务的对象，陆金所可以填补这个空白。

投资人的目标客户群则是3万～50万资产的人群，因为陆金所希望提供的是收益相比于银行理财等投资产品高一些，但投资门槛又不像信托等那么高的项目。

在陆金所的发展计划中，它将不仅仅是一个网络信贷平台，其定位于互联网金融交易平台，“稳盈－安e贷”是陆金所推出的首款服务，未来还会有其他服务类别。

计葵生曾介绍，陆金所将有三重功能。第一重功能即为P2P模式的“稳盈－安e贷”；第二重功能是二级市场交易功能，即通过网站“认购”某项目的投资人在急需用钱时，可以将自己剩余的资产再出售给其他投资人；第三重功能是为众多小额贷款公司、担保公司提供评级服务。

目前，前两重功能均已实现。在推出“稳盈－安e贷”后，2011年12月陆金所又推出债权转让服务，投资人投资“稳盈－安e贷”90天以上即可申请转让，以提高投资者的资金流动性。

计葵生表示，按照董事长马明哲的出发点，是想将陆金所变成一个公开的平台，让所有人都能到平台上提供商品。“未来，信托可以在这个平台上卖，基金也可以在这个平台上卖，甚至某个银行的产品也可以放在这个平台上卖。”

引入担保以防平台累积太多风险而爆炸

对网络信贷行业来说，风险是一个绕不过去的话题。为了说明自身的安全性，在陆金所的官方介绍中，列举了全额担保、技术方面的交易安全、通过委托第三方机构进行资金管理的资金安全、数据及信息安全等举措。

据悉，在陆金所平台融资的借款人需要通过线下审核，而不像其他一些网络信贷的纯网络模式。借款人要在线下提供资料以供陆金所核实，并需要通过风险管理模型的分析评估。

这一模型是陆金所背倚平安集团引入的一个授信模型。计葵生表示，平安集团多年积累了很多消费金融的案例，形成了一套成熟的风险管理模型，且又经过其他子公司五六年的实战和不断完善。

据了解，这一模型通过了解借款人的资料，包括教育情况、工作情况，甚至所在行业、稳定性，以及借款目的等，对借款人打分，评估坏账发生的概率。目前，这一模型已测试了几千万人，审核通过率只有 40% 左右。

此外，陆金所还引入了同为平安集团旗下的担保公司，对投融资进行全额担保（本金、利息、逾期罚息），这也成为陆金所与其他网络信贷平台最大的一个不同。引入担保后，若借款方未能履行还款责任，担保公司将对未被偿还的剩余本金和截止到代偿日的全部应还而未还利息与罚息进行全额偿付。

对于引入风险管理模型和担保，计葵生表示，陆金所目前推出的业务主要是借贷类投融资服务，所以为了保证投资人的利益，必须要挑选信用良好、具有偿还能力的借款需求。“如果没有担保，这个平台可能在短时间内做得很大，但是也很有可能在一两年内，因为累积太多风险而爆炸。”

通过网络平台进行投融资，大量的往来资金成为外界对网络信贷平台关注的风险之一。对此，陆金所表示已经引入了第三方机构进行资金管理，按照服务对象的指令保管和划转借贷相关资金，并承诺不会将客户在陆金所账户内的资金用作任何非客户指示的用途。

如果借款人违约，陆金所会将借款人的违约情况上报央行征信系统，借款人的信用记录会受到影响。此前，陆金所、拍拍贷等10家网络信贷服务业企业成立了“网络信贷服务业企业联盟”，并希望小额贷款公司信贷数据和央行征信系统对接，解决信贷征信问题。

10年内还不会取代银行

担任陆金所董事长的同时，计葵生也是中国平安集团副总经理、首席创新执行官。因此，作为平安集团向电商领域迈进的载体，陆金所承担着业务创新的使命。

运营之初，陆金所就明确表示，未来陆金所作为独立第三方网络平台，除了“稳盈－安e贷”以外，也会拓展其他创新产品，更会寻求业界的广泛合作，通过体制和机制创新，为全国最大“线上金融超市”的远大目标奠定基础。

就短期来看，计葵生表示陆金所最大的任务是做出业务模式，客户量达到一定规模，并做出一个活跃的二级市场，然后才是盈利。他认为，陆金所做的是一项全新的业务，创新的前几年是最不明确的，制定的很多目标可能都是不对的。

而对于前景，他却很有信心。据其介绍，目前所有的银行贷款加起来大概是七八十万亿元，而未被满足的需求绝对有10万亿元或20万亿元。而在满足这些需求的同时，陆金所用的成本，绝对会比传统的少。

媒体都很关注陆金所这样的互联网金融平台未来会不会取代银行，对此，计葵生认为，在未来10年内是不可能的。但他觉得再过10年，可能会有银行把这些互联网公司买下来，或互联网公司把银行买下来。因为从其他行业的案例来看，一开始是竞争者，两者有不同的方式，等到扩大到一定程度后它们可能就会合并再进行一定程度的整合。

当前，陆金所对于以后的具体发展规划持慎言态度。此前计葵生接受其他媒体采访时，也表示“有很多目标，但是我不能说”。但从其一些表述可窥一斑。

他曾明确表示，陆金所会与平安集团的财险、寿险等业务合作，并坦言在做设计时，会考虑怎么使用平安的不同金融牌照。而对于监管层放得比较开的基金理财专户、证券资产集合计划、保险资产公司发行的第三方理财产品等，陆金所已经开始接触，“我们可能会找到一些比较好的资产，并与基金公司合作，基金公司把它们做一些整合和打包并发行。发行完了如果客户要转让，可以进入我们的平台来做转让。”

但计葵生也谨慎表示，陆金所的牌照是电子商务公司的牌照，基本上就是提供信息。对于申请金融牌照，“不是说不需要，而是还没有去做”。因为“陆金所一开始必须要找到一些别人没做到的地方，才有办法让市场注意到，首先一定要有一些特色”。而把基金销售等业务搬到陆金所平台上，则是一件需要先培养起大量的用户后才可能实现的事情。

对于目前发展中的挑战，计葵生表示，把传统金融可能提供的长达 20 个小时的服务压缩到很短的时间，同时做好风险的控制，这是最大的挑战。

案例来源：《浦东开发》，2013 年 8 月

习题

1. 什么是网络贷款?
2. 简述网络贷款的几种模式。
3. 网络贷款的流程。
4. 网贷企业的盈利模式?

第5章 众筹实务

第一节 众筹的定义、发展及参与者

一、众筹的定义

众筹翻译自国外 Crowdfunding 一词，即大众筹资或群众筹资。众筹由发起人、跟投人、平台构成，具有低门槛、多样性、依靠大众力量、注重创意等特征，是指一种向群众募资，以支持发起的个人或组织的行为，一般而言是通过网络上的平台连接赞助者与提案者。Massolution 研究报告指出，2013 年全球总募集资金已达 51 亿美元，其中 90% 集中在欧美市场。世界银行报告更预测 2025 年总金额将突破 960 亿美元，亚洲占比将大幅增长。众筹利用互联网和 SNS 传播的特性，让小企业、艺术家或个人能够对公众展示他们的创意，争取大家的关注和支持，进而获得所需要的资金援助。

相对于传统的融资方式，众筹更为开放，项目的商业价值不再是获得资金的唯一标准。只要是网友喜欢的项目，都可以通过众筹方式获得项目启动的第一笔资金，为更多小本经营或创作的人提供了无限的可能。

一般来说，众筹具有以下一些特征：

1）低门槛：无论身份、地位、职业、年龄、性别，任何有想法、有创造能力的个人都可以发起项目。

2）多样性：众筹的方向具有多样性，在国内众筹网站上的项目类别包括设计、科技、音乐、影视、食品、漫画、出版、游戏、摄影等。

3）依靠大众力量：支持者通常是普通的民众，而非公司、企业或是风险投资人。

4）注重创意：发起人必须先让自己的创意（设计图、成品、策划等）可展示，这样才能通过平台的审核，而不单单是一个概念或者一个点子，要有可操作性。

筹资项目必须在发起人预设的时间内达到或超过目标金额才算筹资成功。筹资成功后，发起人可获得资金；筹资项目完成后，支持者将得到发起人预先承诺的回报，回报方式可以是实物，也可以是服务；如果筹资项目失败，那么已获资金全部退还支持者。众筹不是捐款，支持者一定要有相应的回报。

二、国内外众筹发展现状

1. 国外众筹发展状况

众筹的雏形最早可追溯至 18 世纪，当时很多文艺作品都是依靠一种叫做“订购”(subscription) 的方法完成。例如，莫扎特、贝多芬采取这种方式来筹集资金，他们寻找订购者，这些订购者给他们提供资金。当作品完成时，订购者会获得一本写有他们名字的书或是协奏曲的乐谱副本，或者可以成为音乐会的首批听众。

1713 年，英国诗人亚历山大·蒲柏着手将 15693 行的古希腊诗歌翻译成英语。他花费近 5 年的时间完成了注释版的《伊利亚特》，该译本被第一部现代英语词典的编纂者塞缪尔·约翰逊博士称为“世界前所未见的高贵的诗译作”。蒲柏因此获得荣誉与经济的双丰收，荣登英国桂冠诗人的宝座，而这个项目得以成功完成离不开蒲柏创新性的运作方式——初露端倪的众筹。

启动翻译计划之前，蒲柏即承诺在完成翻译后向每位订阅者提供一本六卷四开本的早期英文版的《伊利亚特》，这一创造性的承诺带来了 575 名用户的支持，总共筹集了 4000 多几尼（旧时英国的黄金货币）去帮助他完成翻译工作，这些支持者（订阅者）的名字也被列在了早期翻译版的《伊利亚特》上。

类似的众筹项目还发生在 1783 年，莫扎特想要在维也纳音乐大厅表演最近谱写的 3 部钢琴协奏曲，当时他邀请一些潜在的支持者，愿意向这些支持者提供手稿。第一次寻求赞助的工作并没有成功。在一年以后，当他再次发起“众筹”时，176 名支持者让他这个愿望得以实现，这些人的名字同样也被记录在协奏曲的手稿上。

1885 年，诞生了一个最具影响力的众筹项目。为庆祝美国的百年诞辰，法国赠送给美国一座象征自由的罗马女神像，但是这座女神像没有基座，也就无法放置到纽约港口。约瑟夫·普利策——一名《纽约世界报》的出版商，为此发起了一个众筹项目，目的就是筹集足够的资金建造这个基座。

普利策把这个项目发布在他的报纸上，然后承诺对出资者做出奖励：只要捐助 1 美元就会得到一个六英寸的自由女神雕像，捐助 5 美元可以得到一个十二英寸的雕像。项目最后得到了全世界各地共计超过 12 万人次的支持，筹集的总金额超过十万美元，为自由女神像顺利竣工做出了巨大贡献，《纽约世界报》和普利策为此赢得美国民众的尊敬和爱戴。

上述案例说明了众筹在西方的悠久传统。这些案例同样说明了传统众筹的一些典型特点，如主要集中于文学、艺术等创意类领域；项目发起人具有较高的声誉或拥有较强的信息传播途径；投资兼具商业与慈善目的，既有预付费性质，又常带有资助和赞助性质。

类似的情况还有教会捐赠、竞选募资等，但上述众筹现象既无完整的体系，也无对投资人的回报，不符合商业模式特征。

现代众筹：互联网众筹的诞生

美国网站 Kickstarter 是当今影响力最大的众筹网站，也被许多人认为是互联网众筹的起源。事实上，世界上最早建立的众筹网站是 ArtistShare，于 2001 年开始运营，被称为“众筹金融的先锋”。与西方众筹的历史渊源相吻合，这家最早的众筹平台主要面向音乐界的艺术家及其粉丝。

ArtistShare 公司的 CEO 创建这家公司时的想法是支持粉丝们资助唱片生产过程，获得仅在互联网上销售的专辑；艺术家则可以获得更加合意的合同条款。艺术家通过该网站采用“粉丝筹资”的方式资助自己的项目，粉丝们把钱直接投给艺术家后可以观看唱片的录制过程（在很多案例中，粉丝还可以观看“特别收录”的内容）。

2005年，ArtistShare公司“为富于创造力的艺术家服务的全新商业模式”受到广泛赞誉，它通过新颖的原创项目筹措渠道同时惠及艺术家和粉丝，并创造了一个坚定、忠诚的粉丝基地。同年，美国作曲家Maria Schneider的《Concert in the Garden》成为格莱美颁奖历史上首张不通过零售店销售的获奖专辑。该专辑是ArtistShare的第一个粉丝筹资项目。Schneider因为该专辑获得4项格莱美提名，并最终荣获“最佳大爵士乐团专辑”奖。

2005年之后，众筹平台如雨后春笋般出现，如Sellaband（2006年）、SliceThePie（2007年）、IndieGoGo（2008年）、Spot.Us（2008年）、PledgeMusic（2009年）和Kickstarter（2009年），这显然有ArtistShare的强大示范作用。或者说，ArtistShare作为首家互联网众筹平台，不仅深刻影响了美国音乐界，而且开启了互联网众筹时代。

目前在全世界范围内有众多众筹平台，以下就选取其中较知名、具有代表性的九个众筹平台进行介绍。

（1）Kickstarter：最大最知名

Kickstarter创建于2009年，所在地点为美国纽约，是全球范围内最大最知名的众筹平台。平台运作方式简单却有效：用户一方是有新创意、渴望进行创作和创造的人；另一方则是愿意出钱帮助他们实现创造性想法的人，然后见证新发明、新创作、新产品的出现。

Kickstarter最大的特点是这是一个纯大众化的慈善网站，任何人都可以在无需手续费用的情况下捐赠自己有意向的项目，门槛低到不能再低了。2009年创立至今，Kickstarter推出的成功专案已逾3.8万件，总募款金额约为4.41亿美元，预料还会继续成长。

（2）Crowdcube：首个股权众筹平台

Crowdcube 由 Darren Westlake 和 Luke Lang 在埃克塞特大学创新中心建立，被英格兰银行描述为银行业的颠覆者。因为 Crowdcube 创立了企业经营者筹集资金的新模式。

有别于追随 Kickstarter 的其他众筹平台，Crowdcube 是一种以股票为基础的筹集资金平台。在这个平台上，企业家们能够绕过天使投资和银行，直接从普通大众获得资金。而投资者除了可以得到投资回报和与创业者进行交流之外，还可以成为他们所支持企业的股东。

2013 年 2 月，Crowdcube 的这种模式被 FCA（金融市场行为监管局）认定是合法的。

（3）IndieGoGo：不限定客户类型

IndieGoGo 有别于其他平台，其他类型的众筹公司都有特定的服务对象，IndieGoGo 不希望限定他们的客户类型，其不对网站上发布的项目进行审查。

其 CEO Slava Rubin 表示，“从肝脏移植，购买新专辑或者开饭馆，我们都可以为客户满足资金的需求。”

提到未来的发展，Rubin 对众筹充满了希望和信心，“到最后 Crowdfunding 会成为市场的主流。”

（4）Lucky Ant：你身边的众筹

众筹，顾名思义，就是要筹集众人之资金。对于这里的众人，很少有做出限制性的规定。但是 Lucky Ant 反其道而行之，看准了众筹的区域优势，尝试让用户支持他们所在区域的项目。

网站每周推出一家本地企业，用户通过向企业提供赞助而获得相应的回报。

（5）Gambitious：针对游戏的众筹

除了地域区分外，有的众筹平台对投资项目也做出区分，荷兰的Gambitious是一个针对游戏项目的众筹平台，将游戏玩家与游戏开发商联系在一起。

通过Gambitious，游戏玩家可以向中意的电子游戏创意提供赞助，并在游戏发行前制造相关话题，也可以购买所支持游戏的股权。如果游戏开始盈利，投资者将参与分成。

“Gambitious使用这个模型的主要原因是为了能给开发人员提供成功的筹资机会。”公司的执行董事Paul Hanraets如此解说。

（6）Rock The Post：众筹+社交

在信息时代，社交是一个绕不开的话题，那么能不能将众筹和社交联系起来呢？Rock The Post就是众筹和社交的实现，其将众筹概念和社交网络整合在一起。

众筹平台最受诟病的两个问题，一是没有采取足够的措施保障其项目的支持者；另一个就是缺乏社交信息交流平台。用户若要完成相应额投资，必须收集客户自己的数据。在Rock the Post，消费者可以创建网络社区，通过向这些企业提供资助、时间、建议或物质材料获得回报。社区的用户可以相互关注，分享所支持项目的详细信息。

（7）AppStori：应用程序的众筹平台

从AppStori的名称就可以看出该平台与App有解不开的关系。这是一个针对智能手机应用程序的细分型众筹及协同开发平台。

AppStori联合创始人Arie Abecassis称：“我们建立AppStori是为了满足这‘缺医少药’的市场需求，而使应用开发商和消费者在应用制作的早期阶段进行合作。”

“应用开发商和企业家们在研发应用时所建立的关系不会随着集资活动的终结而结束，也不会在应用面向市场时而结束。AppStori 平台就是为启用并发现移动应用而设计的。”

另外，AppStori 的整体服务收费标准要稍高一点，如果某项筹资活动取得了成功，AppStori 会收取所集资金的 7%。

（8）ZAOZAO：面向亚洲设计师的众筹

总部设在中国香港的创业公司 ZAOZAO 一直在努力打造一个众筹平台，帮助亚洲独立设计师将自己的作品推向市场。如今该平台已经成为亚洲第一个时尚用品众筹平台。

同 Kickstarter 一样，ZAOZAO 也会对用户提交的申请进行严格筛选。设计师可在网站上自建页面、上传设计作品，不过并不能保证作品最终会出现在 ZAOZAO 上，因为只有被认为是最佳的作品才会在网上展示。此外，在时间和数量上，ZAOZAO 也会对产品的展示做出限制。

（9）ZIIBRA：玩音乐的众筹平台

ZIIBRA 总部设在美国华盛顿州西雅图。ZIIBRA 的理念是“to help keep creativity alive and well”。ZIIBRA 告诉工艺背后的人的故事，并且构建工具与平台，既针对那些热爱音乐的创作人，更面向那些希望支持创作人的投资人。网站允许艺术家上传近期将要发布的歌曲进行预售。

2. 国内众筹发展现状

2011 年 7 月国内第一家众筹平台“点名时间”上线，标志着我国众筹行业的开端。随后一系列大平台上线代表了国内众筹的重要节点，2011 年 9 月“追梦网”在上海上线。2012 年 3 月“淘梦网”上线运营，这是国内较早的垂直类产品众筹平台，主要面向微电影领域。2013 年 12 月，淘宝的众筹平台（淘宝众筹平台成立时的名字为“淘星愿”，后经两次改名最终定名为“淘宝众筹”）成立，意味着电商巨头开始挺进产品众筹行业；2014 年 7 月，京东众筹上线；2015 年 4 月，苏宁众筹上线；电商巨头在产品众筹领域的布局逐渐清晰。

从数量上来看，2011 年第一家众筹平台“点名时间”诞生，2012 年新增 6 家，2013 年新增 27 家，这几年众筹平台增长较为缓慢。但是到了 2014 年，随着互联网金融概念的爆发，众筹平台数量显著增长，新增运营平台 142 家，2015 年则新增 125 家众筹平台。截至 2015 年 12 月底，全国共有 354 家众筹平台，目前正常运营的众筹平台达 303 家，如图 5-1 所示。

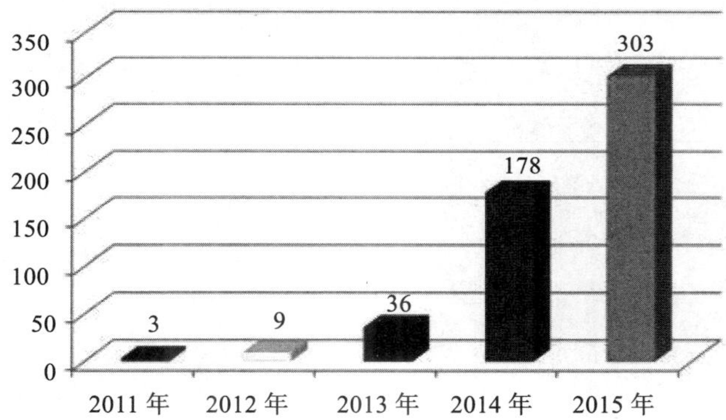

图 5-1　中国众筹平台数量图示

但在新平台不断上线的同时，一些老平台因运营不善而停止运营，截止到 2015 年 12 月份停止运营的众筹平台达 32 家，其中 2014 年上线的平台倒闭最多，达 17 家，而 2013 年成立的平台停止运营的概率最高，高达 34.48%。

从众筹平台的类型来看，目前正常运营的众筹平台中，股权类众筹平台数量最多，达 121 家，占全国总运营平台数量的 39.93%；其次为产品众筹平台，为 104 家；纯公益众筹平台最少，仅有 5 家。如图 5-2 所示。

从众筹平台的地区分布来看，截至2015年12月，全国众筹平台分布在21个省份，其中北京作为众筹行业的开拓地，平台聚集效应较为明显，以63家平台数位居第一，广东以61家平台数位居第二，上海以40家平台数位居第三，浙江以17家平台数排在第四，江苏以11家众筹平台数位列第五，如图5-3所示。从全国众筹平台的地域分布中可以看出，平台多集中于沿海地区，京津冀、长三角、珠三角地区成为众筹平台集聚中心，这与各地互联网金融发展程度、社会认知度、配套设施、投融资环境、创业氛围有很大的关系。

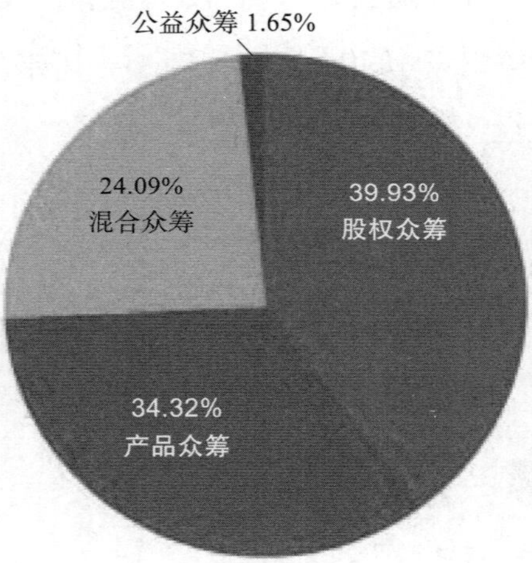

图5-2 各类型众筹平台占比分布

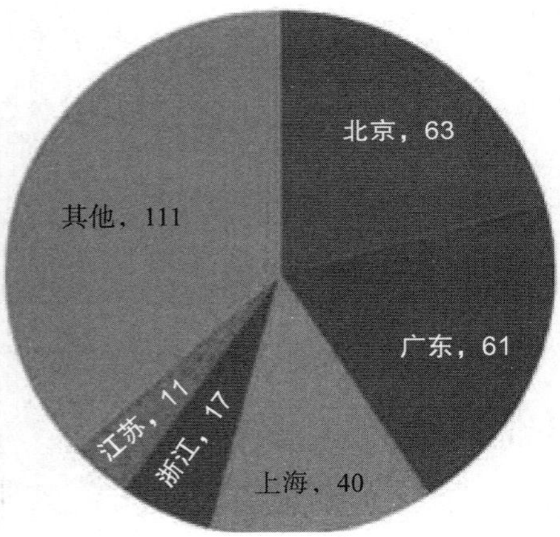

图5-3 众筹平台地区分布

三、众筹模式的参与者

众筹商业模式包括项目发起人（筹资人）、公众（出资人）和中介机构（众筹平台）三方主体。

1. 项目发起人（筹资人）

项目是具有明确目标的、可以完成的且具有具体完成时间的非公益活动，如制作专辑、出版图书或生产某种电子产品。项目不以股权、债券、分红、利息等资金形式作为回报。项目发起人必须具备一定的条件（如国籍、年龄、银行账户、资质和学历等)，拥有对项目100%的自主权，不受控制，完全自主。项目发起人要与中介机构（众筹平台）签订合约，明确双方的权利和义务。项目发起人通常是需要解决资金问题的创意者或小微企业的创业者，但也有个别企业为了加强用户的交流和体验，在实现筹资目标的同时，强化众筹模式的市场调研、产品预售和宣传推广等延伸功能，以项目发起人的身份号召公众（潜在用户）介入产品的研发、试制和推广，以期获得更好的市场响应。

2. 公众（出资人）

公众（出资人）往往是数量庞大的互联网用户，他们利用在线支付方式对自己感兴趣的创意项目进行小额投资，每个出资人都成为了“天使投资人”。公众所投资的项目成功实现后，对于出资人的回报不是资金回报，而可能是一个产品样品，如一块Pebble手表，也可能是一场演唱会的门票或是一张唱片。出资人资助创意者的过程就是其消费资金前移的过程，这既提高了生产和销售等环节的效率，生产出原本依靠传统投融资模式而无法推出的新产品，也满足了出资人作为用户的小众化、细致化和个性化消费需求。

3. 中介机构（众筹平台）

中介机构是众筹平台的搭建者，又是项目发起人的监督者和辅导者，还是出资人的利益维护者。上述多重身份的特征决定了中介机构（众筹平台）的功能复杂、责任重大。首先，众筹平台要拥有网络技术支持，根据相关法律法规，采用虚拟运作的方式，将项目发起人的创意和融资需求信息发布在虚拟空间里，实施这一步骤的前提是在项目上线之前进行细致的实名审核，并且确保项目内容完整、可执行和有价值，确定没有违反项目准则和要求。其次，在项目筹资成功后要监督、辅导和把控项目的顺利展开。最后，当项目无法执行时，众筹平台有责任和义务督促项目发起人退款给出资人。

第二节 众筹的运作流程及参与主体的工作内容

一、众筹的运作流程

基于对目前我国众筹融资发展的认识，综合现行众筹融资项目的运行机制，将我国众筹融资模式的运作流程分为三个阶段，即项目准备、项目融资和项目经营。项目准备阶段是整个众筹融资的孕育期，即项目在众筹平台对外展示并筹资之前的准备工作期，具体包括发起人的项目申请和众筹平台的项目审核，只有通过审核的项目才能进入下一阶段；项目融资阶段是整个众筹融资的筹资期，即从项目展示到收获筹资的整个融资过程，具体包括项目展示、项目评估、项目支持、筹资管理、收获佣金、收获筹资；项目经营阶段是整个众筹融资的经营期，即筹资结束后开始项目经营到项目成果分配的全过程，具体包括项目经营、项目监管、成果分配、收获回报。如图 5-4 所示。

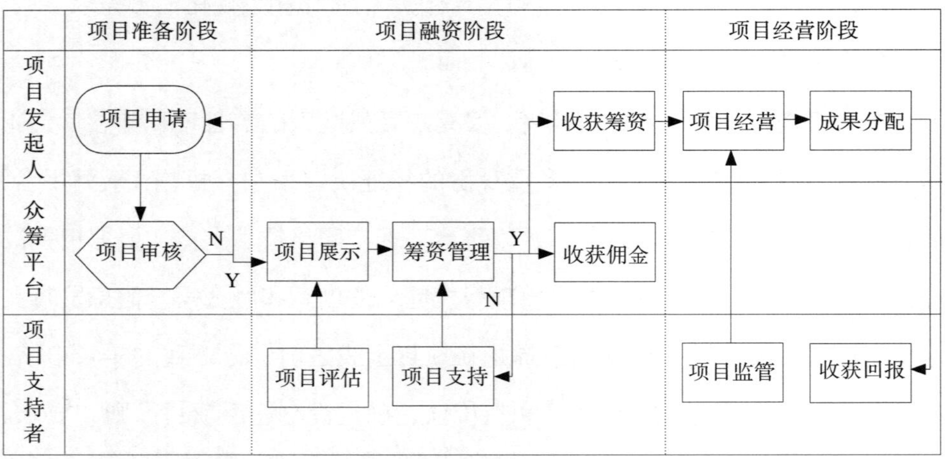

图 5-4 众筹融资模式运作流程图

二、众筹参与主体的主要工作

下面基于上述运作流程，从众筹融资三方参与主体的角度出发，对三方主体各自的具体工作内容和流程进行分析，从而深入地理解和认识我国的众筹融资运作模式。

1. 项目发起人

项目发起人作为项目的直接发起者、资金筹集者以及日后项目经营者，在项目创意与项目经营上具有优势，其主要工作内容是向外界展示项目创意、项目前景、项目风险、资金需求等，开展日后项目经营，分享项目成果。具体工作按流程主要包括项目申请、收获筹资、项目经营、成果分配。

项目申请即向众筹平台提交项目融资请求，主要内容包括申请人信息、项目名称、项目团队介绍、图片或视频式的项目描述、筹资额度与期限、项目进展与风险、项目承诺与回报。

收获筹资表明项目申请已通过众筹平台审核，并在设定的期限内完成了设定的筹资额，发起人可以顺利从众筹平台获得支持者所投资金。倘若未能在期限内完成设定的筹资额，表明筹资失败，发起人不能收获筹资。通常收获筹资的金额为期限终止时实际筹资额的90% ~ 100%，剩余资金作为众筹平台的佣金及服务费。

项目经营是发起人收获筹资后的重要工作，也是发起人融资的最终目的。为了保证项目经营的顺利实施，支持者需要对项目进行监管，发起人也有义务定期向支持者发布项目经营信息。

成果分配是发起人最后的工作，也是向支持者发放回报以实现承诺的信用体现。项目经营成功，发起人需要在预先约定的时间内完成承诺的回报；如果未能在约定的期限内实现承诺，视为项目经营失败。

2. 众筹平台

众筹平台作为发起人与支持者的中介机构，具有专业化服务及平台优势，其主要工作内容是在保护发起人与支持者利益的前提下，为项目资金筹集牵线搭桥。具体工作按流程主要包括项目审核、项目展示、筹资管理、收获佣金。

项目审核是众筹平台工作的开始，也是决定项目能否参加众筹融资的关键。众筹平台在收到项目申请后，需对项目申请内容进行审核，评估申请信息的完备性、真实性及项目可行性，只有满足完备性、真实性、可行性要求，项目申请才能通过审核。

项目展示表明项目审核已经通过，并通过众筹网络平台向外展示。项目展示包括项目预展示与项目展示，项目预展示主要是为了争取网民关注，获得市场反馈，从而调整项目内容，确保后期项目展示能筹集足够资金。项目展示的内容包括项目详细介绍、筹资金额、筹资期限、支持方式、项目回报等。

筹资管理即在发起人预先设定的筹资期限内对所筹集资金进行日常管理，以及筹资期结束后对实际筹资额的分配。筹资期结束后，若实际筹资额达到或者超过预先设立的筹资额，表示筹资成功，筹资平台从中抽取一定的佣金及服务费后，将剩余资金及时交给发起者；若实际筹资额小于预先设立的筹资额，表示筹资失败，筹资平台需将实际筹资额返还支持者，众筹平台不收取任何佣金及服务费。

收获佣金即在筹资成功后，按照预先约定的佣金比率（一般为0 ~ 10%不等），从实际筹资额中抽取作为项目佣金及服务费，这也是众筹平台收入的体现形式。

3. 出资人

出资人也称项目支持者，他们具有资金优势，其主要工作内容是在发挥自身资金优势的前提下支持、监督项目实施，并分享项目成果。具体工作按流程主要包括项目评估、项目支持、项目监管、收获回报。

项目评估是支持者参与众筹融资的开始，他们根据项目介绍、筹资额度、项目回报等项目展示信息，以及自身兴趣、爱好、风险偏好等，评估该项目是否具有支持价值。

项目支持是支持者对项目的实际投入工作，当前我国主要形式为资金支持，支持者只需按照众筹平台指导，在网上即可完成项目资金支持工作。

项目监管是支持者为了确保项目经营的顺利实施，而定期或不定期的与发起人进行沟通，项目发起人也有义务定期向项目支持者发布项目经营信息。

收获回报是支持者参与众筹融资的最终收益体现形式，发起人需按约定发放对支持者承诺的回报。当前，众筹融资在我国发展并不明朗，为了与非法集资相区分，很多众筹平台均规定不得以股权、红利等形式作为承诺回报，而以实物资产的形式，如项目最终产品等作为回报。

第三节
众筹平台类型

按照众筹形式的不同，可以分为回报型众筹、股权型众筹、债务型众筹、募捐型众筹四种不同类型。

一、回报型众筹

回报型众筹又称奖励式众筹或者预购式众筹，是指项目发起人在筹集款项时，投资人可能获得非金融性奖励作为回报。这种回报仅是一种象征，也可能是由某投资人来提供，如VIP资格、印有标志的T恤等。回报型众筹通常应用于创新项目的产品融资，尤其是对电影、音乐以及设备产品的融资。还有一种情况是预先销售，指销售者通过在线发布新产品或服务信息，对该产品或服务有兴趣的投资者可以事先订购或支付，从而完成众筹融资。该模式在一定程度上可以替代传统的市场调研和进行有效的市场需求分析。同时，投资者参与事前销售的动机除了希望产品或服务被生产出来外，在产品真实销售时获得折扣也是其中原因之一。

案例：科技众筹——把纸飞机变成智能遥控飞机

该项目由科技公司PowerUp于2013年11月在Kickstarter平台上发布，并设置了5万美元的预期筹资金额。项目内容是：设计一套包含螺旋桨、方向舵、远程控制器和电池的装置，将这个装置安装在纸飞机上可以让纸飞机在空中飞行10分钟，并且还能通过苹果手机来控制纸飞机的飞行轨迹。

该众筹项目设置了10个档次的筹资回报，大致列举如下：

1美元：可以得到一个飞机折纸的教程。该档次受到了393位支持者的关注。

5美元：可以得到一个定制版的纸飞机模板，带有设计者Shai Goitein的签名，最终收获了213位支持者的关注。

30美元：可以得到一套基本智能遥控装置（1个螺旋桨），有3741位支持者。

40美元：可以得到一整套基本的智能遥控装置，包括1个螺旋桨、5张PowerUp-certified模板和1块充电池，并提供独家Kickstarter版包装。

75 美元：一套完美的智能遥控装置，包括1个螺旋桨、5张 PowerUp-certified 模板、可充电电池、USB 适配器和一个个性化带有设计者 Shai Goitein 签名的纸飞机。

250 美元：可以得到测试尝鲜包——加入测试项目，帮助改进产品。PowerUp 3.0 生产原型将在项目结束后两周内给支持者，包括 PowerUp 3.0 完美的整套产品和指南手册。

300 美元：可以得到一个完整的飞行家装备。除了 PowerUp 3.0 整套产品之外，还有完整的指南手册以及独家 PowerUp3.0-Branded 飞行员帽子和一件飞行夹克，你的名字和“我支持 3.0 PowerUp Kickstarter”将出现在这些衍生品中。

最终，该项目吸引了 21412 位支持者，共筹集 1232612 美元的资金。

该项目以“唤起童年纸飞机的梦想为主题”，成功地将人们对童年时希望让自己的纸飞机飞得更高更远的愿望唤起。而通过 PowerUp 3.0 这套智能的遥控装置可以将自制的纸飞机改造成通过手机 APP 控制的遥控飞机，从而满足了人们心里的小追求和小梦想。

同时，该项目根据筹款的多少来升级产品，为了更好地体验产品，吸引每一个支持者利用自己的社交平台进行传播。在众筹总额的设定上，这个项目也是采用了多级目标的方式，初始目标较低，相对来说是一个比较容易实现的额度。而筹款额度越高，项目研发的内容也会越来越丰富，并进一步满足人们改造飞机、提升飞机性能的需求。这一项目的成功之处便在于此，在众筹平台上这种逐步升级的模式通过类似游戏的过关斩将的方式展示出来，让这个项目更加具有煽动性。

另外，该项目的设计者 Shai Goitein 是一个航空和飞行器的爱好者，

2008 年当他志愿给贫困社区的孩子上空气动力学课程的时候，萌生了设计一款可遥控纸飞机的想法。随后他开始了飞行器专业知识的学习。2009 年他设计出了 PowerUp 1.0，并于 2010 年创办了自己的品牌。随后他不断完善 PowerUp，2013 年开发出了 PowerUp 3.0，并获得了 2013 年纽约玩具展科普最佳奖项。这也保证了项目发起方的诚信度，为该项目的成功奠定了坚实的基础。

二、股权型众筹

股权型众筹（简称股权众筹）是指融资者借助互联网上的众筹平台，将其准备创办或已经创办的企业或项目信息向投资者展示，吸引投资者加入，并以股权的形式回馈投资者的融资模式。

简而言之，股权众筹是当下新兴起的一种融资模式，投资者通过互联网众筹平台挑选项目，并通过该平台进行投资，进而获得被投资企业或项目的股权。区分股权众筹与其他形式众筹的核心问题是，看融资人向投资人提供的回报是否主要是股权形式，即便不是百分之百以股权形式体现，但至少绝大多数回报形式应该体现在股权回报上。

继 2014 年 11 月 19 日国务院常务会议提出开展股权众筹试点、2014 年 12 月 18 日中国证券业协会发布《私募股权众筹融资管理办法（试行）（征求意见稿）》后，2015 年 3 月 12 日国务院办公厅印发《关于发展众创空间推进大众创新创业的指导意见》指出，鼓励开展互联网股权众筹融资试点，2015 年 3 月 15 日在修改后的政府工作报告中专门增添了“鼓励开展股权众筹试点”内容，紧接着京东高调推出股权众筹平台，注定了 2016 年股权众筹迎来了一个新的爆发期。

案例：联合光伏众筹

股权众筹虽然一直以来颇受争议，但仍然改变不了这种企业用众筹项目融资的热情。2013 年 2 月，联合光伏在众筹网发起建立全球最大的太阳能电站的众筹项目，项目是典型的股权众筹模式。

该项目预计筹资金额为 1000 万元，每份筹资金额为 10 万元，每个用户最多购买一份，所有支持者都将会成为此次项目的股东。项目最终超额完成预定任务，总计筹资金额达到 1000 万元。

联合光伏这个项目无论是从规模上还是从具体实施上都给整个众筹行业起到了示范作用。而对于股权众筹受争议的部分，随着 2012 年美国 JOBS 法案签署，2013 年证监会正式将股权众筹放到讨论事项，股权众筹得到相关法律支持的可能性非常大。到相关法律规定出台之时，相信一定还会有其他企业仿效联合光伏，用众筹的模式进行融资。

三、债务型众筹

债务型众筹也叫借贷型众筹或贷款型众筹，已经开始在美国还有其他地区发展，在美国，一家叫做 Somelend 的债务型众筹公司引起了人们的注意。这家公司曾因为违反了俄亥俄州《新兴小公司安全法》而受到审查。

相反，如 Lending Club 和 Prosper 在这方面都取得了较大的成功。Lending Club 建立于 2007 年，从建立到 2013 年 12 月，总共借出高达 30 多亿美元，其中 2.7 万美元已经在分红中得到归还。

四、募捐型众筹

募捐型众筹也叫公益型众筹，是众筹的一种模式，与其他类型众筹不相同的是，募捐型众筹是一种不计回报的众筹。其实像红十字会这类非政府组织（NGO）的在线捐款平台可以算是募捐型众筹的雏形：有需要的人由本人或他人提出申请，NGO 做尽职调查、证实情况，然后在网上发起项目，向公众募捐。

募捐型众筹主要用于公益事业领域，在募捐型众筹模式下支持者对某个项目的出资支持更多表现的是重在参与的属性或精神层面的收获，支持者几乎不会在乎自己的出资最终能得到多少回报，他们的出资行为带有明显的捐赠和帮助的公益性质。在国内做得比较多的是募捐制和奖励制项目，项目的支持者一般就是项目的推动者，参与感很强。

我国首家专业公益众筹平台“创意鼓”于 2013 年 7 月正式上线。后面又有两家专业众筹平台“积善之家”和“新公益”分别于 2014 年 3 月和 2014 年 4 月上线。

第四节 股权众筹

一、股权众筹流程

2015 年 7 月 18 日，中国人民银行等十部门发布《关于促进互联网金融健康发展的指导意见》，意见对股权众筹融资进行了定义。股权众筹融资主要是指通过互联网形式进行公开小额股权融资的活动。股权众筹融资必须通过股权众筹融资中介机构平台（互联网网站或其他类似的电子媒介）进行。

目前公开资料披露的股权众筹主要有三大阶段，具体为准备阶段、融资阶段和经营阶段（如图 5-5 所示）。三大阶段详细的流程是：①项目筛选→②创业者约谈→③确定领投人→④引进跟投人→⑤签订投资框架协议→⑥设立有限合伙企业（或其他投资形式）→⑦注册公司→⑧工商登记/变更/增资→⑨签订正式投资协议→⑩投后管理→⑪退出。

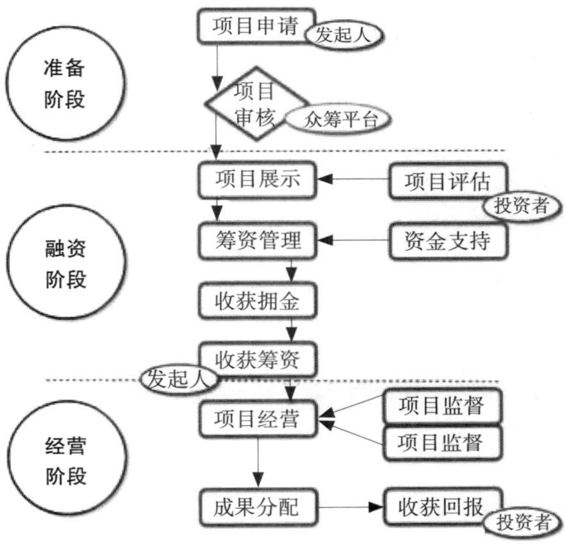

图 5-5　股权众筹运作流程

二、股权众筹的分类

按照不同的标准，可对股权众筹具体作如下分类：

1. 私募股权众筹和公募股权众筹

这是按对众筹行为的性质来划分的，前者指把众筹行为仍界定为私募行为的股权众筹，可以说我国目前股权众筹平台都是私募性质；与之相反，像美国、英国等股权众筹发展较快的国家，都是将众筹行为界定为公募性质，众筹平台可向公众进行募集。

2. 有担保的股权众筹和无担保的股权众筹

这是按有无担保进行划分的。有担保的股权众筹主要是指在股权众筹业务中加入了担保元素，典型如贷帮网，其规定由推荐项目并对项目进行担保的众筹投资人或机构作为保荐人，当众筹的项目一年之内失败，保荐人赔付全额投资款，保荐人即为担保人；无担保的股权众筹则指不含担保元素的股权众筹，我国目前绝大多数股权众筹平台都是后者。

3. 线上股权众筹和线下股权众筹

这是按股权众筹业务开展的渠道进行划分的。线上股权众筹主要是指融资人、投资人以及股权众筹平台之间所有的信息展示、交易往来都是通过互联网来完成的，包括当下许多股权众筹平台绝大多数流程也通过在线完成；线下股权众筹又称圈子众筹，主要是指在线下基于同学、朋友等熟人圈子而开展的一些小型众筹活动。

4. 种子类平台、天使类平台和成长类平台

这是按融资项目所处阶段来划分的，最早由中国人民银行金融研究所副所长姚余栋提出，他主张按融资项目所处的种子、天使和成长三类不同阶段，进而设置不同的股权众筹平台，最终实现股权众筹平台的“递进式”发展。

5. 综合型股权众筹平台和垂直型股权众筹平台

这是按众筹平台的经营范围所进行的划分。综合型股权众筹平台经营范围较广，基本很少涉及具体行业的划分，目前我国发展较大的股权众筹平台基本都是综合性平台；垂直型股权众筹平台经营范围则有了明确的行业划分，如国内知名投资公司三江资本发起设立的股权众筹平台——“联投汇”，即是国内首家专注于医疗和生物健康的股权众筹平台。

三、股权众筹发展现状

1. 股权众筹平台的数量

据不完全统计，截止到 2015 年 12 月，全国正常运营的股权众筹平台共有125家。我国最早开展股权众筹模式的平台是“天使汇”和“创投圈”，这两家平台上线时间分别为2011年6月和2011年11月。在2012年，“众投天地”、“大家投”等平台相继上线开展了股权众筹运营模式；2013年股权众筹平台上线6家；2014年，股权众筹平台数量整体规模不断扩张，新增54家；2015年，新增60家平台，继续呈爆发之势，如图5-6所示。

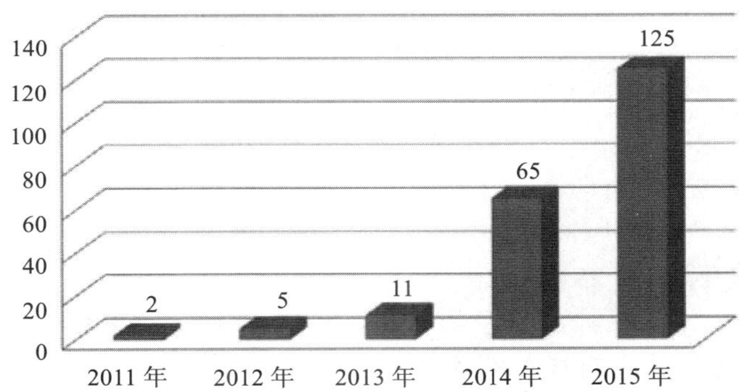

图5-6 股权众筹平台数量

2. 股权众筹平台的地区分布

截止到2015年12月，我国共有125家正常运营的股权众筹平台，分布于全国18个省市地区，其中北京、广东、上海、浙江四个地区的平台数量最多。北京平台数量达41家；广东平台数量达32家，其中，深圳地区24家，其余8家平台分布于广州、佛山、揭阳三个地区；上海18家，浙江8家，四个地区合计共占全国股权众筹平台总数的76.86%。其余28家平台分布于我国中西部地区，包括四川、河北、江苏、山东、安徽、河南、陕西、江西、天津、重庆、福建、湖南、贵州13个省市地区，如图5-7所示。

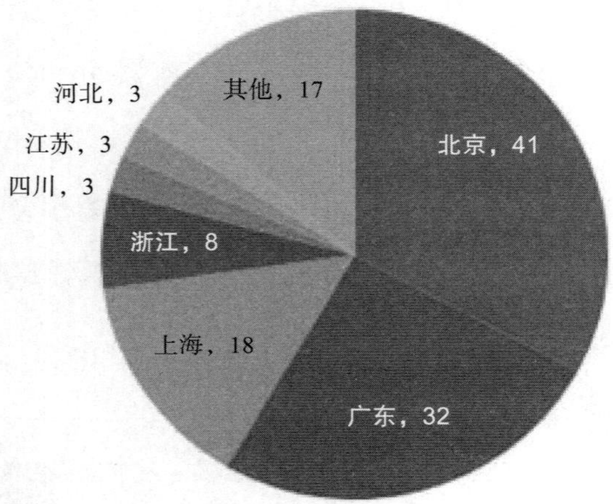

图 5-7　股权众筹平台的地区分布

四、股权众筹的基本模式

1. 股权众筹运营的基本模式

股权众筹与传统的股权投资最大的不同在于投资人数的众多，投资资金比较分散。实践中一般采取合投模式，即领投跟投模式，一般要求项目融资人必须参与领投且在投资份额和持股锁定期上有一定的要求。一般有以下四种模式。

一是有限合伙模式。根据投资人人数决定设立合伙体的人数，由 50 个人为一组设立一个合伙体，然后由有限合伙体为投资主体直接投资于融资的项目公司，成为其股东。富有经验的投资者成为普通合伙人，其他投资者成为有限合伙人。目前股权众筹多数采用此模式。

这种模式的好处在于，一是作为天使投资人，可以通过合投降低投资额度，分散投资风险，而且还能像传统 VC 一样获得额外的投资收益；二是作为跟投人，往往是众多的非专业个人投资者，他们既免去了审核和挑选项目的成本，通过专业天使投资人的领投也降低了投资风险。而且与传统 VC 的 LP（有限合伙人）不同，跟投人并不需要向领投人交管理费，降低了投资成本。如图 5-8 所示为有限合伙模式的运作流程。

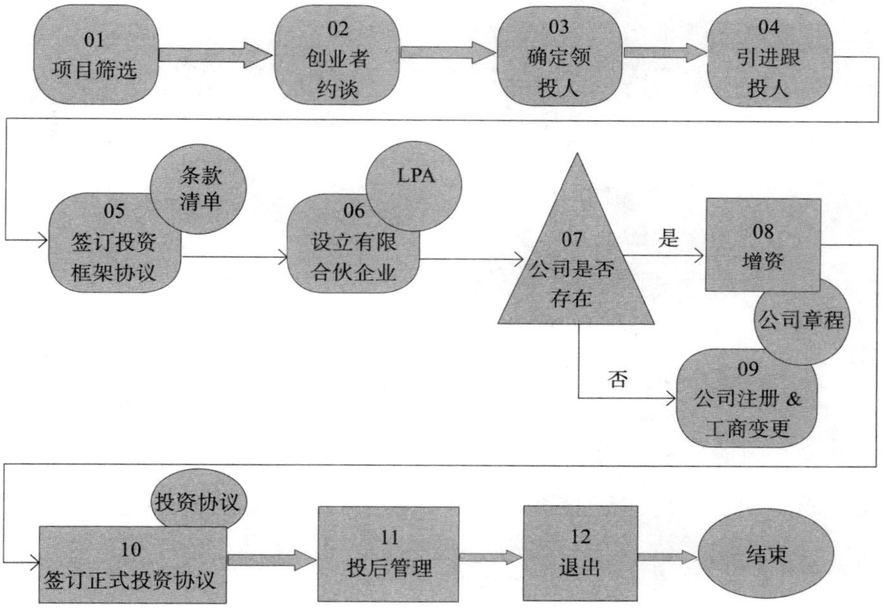

图 5-8 股权众筹有限合伙模式的运作流程

二是代持模式。在众多投资人中选取少数投资人和其他投资人签订股权代持协议，由这些少数投资人成为被投项目公司的登记股东。此模式不用设立有限合伙实体，但涉及人数众多时股权代持易产生纠纷。

三是契约基金模式。与有限合伙模式相比，契约基金模式不是设立有限合伙实体，而是由基金管理公司发起设立契约型基金，基金管理公司作为管理人与其他投资人签订契约型投资合同，然后由该公司直接作为投资主体投资于项目公司成为其股东。此模式相比有限合伙，操作更为简便。如图 5-9 所示为契约基金模式运作流程。

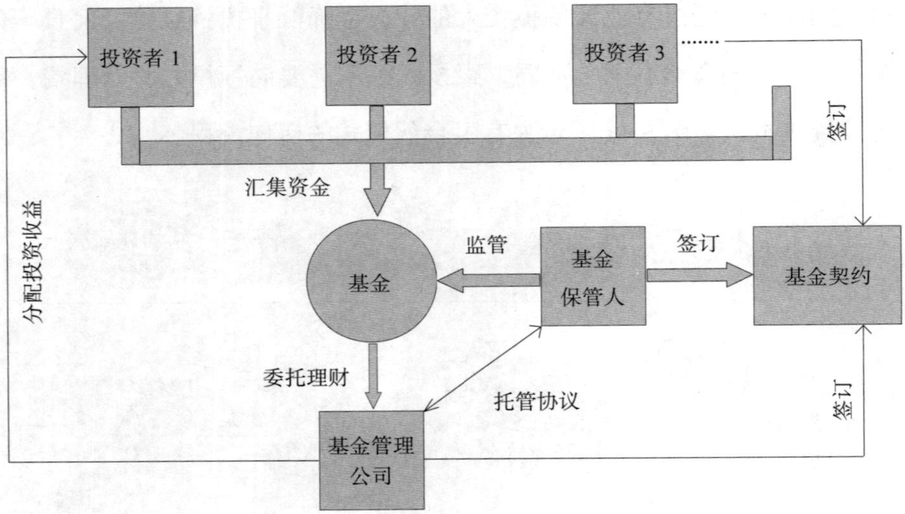

图 5-9 股权众筹契约基金模式的运作流程

四是公司模式。由投资人设立公司再由公司作为投资主体再投资于融资公司成为融资公司登记股东。此种类型由于成本高操作不便，且涉及双重征税，比较少采用。

2. 股权众筹盈利的基本模式

股权众筹的盈利模式一直是行业之痛，由于股权投资的特殊性和股权众筹业务规模目前仍有限，导致对于现在的绝大部分股权众筹平台，仍然很难实现盈利。目前市场上主流的收费模式有三种。

第一种，中介费 / 佣金模式。这是现阶段股权众筹平台最普遍的收费模式之一，在项目融资成功后，平台向融资者收取一定比例的成交中介费，或称为佣金、手续费等，通常是融资额的 3% ~ 5% 不等，视各家平台实际情况而定，没有固定比例。

第二种，股权回报模式。股权回报模式即股权众筹平台获得在平台上成功融资项目的部分股权作为回报。有的股权众筹平台除收取融资顾问费以外，还要求获得融资项目的部分股权，也有平台仅仅只获取股权回报，而不收取其他中介费用。

第三种，增值服务费模式。增值服务费模式即股权众筹平台为众筹融资方提供创业孵化、财务、法务等在内的各项创业增值服务，并对这部分增值创业服务收取费用的模式。

表 5-1 为股权众筹各盈利模式的优势和劣势。

表 5-1 股权众筹各盈利模式的优势和劣势

盈利模式	优势	劣势
中介费 / 佣金模式	能够获得现金回报，收益明确	现阶段众筹的项目数量仍然较少，融资规模也较小，只靠现金、中介费，平台收益非常有限
股权回报模式	能够规避收取佣金存在的收益有限情况，项目一旦成功，股权顺利退出，平台能够有较大的获利空间	采用股权回报模式的平台，顺利退出股权需要较长的时间，短期内基本无法获利了结
增值服务费模式	这部分交易匹配、撮合之外的增值服务能够真正解决创业企业和项目的痛点	创业孵化服务的成本较高，现阶段平台难以支持。目前，能够支撑此成本的只有京东等资本雄厚的大平台

3. 未来股权众筹的模式创新

股权众筹行业自兴起以来，在坚守红线的同时做了不少创新。比如“36 氪”股权众筹制定了定向邀请和老股发行等特殊游戏规则。其中定向邀请是允许众筹项目在预热阶段，由创始人或领投方邀请特定对象参投，这样的好处是可以直接选定一些除了股权之外还能提供各种资源的潜在投资人。老股发行是给拿到了 A 轮后的创业者一个出让少量股份的机会，也即徐小平等天使投资人提到的“1% 快乐”，创业者在 A 轮后出让 1% 股份套现，以改善生活、快乐创业。未来，股权众筹将有更多的创新空间，主要有以下几种。

一是可转债。在现行法律法规体系下，我国的可转债指的是上市公司发行的可转债，但该模式也可以用于非上市公司，其好处是可以化解投资人的股权投资风险，在投资期结束后，若投资人愿意将债权转为股权成为公司股东，则可以行使权利，若到期后并不看好公司则可以拿回本金及收益。该模式等于赋予了投资人可选择的权利，等于投资人拥有一个具有附加值的债权。当然，正因为拥有选择权，可转债与一般债相比，融资方给予的收益或利率比较低。该模式可以作为股权众筹的补充，对丰富股权众筹产品、满足投资者个性化需求及投资偏好具有较大的作用，但也面临一定的法律风险。

二是股权期权。在现行的法律法规框架下，股权众筹受制于 200 人的问题，这对于部分需要突破 200 人的项目制约很大。若采用股权期权的办法，对于参与众筹者，承诺给予期权，设定一个条件或期限，待条件成熟时以约定的价格授予参与人购买一定数量股票的选择权，从而避开 200 人的上限约束，但是，该方案面临一定的法律风险。

三是股权众筹支付对价创新。在目前的股权众筹中，投资人的出资方式为现金。该支付方式显然过于单一，融资公司往往需要的不仅仅是资金，有时也需要专利、品牌或者设备、场地等非金钱性资源。在此情况下，可以考虑多种形式的出资方式，比如场地入资、知识入资、设备入资等多种形式，从而使得股权众筹融资的支付对价更多元化。

四是组合式股权众筹。作为新金融的众筹融资平台需要向综合化服务迈进，因为融资方的需求是多元的。例如创业项目在进行股权融资时，也考虑进行部分债权融资，在进行债权融资时也考虑进行产品众筹，这些组合众筹都有各自的优势，这对早期项目及刚创立的企业发展来说，都具有很大的促进作用。

五、股权众筹的风险及防范措施

1. 投资活动的固有风险

风险与收益是投资活动中相伴相生的产物，只要参与了投资，就必然要承担某种程度的风险，这属于基本的商业常识。股权众筹作为一种投资渠道，也不可避免地附带着这类风险。

一是公司持续亏损。由于目标公司大多处于初创期，其发展前景不明朗、盈利能力无保障，所以投资者是否有回报就存在着高度的不确定性。

二是公司大股东利用控股地位侵害小股东权益。一般而言，股权众筹的投资者在公司中所占的股份比例都不高，创业团队是公司的实际控制人，类似于公司发展、利润分配、收购合并等这类重大的议题几乎都由实际控制人决定，小股东如果与大股东意见相左，是很难实现自己的主张的。在现实中，长期不分红的有限责任公司甚至上市公司比比皆是，控股股东一方面通过出任管理层获取高额薪酬，另一方面又利用大股东地位左右股东会导致长期不分红或只是象征性分红，小股东们进退维谷、处境艰难。

三是股东退出机制不完善。如果是上市公司，股东的退出机制比较顺畅，因为上市公司的股票可以在交易所自由交易，股东只需卖出股票即可。而在有限责任公司中，由于其闭合性的特点，股东要退出公司甚为不易。一是股东股权转让受限于法律规定；二是受限于公司章程；三是有限公司股权流动性弱，上市公司股票可以通过交易所便利地交易，而有限公司股权交易有诸多不便，导致股权要么无人问津，要么折价转让。

2. 众筹融资的自有风险

一是公司估值不易确定。一家公司在初始成立时，各股东依出资比例享有公司相应的股权，股权比例清晰，一般不会存在争议。然而在公司成立后面向投资者进行融资，融资金额占公司股权多大比例是一个较难确定的问题。摆在投资者面前的问题是：如何确定公司估值。在公司估值的背后，实质上反映的是新增股东所占公司股权比例的问题，这是涉及股东权益的最根本所在。

二是众筹平台融资款项的管理。目前的众筹平台一般都把自己定义为中介平台，不参与实际的投融资活动。然而由于融资不确定性和时间差等原因，融资款总是汇集到平台并且沉淀下来，平台实际上发挥了管理人的作用管理、划拨相应的款项，如融资成功把相应的融资款划拨到目标公司，融资失败把认缴款退回给相应的投资者等，这都有赖于平台的业务水平、管理能力、风险控制等因素。

三是融资结束后的监管。从法理来讲，上市公司因其向社会公众募集资金因而具备公众属性，为公众利益考虑故而需接受监管部门之严格监管，最大限度地保护投资者的权益。而通过股权众筹进行融资的公司并非上市公司，故不能适用《证券法》关于上市公司融资及监管的规定。在现实中，众筹平台的监管受制于成本、专业、资质等因素，公司融资后，其资金运用是否合理、管理层是否尽勤勉义务、大股东是否滥用公司法人资格、公司盈利能力是否增强等方面，并没有相应的制度要求其公开或接受监管。

3. 操作模式的特定风险

一是持股方式。目前众筹最具特点的环节是，投资者并不直接成为公司股东，而是协议成立有限合伙企业，对内将众多投资者集合在一起，对外以单一主体身份加入目标公司，目前几乎所有的众筹平台都采用合伙企业的模式。但在股权众筹中，投资者订立合伙协议组成有限合伙企业成为有限合伙人，不仅彼此间无信任基础，更因有限合伙人的地位而对外没有执行合伙事务的权利，而必须由特定的普通合伙人执行合伙事务，这样内无信任基础、外无主张权利的合伙企业，存在着很大的风险。

二是领投“陷阱”。在融资需求发布后，融资方往往会寻找机构投资者或有投资经验的专业投资人士先行认购部分股权，然后由其成为领投人，待其他投资者认购满额后，领投人牵头成立有限合伙企业并成立普通合伙人，其他投资者为有限合伙人，领投人对外代表有限合伙人执行事务。但在我国社会征信体系尚不完备的情况下，个人信用的功能非常有限，仍不足以支撑实体中的风险管理需求。部分众筹平台要求领投人对融资方进行担保，各自担保的范围有所不同，使得这种担保的功能非常有限。

另一方面，领投人的角色也容易诱发道德风险。融资开始后，融资方与领投人事实上已经达成某种紧密的联系，领投人不但对融资是否能如期完成起到非常重要的作用，而且在以后的公司管理中也代表众多投资者实际履行其在公司的股东权利，是否能忠实代表投资者利益而行使权利实则有赖于领投人的个人品质。然而可以发现在整个过程中对领投人行为并无太多的约束条件，相反领投人所得到的现实利益却是量化可见的，使得容易诱发道德风险。

4. 股权众筹风险的防范措施

一是加强对投资者的准入限制。首先，收入上要对个人和机构投资者设定不同的标准，应借鉴一定地域范围内的平均工资标准，考量收入是否超过一般人的最低生活消费要求，以求最大限度的保护投资人。其次，对于风险识别能力应当从投资者从事的行业、投资人以往成功投资的案例来进行考量，以甄别没有对相关领域风险识别能力和经验的个体；而对于风险承担能力，为了不过分地对投资者审核而使其丧失投资的积极性，主要通过明确的风险提示和对收入的审核进行。最后，认购金额的要求在股权众筹的角度主要是为了防止一个项目的投资者过度分散，导致权利义务过于复杂而阻碍融资过程的进行。

二是加强信息披露。要充分披露平台的相关信息和项目相关信息，并对投资人进行足够的风险提示。此外，为了防止项目审核推荐中极易发生的欺诈风险，线下约谈便是一个很好的环节。投资人与筹资人可以先行在网上进行撮合，觉得“心仪”或达成初步的意思之后便可进行线下约谈，进一步了解对方的相关情况，这样可以通过面对面的实际接触来降低合同欺诈的可能性。

三是加强项目管控。一方面控制资金流，出于对资金安全性的考虑，平台是不能经手或负责管理资金的，一般可选择托管给可信任的第三方平台或银行，由投资者与筹资者协商约定向托管方支付一定的管理费用。另一方面控制整个项目的筹资规模，防止其对市场可能存在的潜在风险。

六、目前我国股权众筹出台的监管规范

目前我国尚未出台专门的法律、行政法规、规章对股权众筹加以规范。但相关机构、组织出台了一些规范性或指导性文件，主要有以下文件。

2014 年 12 月 18 日，中国证券业协会起草并下发了《私募股权众筹融资管理办法（征求意见稿）》，把股权众筹分为公募股权众筹和私募股权众筹，定义合格投资者的门槛、股权众筹平台的准入标准等。列出了九条股权众筹平台的禁止性行为，如不得进行股权代持、不得进行证券的转让业务等。该文件目前仍为征求意见稿。

2015 年 7 月 18 日，央行等十部委发布《关于促进互联网金融健康发展的指导意见》，意见中指出股权众筹融资必须在中介机构平台进行，股权众筹融资方应为小微企业，应披露必要信息，投资者应具备风险承受能

力，进行小额投资，股权众筹融资业务由证监会负责。该文件属于政策性指导意见。

2015 年 7 月 30 日，中国证券业协会发布《场外证券业务备案管理办法》明确股权众筹是场外业务，开展私募股权众筹并接受备案主体主要有证券公司、证券投资基金管理公司、期货公司、证券投资咨询机构、私募基金管理人五类。该文件属于行业自律性规则。

2015 年 8 月 10 日，中国证券业协会发布了《关于调整个别条款的通知》，将《场外证券业务备案管理办法》第二条第十项“私募股权众筹”修改为“互联网非公开股权融资”。

2015 年 8 月 7 日，中国证监会下发《关于对通过互联网开展股权融资活动的机构进行专项检查的通知》，通知中明确定义股权众筹的概念，把市场上通过互联网形式开展的非公开股权融资和私募股权融资行为排除在股权众筹的范围之外。股权众筹明确为，通过互联网形式进行公开小额股权融资的活动，把公开、小额、大众作为股权众筹的根本特征，规定“未经国务院证券监督管理机构的批准，任何单位或机构不得开展股权众筹融资活动”。该文件属于证券监督管理机构下发的工作文件。

另外，2015 年 4 月 20 日全国人大常委会审议版的《证券法（修订草案)》第十三条规定，通过证券经营机构或国务院证券监督管理部门认可的其他机构以互联网等众筹方式公开发行证券，发行人和投资者符合国务院证券监督管理部门规定条件的，可以豁免注册或核准。

综上所述，根据我国目前监管思路，股权众筹分为两种，一种是列为公募类型的股权众筹融资，对于前者基本思路是实行牌照管理。

2015 年 12 月 25 日，中国证监会副主席方星海在国务院新闻办公室召开的新闻吹风会上明确了 2016 年发展资本市场的五项重点工作，其中第四项工作是“开展股权众筹融资试点”。但是这个过程是循序渐进的，不会形成一拥而上的局面。证监会新闻发言人2015年8月7日表示，未经国务院证券监督管理机构批准，任何单位和个人不得开展股权众筹融资活动。目前，一些市场机构开展的冠以“股权众筹”名义的活动，是通过互联网形式进行的非公开股权融资或私募股权投资基金募集行为，不属于《指导意见》规定的股权众筹融资范围。根据有关规定，未经国务院证券监督管理机构批准，任何单位和个人都不得向不特定对象发行证券、向特定对象发行证券累计不得超过200人，非公开发行证券不得采用广告、公开劝诱和变相公开方式。

另一个是互联网非公开股权融资。依规进行中国证券业协会的备案管理，合规经营，健康发展。具体包括向中国证券业协会提交申请为会员，接受一个证券从业者的资格、要求和自律规定。向中国证券业投资基金业协会提交申请成为私募基金管理人，向中证机构间报价系统有限公司进行登记和申请权限申请。经营中所开展的私募股权融资信息，通过场外业务报告系统向中证报价进行备案。

七、股权众筹的机遇和挑战

目前，在整个股权众筹生态圈中，上游是众筹平台，如京东众筹、因果树、牛投网、蝌蚪众筹、原始会、天使街等，其次是项目方和项目领投人，如机构投资者或者知名天使投资人，下游则是广大的个人股权投资者。股权众筹开启了股权投资的低门槛时代，早期创投机构如天使汇、原始会等平台大致探索出并确定了这个行业的一系列规则规范，而当下互联网巨头的进场则使整个行业向专业化、高端化迈进，无形中抬高了行业的门槛。

到目前为止，对于股权众筹这个新生事物，官方层面一直没有完全定调，发布的各种规章制度也是以《指导意见》《试行办法》等形式进行引导和梳理。这都传递了一种包容和克制的信号。当然，股权众筹作为一个新生事物，其自身尚未解决一些缺陷，无论是先天的还是后天的，都使一些投资者保持着冷静的观望。

2015 年 4 月，在博鳌亚洲论坛上发布的《小微金融发展报告 2014》指出，众筹模式在现有的法律法规下可能无法实现快速成长，主要原因有三点：一是受公开发行限制，众筹只能在特定的投资者范围内进行，无法面对所有公众；二是受股东人数限制，募集资金额度有限；三是大部分众筹平台仅能通过返还实物、服务作为回报，不能以股权、债券、分红或者利息等金融形式作为回报，更不能向支持者许诺任何资金上的收益。

除法律体系的受限之外，投资者退出机制亦尚未完善。相较于上市公司股票可以在交易所自由流通，以及成熟的 VC、PE 投资项目可以采用通用的行业惯例，众筹的法律体系并不完善，采用何种退出方式、何时退出都存在诸多问题。另外，不同于债权借贷拥有协定的期限与利率水平，可以进行事先约定，并且相对风险较小，股权众筹关注的则是创业项目将来的发展，不但收益无法保证，资金回笼期限更是非常不固定。

八、股权众筹的发展趋势

1. 股权众筹合规化

为了适应我国股权众筹的现状，促进股权众筹市场的发展，使股权众筹市场真正成为我国多层次资本市场的有益补充，可通过修改现行相关法律，以扩大股权众筹的适用范围，给股权众筹提供一个更加宽松和充满活力的创新法律环境。因此，公募版股权众筹在加大对投资者利益保护的同时也会放宽投资金额下限、投资人数上限的管制，真正发挥股权众筹小微金融的作用。

2. 股权众筹 O2O 化

目前的股权众筹大多是线上筹资，但仅有在线的股权众筹是不够的，为了保证投资质量，提高投融资交易的匹配效率，股权众筹平台可以采用 O2O 模式，也就是将线下挖掘的好项目放在线上发布并推介给投资人，将线上发布的项目进行线下路演和推介，以促成交易。这种模式必然成为股权众筹发展的趋势和方向。

3. 股权众筹生态化

股权众筹要得到发展，不能仅以一个平台而孤立地存在。要发展成为多层次资本市场体系中的一员，必须与其他资本市场建立有机的联系，这就是股权众筹的生态化。股权众筹只有生态化才能发挥其效用，未来生态化的趋势主要表现为如下两大方面：

第一，股权众筹平台将与孵化器、创业训练、天使投资基金、创业者、创业服务者等建立连接，为靠谱的创业者提供系列服务，从而培育出大量的优质靠谱好项目，有了靠谱的好项目就可以发挥平台的作用。

第二，股权众筹平台将与国内的新三板、区域性的产权交易所、证券交易所及境外的各类证券交易市场建立广泛的联系与有效的衔接，成为这些股权交易市场的前端、交易目标的输送者和提供者。这样的有机结合能够使股权众筹市场成为多层次资本市场的一员，与其他股权交易市场有机衔接，以发挥其独特的股权融资作用。

第五节
案例：万达众筹项目“稳赚 1 号”

2015 年 6 月 12 日 10 点，由万达集团和快钱公司共同推出的中国首个商业地产众筹项目“稳赚 1 号”正式上线，开始限额限购。

“稳赚 1 号”的推出意味着由万达集团、快钱公司联手打造的万达互联网金融业务正式落地。“稳赚 1 号”以万达广场为基础，募集资金将直接投向各地万达广场建设，投资人则获得这些广场的收益权，享受商铺租金和物业增值双重回报，预期合计年化收益率可达 12% 以上。起始投资金额仅为 1000 元，革命性地拉低了传统商业地产的投资门槛。

“稳赚 1 号”创下了中国互联网金融产品应用于商业地产领域的首个案例，就金融创新而言，该项目是迄今为止全国范围以及上海自贸区具备实质意义的金融创新项目，这种创新的互联网金融模式与国家“互联网 +”战略一脉相承，实现了互联网金融与实体经济的直接对接，是产融结合的有益尝试，是“互联网 +”拉动实体经济的典型范例。经济学者马光远对该产品评价甚高。

内部员工超热申购

6 月 8 日开始，一条有关抢赚万达广场原始股的短信成为万达员工热议的焦点。一条由集团发给万达员工的短信显示：“‘我在万达，我买万达’，抢赚万达广场原始股机会来了！万达首只互联网金融产品‘稳赚 1 号’正式上市，内部员工申购明日开始。成本价购万达广场，预期合计年化收益率 12% 起，享稳定租金和物业增值双重收益。”

该项目以万达广场作为基础资产，募集的资金全部投资于只租不售的万达城市商业广场项目。项目标的为万达商业地产 2015 年新开工且在

2016 年开业的只租不售的国内城市商业广场项目（万达有权根据筹集情况予以调整基础资产）。

“稳赚 1 号”首先在 16 个重点城市的万达销售中心向员工、高净值客户开放购买，6 月 12 日至 15 日还可在快钱平台购买，起始投资金额为 1000 元，预计年化利率可达 12% 以上。未来万达将依靠这种轻资产模式加速扩张，2025 年将开业 1000 座万达广场。

根据万达集团的介绍，“稳赚 1 号”的推出意味着万达轻资产转型战略正式起航；该创新型互联网金融产品资金直接投向地产建设，开创全新商业地产融资模式；这也是万达向轻资产战略转型所迈出的第一步，是集团第四次战略转型的重要里程碑，是万达和快钱联手推进互联网金融落地的重要标志。

“稳赚 1 号”在内部员工中引发了超热抢购。在北京总部，3000 万额度上市不久就被一抢而空，不得不从其他片区紧急调来额度以供需求。

万达内部员工认为，抢赚万达广场原始股并不是广告，现在买了 100 万“稳赚 1 号”，3 年后一旦 REITs 上市，那就相当于持有万达广场 100 万的原始股，升值前景充满想象。

按照“稳赚 1 号”的说法，购买了“稳赚 1 号”的客户首先每年将有来自净物业收入，也就是来自定投的万达广场租金的 6% 年化利率，每年收益派发日发放。另外，假如项目成立 3 年后 REITs 上市，预期年化收益率可达 14%。如至第 7 年期末仍未上市，万达商业地产将以不低于实际投资资金 1.5 倍的价格（扣除相关税费后）收购自有租赁物业或相应权益，预期年化收益率为 6%。因此此次“稳赚 1 号”号称的年化收益为 12% 起。

首现金融产品对接实体经济

万达集团从年初公布轻资产战略，而此次首推“稳赚 1 号”可谓重磅出击，顺利实现运用金融杠杆走“轻资产”路线。

在中国经济进入新常态的情况下，无论是宏观经济、企业战略，还是老百姓的投资，都面临与过去 30 年完全不同的巨大变局。势在必行的是要通过金融产品来改善中国经济在资源配置、企业融资和普通人投资方面的瓶颈和短板。

马光远认为，“稳赚 1 号”以万达广场为基础，募集资金将直接投向各地万达广场建设，投资人则获得这些广场的收益权，享受商铺租金和物业增值双重回报，预期合计年化收益率可达 12% 以上。同时，依托快钱公司领先的互联网金融业务平台，该项目还具备极强的互联网属性，起始投资金额仅为 1000 元，大大拉低了传统商业地产的投资门槛，使普通投资者都可以通过众筹的方式轻松拥有优质物业，与万达分享投资收益。毫无疑问，这款直接与万达的商业项目对接的金融产品在很多方面都有创新和突破意义。

“稳赚 1 号”这样的产品使得万达可以通过准金融投资行为，运用金融杠杆走“轻资产”路线，这创下了中国互联网金融产品应用于商业地产领域的首个案例。对于普通投资者而言，可以通过购买万达的互联网金融产品获得商业地产的收益，拓宽了普通老百姓的投资渠道。

案例来源：《华夏时报》，2015 年 6 月

习题

1. 什么是众筹？众筹的特征包括哪些内容？
2. 众筹的四种不同形式都有哪些？各自有什么特征？
3. 众筹商业模式主体包括哪些？
4. 众筹融资模式的运作流程是什么？
5. 股权众筹的运作流程是什么？
6. 股权众筹的盈利模式是什么？

第6章 互联网支付实务

第一节 第三方支付概况

一、第三方支付定义

随着经济的发展和支付手段的增加，各国先后对第三方支付机构进行了定义。1999 年美国《金融服务现代化法案》将第三方支付机构界定为非银行金融机构，将第三方支付视为货币转移业务，本质上是传统货币服务的延伸。1998 年欧盟《电子货币指令》规定第三方支付的媒介只能是商业银行货币或电子货币，将类似 PayPal（贝宝）的第三方支付机构视为电子货币发行机构；2005 年《支付服务指令》规定第三方支付机构为“由付款人同意，借由任何电信、数码或者通信设备，将交易款项交付电信、数码或网络运营商，并作为收款人和付款人的中间交易人”。中国人民银行 2010 年颁布的《非金融机构支付服务管理办法》将非金融机构支付服务定义为，在收付款人之间作为中介机构提供下列部分或全部货币资金转移服务：互联网支付、预付卡的发行与受理，银行卡收单。

从电子交易、电子货币和电子认证技术三大角度综合来看，第三方支付机构概念为：运用信息网络、电子货币及电子认证技术，提供个人、企业和机构用户之间支付结算、资金清算等货币资金转移及其延伸服务，从而实现电子交易中资金流与信息流高效匹配的现代非银行金融中介服务机构。

所谓第三方支付，就是一些与产品所在国家以及国内外各大银行签约，并具备一定实力和信誉保障的第三方独立机构提供的交易支持平台。在通过第三方支付平台的交易中，买方选购商品后，使用第三方平台提供的账户进行货款支付，由第三方通知卖家货款到达、进行发货；买方检验物品后，就可以通知付款给卖家，第三方再将款项转至卖家账户。

第三方支付机构通常可在用户之间提供银行卡收单、互联网支付、移动支付、预付卡支付、电话支付、数字电视支付等多种形式的支付服务。

二、第三方支付发展历程

1. 第三方支付出现的原因

在社会经济活动中，结算归属于贸易范畴。贸易的核心是交换。交换是交付标的与支付货币两大对立流程的统一。在自由平等的正常主体之间，交换遵循的原则是等价和同步。同步交换，就是交货与付款互为条件，是等价交换的保证。

在实际操作中，对于现货标的的面对面交易，同步交换容易实现；但许多情况下由于交易标的的流转验收（如商品货物的流动、服务劳务的转化）需要过程，货物流和资金流的异步和分离的矛盾不可避免，同步交换往往难以实现。而对于异步交换，先收受对价的一方容易违背道德和协议，破坏等价交换原则，故先支付对价的一方往往会受制于人，自陷被动、弱势的境地，承担风险。异步交换必须附加信用保障或法律支持才能顺利完成。

同步交换可以规避不等价交换的风险，因此为确保等价交换要遵循同步交换的原则。这就要求支付方式应与交货方式相适配，对当面现货交易，适配即时性一步支付方式；对隔面或期货交易，适配过程化分步支付方式。过程化分步支付方式应合了交易标的流转验收的过程性特点，款项从启动支付到所有权转移至对方不是一步完成，而是在中间增加中介托管环节，由原来的直接付转改进到间接汇转，业务由一步完成变为分步操作，从而形成一个可监可控的过程，按步骤有条件进行支付。这样就可"货走货路，款走款路"，两相呼应，同步起落，使资金流适配货物流进程达到同步相应的效果，使支付结算方式更科学化、合理化地应合市场需求。

传统的支付方式往往是简单的即时性直接付转，一步支付。其中钞票结算和票据结算适配当面现货交易，可实现同步交换；汇转结算中的电汇及网上直转也是一步支付，适配隔面现货交易，但若无信用保障或法律支持，会导致异步交换容易引发非等价交换风险，现实中买方先付款后不能按时按质按量收获标的，卖方先交货后不能按时如数收到价款，被拖延、折扣或拒付等引发经济纠纷的事件时有发生。

在现实的有形市场，异步交换权且可以附加信用保障或法律支持来进行，而在虚拟的无形市场，交易双方互不认识，不知根底，故此，支付问题曾经成为电子商务发展的瓶颈之一，卖家不愿先发货，怕货发出后不能收回货款；买家不愿先支付，担心支付后拿不到商品或商品质量得不到保证。博弈的结果是双方都不愿意先冒险，网上购物无法进行。

为迎合同步交换的市场需求，第三方支付应运而生。第三方是买卖双方在缺乏信用保障或法律支持的情况下的资金支付“中间平台”，买方将货款付给买卖双方之外的第三方，第三方提供安全交易服务，其运作实质是在收付款人之间设立中间过渡账户，使汇转款项实现可控性停顿，只有双方意见达成一致才能决定资金去向。第三方担当中介保管及监督的职能，并不承担什么风险，所以确切地说，这是一种支付托管行为，通过支付托管实现支付保证。

就当前的发展形势状况来看，除网上银行信用卡和其他电子支付平台手段之外，发展猛进，这些支付平台选择运用第三方机构的支付模式及其支付流程，达到适当减少网络支付风险的目的，达到这个目的的同时，第三方机构必须承载一定的诚信度，这样说服力强度才会剧增。在整个实际操作过程当中，第三方机构的条件可以是发行信用卡的银行有实力的其他企业。在在线支付模式下的支付交易，信用卡号以及密码的披露只存在于持卡人和银行之间的支付形式转移，降低了因商家之间的支付转移所造成一定的风险。

20 世纪 90 年代，阿里巴巴、慧聪商务等网站依托信息管理、中介服务以及交易平台的强大优势，将许多 B2B 商务交易搬到了互联网上。易趣、淘宝、当当、亚马逊等 B2C、C2C 等类网站提供了一个自由的购物平台。

2. 第三方支付在我国的发展

第一阶段的代表性事件是在 1998 年确定电子商务工程启动，首都电子商城为网上交易与支付中介的示范平台，以及 1999 年“首信易”作为第一家第三方支付机构出现并在网管整合上做出突破。这主要是由于较小的开发阶段的信息系统和运营风险，并没有引起监管部门的注意。这一阶段被定性为网关支付阶段 (1998 ~ 2002 年）。

第二阶段的代表性事件是在 2003 年阿里巴巴推出的支付宝崛起，打造了具有集信用中介功能为一体的虚拟账户，创建崭新的信用中介规模。这一阶段被定性为信用中介阶段 (2003 ~ 2007 年）。

第三阶段的代表性事件是第三方支付机构开拓发展领域，一举踊跃到航空业、保险业行列中，逐步渗透到全面综合电子支付服务行业的领域。这一阶段的第三方支付不仅带有支付清算服务的特性，而且包含信用中介服务功能，同时还兼备部分融资特性，进而释放了全新的资金理念。而在这一阶段发展趋势来看，针对第三方电子支付的管理有所突破。这一阶段被定性为行业支付阶段 (2008 ~ 2009 年）。

第四阶段的代表性事件是 2010 年央行出台的《第三方支付管理办法》及配套细则，第三方支付机构被纳入央行支付监管领域内。所以，这一阶段被定性为规范与监管阶段 (2010 年至今）。

三、第三方支付平台的主要特征

2005 年马云在瑞士达沃斯举行的世界经济论坛上表示，电子商务首先应该是安全的，我们必须首先开始从交易环节、支付阶段解决安全问题。所以，网络喷发进步，在突飞猛进的时代，第三方支付有其重要意义。

第一，第三方支付平台提供一系列的应用程序接口，集成了多种银行卡支付的接口，负责对接与银行的交易结算，使网上购物更方便、更便捷。消费者和商家不需要在不同的银行开设不同的账户，网上购物可以帮助消费者降低成本，帮助企业降低运营成本，同时网关还可以帮助银行节省开发成本，并为银行带来一些利润。

第二，与使用 SSL、SET 等支付协议相比，使用第三方电子支付平台更加简单和易于接受。SSL 是现在应用比较广泛的安全协议，SSL 只需要验证商家的身份。SET 协议是目前正在开发，是基于信用卡支付系统上比较成熟的技术。但在 SET 中，各方的身份需要由 CA 认证，程序复杂、手续多、速度慢、成本高。对比商家和客户之间的第三方电子支付在线洽谈平台，由第三方来进行网上交易更容易完成。

第三，网上第三方电子支付平台本身就是依托于大型的商业门户网站，不但与其合作的银行有信用行为作为其信用依托，而且网上第三方电子支付平台能够较好地拓展并突破网上交易中存在的信用问题，进而有利于推动电子商务的协调迅猛发展。第三方支付模式的网上交易、账户信息或信用卡信息只通知第三方支付机构，没必要告知每一个卖家（收款人），这使得交易信息的安全性得到了极大的保障，大大降低了泄露交易信息的风险。第三方支付机构通过使用数字证书、数字签名等安全技术进行交易，通过加密传输与银行之间的数据来保障交易安全可靠，可以增强账户的安全性。

第四，独立于交易双方和对交易双方进行制约和监督，有资金转移的功能。第三方支付机构独立于交易双方，仅充当信用中介。第三方支付平台提供担保交易，如一笔订单完成后，支付宝是第三者，款项不仅可以从买家账户打入卖家账户，而且当双方交易发生纠纷时，支付宝第三方会调查买卖双方，对其过错方加以限制和监督。因此，第三方支付是独立于买卖双方的，这也让第三方支付更加专注于支付领域，为用户提供查询、充值、交易记录等更好的优质服务。

四、第三方支付业务流程

第三方支付是电子商务的重要部分，网上购物、线下交易对于消费者而言都已经是生活中不可缺少的一部分。在通过第三方平台支付的过程中，消费者的资金通常是先进入第三方支付在各银行开设的收款账户，然后第三方支付平台与商户进行结算，具体的做法如下：假设第三方支付平台在 A 行和 B 行均开设中间账户，并且存入一定的结算备付金。当顾客向商家付款时，平台通知 A 行将顾客账户上的相应货款扣除并在平台的中间账户上增加相同金额；然后通知 B 行将平台中间账户扣除相同金额并在商家账户上增加相同金额。这样，平台就分别通过与付款方和收款方的两次结算实现了一笔跨行支付。第三方支付平台要在各家参与银行都开设中间账户，并且存入备付金。

现在以银行卡支付为例，具体支付操作流程如图 6-1 所示。

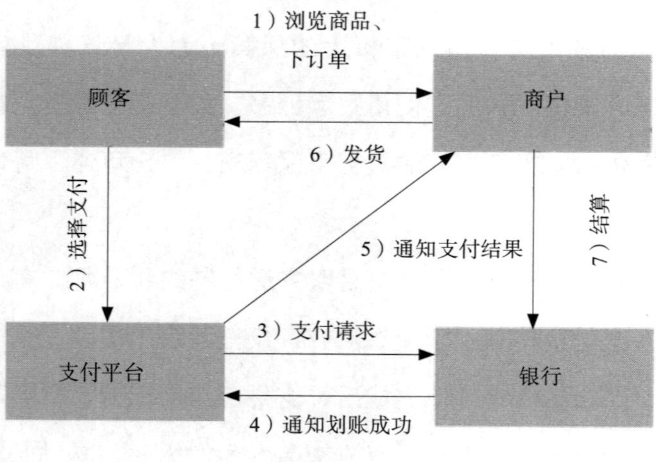

图 6-1　第三方支付业务流程

1）网上消费者浏览商户检索网页并选择相应商品，下订单达成交易。

2）随后，在弹出的支付页面上，网上消费者选择具体的某一个第三方支付平台，直接链接到其安全支付服务器上，在第三方支付的页面上选择合适的支付方式，点击后进入银行支付页面进行支付。

3）第三方支付平台将网上消费者的支付信息，按照各银行支付网关技术要求，传递到相关银行。

4）由相关银行（银联）检查网上消费者的支付能力，实行冻结、扣账或者划账，并将结果信息回传给第三方支付平台和网上消费者。

5）第三方支付平台将支付结果通知商户。

6）接到支付成功的通知后，商户向网上消费者发货或者提供服务。

7）各个银行通过第三方支付平台与商户实施清算。

第二节
我国的第三方支付

一、第三方支付发展现状

在2000年，中国第三方电子支付服务开始萌芽发展。2005年是其高潮期，当时的市场环境状态是拥有数量达50家的支付公司存在，2005年是一个极具影响力的一年，电子支付深入网民内心，投资商户也逐渐改变思维方式顺其自然地接受这种全新支付理念。2006年，在网民行为调查研究结果中显示，份额占80.5%的网民消费者正在使用网上支付进行网上交易或是不受任何心理牵绊地接受这种全新网上支付理念。

（1）从规模上看

据统计，2015年中国第三方支付市场交易为31万亿元，增长近35 %。据艾瑞咨询数据显示预计到2016年年末，市场总体交易规模将突破50万亿元。近年来，在电子交易支付市场中，互联网支付企业规模迅速崛起，支付宝、财付通、快钱、易宝、环迅等具有代表性的电子支付企业交易数额有了较大规模的提升。支付宝、财付通、银联网上支付分别占据市场前三位，前三位支付厂商占据整个市场 84.3% 的市场份额，市场集中度较高。

（2）从数量上看

自 2011 年 5 月中国人民银行首发第三方支付牌照开始，到目前为止全国已经有 270 家机构获得支付业务许可证，其中互联网支付牌照有 100 家左右。从最初始的 27 家到最近的仅仅有 1 家获批，第三方支付牌照政策大有收紧之势。

二、第三方支付的问题

（1）流动性问题和风险

该类型的风险主要是流动资金导致的风险，受到流动资金使用不明确或使用不当等原因，使得交易双方出现损失的一种风险。通过第三方支付机构进行支付的流程为：买家将部分钱划至第三方支付机构账户中，确定达成交易后，买家执行付款指令，最后支付系统将第三方支付账户中的资金转至卖家账户。

（2）业务问题和风险

业务风险主要有两种：操作风险与非法经营风险。操作风险指的是由于外部事件或内部人员的不正确操作或使用不当，以及系统不合理等原因，导致损失的可能性。非法经营风险指的是第三方支付平台通过提供有效的技术方式，更好地为参与买卖交易的双方更快地搭建交易平台，确保双方交易的安全与顺利进行。但这种交易方式容易导致人们忽视交易双方的交易目的、资金来源和去向以及交易的真实性等问题，为此少数不法分子正是利用该漏洞从事信用卡套现、非法吸钱或网络赌博等违法行为，从而加大了非法经营的风险，不利于我国经济的和谐健康发展。

（3）信用问题和风险

买卖的交易双方未根据约定履行各自的权利义务，造成双方经济损失的风险。第三方支付服务提供商、买卖交易双方、各商业银行等参与方均参与到支付的环节当中，业务的频繁联系与往来使得这些参与方必须订立相互共同遵守的协议或条约，当其中任一方信用不高、单方面违背共同的协议规定后，将对其他参与方的经济利益造成很大的损失。

第三节
第三方支付运营模式

第三方支付平台运用先进的信息技术，分别与银行和用户对接，将原本复杂的资金转移过程简单化、安全化，提高了企业的资金使用效率。如今的第三方支付已不仅仅局限于最初的互联网支付，而是成为线上线下全面覆盖、应用场景更为丰富的综合支付工具。目前市场上第三方支付公司的运营模式可以归为两大类，一类是以快钱为典型代表的独立第三方支付模式；另一类就是以支付宝、财付通为代表的依托于自有 B2C、C2C 电子商务网站，提供担保功能的第三方支付模式。

一、独立第三方支付模式

独立第三方支付模式是指第三方支付平台完全独立于电子商务网站，不负有担保功能，仅仅为用户提供支付服务和支付系统解决方案，平台前端联系着各种支付方法供网上商户和消费者选择，同时平台后端连着众多的银行，平台负责与各银行之间的账务清算。独立的第三方支付平台实质上充当了支付网关的角色，但不同于早期的纯网关型公司，它们开设了类似于支付宝的虚拟账户，从而可以收集其所服务的商家的信息，用来作为为客户提供支付结算功能之外的增值服务的依据。

独立第三方支付运营平台主要面向 B2B、B2C 市场，为有结算需求的商户和政企单位提供支付解决方案。它们的直接客户是企业，通过企业间接吸引消费者。独立第三方支付企业与依托电商网站的支付宝相比更为灵活，能够积极地响应不同企业、不同行业的个性需求，面向大客户推出个性化定制支付方案，从而方便行业上下游的资金周转，也使其客户的消费者能够便捷付款。独立第三方支付平台的线上业务规模远比不上支付宝和财付通，但其线下业务规模不容小觑。独立第三方支付平台的收益来自与银行的手续费分成和为客户提供定制产品的收入。但是，该模式没有完善的信用评价体系，容易被同行复制，迅速提升在行业中的覆盖率以及用户黏性是其制胜关键。

二、有交易平台的担保支付模式

有交易平台的担保支付模式是指第三方支付平台捆绑着大型电子商务网站，并同各大银行建立合作关系，凭借其公司的实力和信誉充当交易双方的支付和信用中介，在商家与客户间搭建安全、便捷、低成本的资金划拨通道。

在此类支付模式中，买方在电商网站选购商品后，使用第三方支付平台提供的账户进行货款支付，此时货款暂由平台托管并由平台通知卖家货款到达、进行发货；待买方检验物品进行确认后，通知平台付款给卖家，此时第三方支付平台再将款项转至卖方账户。这种模式的实质是第三方支付平台作为买卖双方的信用中介，在买家收到商品前，代替买卖双方暂时保管货款，以防止欺诈和拒付行为出现。

支付宝和财付通由各自母公司的电商业务孕育而出，本是作为自有支付工具而出现。在淘宝、拍拍等 C2C 电子商务网站上聚集的个人商户和小微企业商户没有技术实力来解决网络购物的支付问题，双方通过网络直接交易对消费者而言也缺乏信任感，这就需要中立于买卖双方、有技术实力又有担保信用的第三方来搭建这个桥梁，支付宝和财付通即在这种需求下应运而生。担保支付模式极大地促进了它们所依附的电商网站的交易量，电商网站上的消费者也成为支付平台的使用者，担保支付模式所打造的信任环境为其带来了庞大的用户群，这些海量的用户资源为这类第三方支付平台创建了强大的优势地位，这是如快钱这类的独立第三方支付平台难以企及的。

三、两种模式的对比分析

1. 独立第三方支付模式的特点

该类型的支付运营平台具有独立网关，灵活性大，主要面向 B2B、B2C 和 G2C 市场，为中小型商户或者有结算需求的政企单位提供支付解决方案。在这一模式中消费者并不是第三方运营商的用户，其用户是通过第三方运营商联系在一起的银行和商家。其收益主要来自银行收益的分成，以及根据客户的不同提供不同的产品服务，根据不同的产品服务收取不同组合的年费和交易手续费。该模式没有完善的信用评价体系，抵御信用风险能力有待加强；同时增值服务初步开发，容易被同行复制，受到银商的冲击最大。

例如，“首信易”支付支持全国范围内 23 家银行、60 余种银行卡及全球范围内 4 种国际信用卡的网上支付。凭借其特有的政府背景的支持，建立了国内外近800家企事业单位、政府机关、社会团体的庞大客户群。同时，凭借其独具特色的二次结算模式，作为支付过程中的中立第三方，保留商户和消费者所有的有效交易信息，最大限度地避免了拒付和欺诈行为的发生。目前，“首信易”支付已经承担起部分政府机构与客户之间的桥梁作用，逐步渗透教育考试、政府服务、社区管理等公共事业领域，是少数持续盈利的第三方平台之一。

总之，成熟的运营管理经验和网络平台技术是独立第三方支付平台发展制胜的关键。国内庞大虚拟支付市场吸引着众多家公司进入这块市场，发展相对成熟。但是，增值业务相对较少，进入门槛比较低，技术含量不是特别大，很容易被银行等机构复制是其发展的局限。

2. 担保支付模式的特点

该类型的支付运营商拥有完整的电子交易平台、大容量的网络客户资源，主要面向C2C、B2C市场，向个人或者中小型商户提供支付服务；承担中介担保职能，并能根据平台交易记录建立平台可见的交易双方的信用评价体系，具有相对较高的信任度。该模式基本是以资金沉淀利息和交易服务费等为运营收益；用户主要集中于自身的电子商务平台，平台间竞争激烈；认证程序比其他模式复杂，交易纠纷取证比较困难；对于中介账户的资金滞留，还有账户管理服务，有悖企业的经营性质。

第四节 第三方支付盈利模式

一、广告费

作为第三方支付最显著的收益便是广告费，登录支付网页可以看到，无论是支付宝还是财付通，几乎每一个第三方支付机构的网页上都会有大大小小的广告，第三方支付机构利用网页上投放的各种广告代理费用获得利润。广告服务是淘宝网官方宣布的第一个盈利模式，也是支付宝最直接的盈利来源。

二、手续费

手续费是第三方支付平台最传统的盈利模式之一。即第三方支付机构与银行确定一个基本的手续费率，缴纳给银行，然后第三方支付机构在这个费率上加上自己的毛利润，向客户收取费用。针对个人的主要业务有转账、提现、缴费、交易短信提示以及外币支付等，而针对企业的主要业务有查询、转账、发放工资等。手续费率一般为 0.08% ~ 1.25%。

三、服务费

第三方支付平台为其客户提出支付解决方案，提供支付系统以及各种增值服务，这是第三方支付平台最核心的盈利模式。第三方支付平台企业必须通过为客户提供安全、便捷、高效、成本较低的支付解决方案来提升其产品溢价，吸引更多客户，获得企业核心竞争力。

首先是理财相关业务的服务费。2013 年 6 月 17 日，支付宝正式宣布推出一项全新的余额增值服务——余额宝。余额宝的实质就是购买货币基金，优势在于不仅可以让消费者获得收益，而且在没有手续费的前提下还可以随时支付或取出，非常方便和灵活。对于推出的这种全新理财产品，支付宝对其收取的服务费如下：以日均保有量计算，无论是哪种类型的产品，淘宝销售 1 亿以下的基金，向基金公司收取 20 万元服务费；销售量为 1~3 亿元，收取 50 万元；销售量为 3~5 亿元，收取 90 万元；销售量达到 5~10 亿元，收取 150 万元；销售规模为 10~20 亿元，收取 250 万元；超过 20 亿元，则收取 400 万元封顶。在支付宝推出余额宝的同时，财付通和快钱等其他第三方支付机构也在其网页上推出了相关理财产品，甚至淘宝、苏宁易购、微信、新浪微博等纷纷在网页上挂出了几十家基金理财产品，引起了基金公司与第三方支付机构以及各大网站的合作浪潮。在基金公司与第三方支付机构合作的背后，我们也可以看到第三方支付机构获得了可观的服务费用，就目前来看与第三方支付机构合作的大部分是货币基金和低风险的保险理财产品，或许未来会向收益较高但风险也较高的股票、期货等趋势发展。

此外，还包括代缴费业务中与第三方支付机构以外的第三方合作商户收取部分的服务费用。此类第三方合作商户一般需向第三方支付机构缴纳服务费。如支付宝增值业务中的缴纳水电费、医院挂号、校园一考通等功能，实际生活中并不是支付宝为用户缴费，而是支付宝与第三方商户合作，由第三方商户为用户缴费。在这里第三方商户向第三方支付机构缴纳代理服务费，完成整个缴费过程。

四、沉淀资金的利息收入

沉淀资金也就是《支付机构客户备付金管理办法》中所称的备付金，是指支付机构为办理客户委托的支付业务而实际收到的预收货币代付资金。其中风险准备金比例不得低于其银行账户利息所得 10%，这也就意味着第三方支付机构最多可以获得 90% 的利息收入。在以活期存款形式的客户备付金满足日常支付业务的需要后，其他客户备付金可以“以活期存款、单位定期存款、单位通知存款、协定存款或经中国人民银行批准的其他形式”存放，但“期限不得超过 3 个月”。这意味着，部分客户备付金可转成为期3个月的单位定期存款。

2012年11月11日，淘宝“双十一”促销这一天支付宝总销售额为191亿元，同比增长260%，先不考虑淘宝其他时间段交易的滞留资金是多少，单就“双十一”一天的191亿元放入银行存活期，按0.36%活期存款利率也可以挣得6876万元的利息。虽然第三方支付机构没有公开是否对沉淀资金进行利用，但是如果对沉淀资金进行一定的操作还是会有相当可观的收入的。

第五节 第三方支付对金融业发展态势的影响

一、促进金融行业服务变革

第三方支付客观上成为金融行业电子化的助推剂，强化了金融业务重视客户体验的服务理念，使金融业的服务水平整体上升。

第三方支付出现的原因很简单，就是为了解决个人和企业跨行、跨地域转账时流程繁琐和到账时间长的问题。虽然银行已推出网银，但因其在支付结算领域的垄断地位及同业竞争问题，让银行没有动力联合起来推出多银行账户即时结算的平台。第三方支付的成功在于敏锐地发掘了市场需求，并将需求和新技术、新模式相结合，在以电子支付形式满足人们支付需求的同时，也深刻改变了人们办理金融业务的习惯。

随着第三方支付的规模和影响力不断发展壮大以及电子支付普及率的上升，传统金融机构猛然觉醒，开始加速自身向电子化变革，意图后发制人。国内各家商业银行纷纷依靠先进的计算机网络技术积极开展金融创新，相继推出覆盖网上银行、电话银行、手机银行、自助终端包括ATM、

POS 机等多渠道的电子银行综合服务体系。

由第三方支付引发的金融业变革正在加速，传统银行业正在向“互联网银行”迈进。这种金融电子化的核心和最终目的是围绕互联网时代客户的金融服务需求，以先进的信息技术优化金融业务流程，创新金融产品，为客户带来高效、满意的服务，而这也是第三方支付迅速赢得市场的根本原因。

二、蚕食银行中间业务

第三方支付平台既是支付中介，又是金融产品的新兴营销渠道，它们正在蚕食银行的中间业务，使金融业务的格局发生变化。

从收付款、转账汇款、机票代购到电费与保险费代缴、手机话费缴纳等结算和支付服务客户都能通过第三方支付来解决。起初，第三方支付企业所针对的客户以及所提供的服务主要集中在互联网支付，并且很大程度上是银行的一些“死角”，是一些银行不愿意做或者做起来性价比不高的业务。

如果说支付宝的出现代表第三方支付机构对银行传统支付业务发起冲击，那么余额宝的出现则进一步表明第三方机构剑指理财市场。基金公司也看到了第三方支付平台的营销潜力，也开始争抢与第三方支付平台合作。

支付宝推出余额宝这一基金直销推广平台，彻底打通互联网和理财的分界线，开启了“碎片化理财”的新模式。

第三方支付企业与基金公司以直销渠道的联合，有望打破银行渠道独大的局面。虽然第三方支付平台并不能彻底改变整个基金行业的销售模式，但它们毕竟成为了基金销售的新渠道，这可以降低基金销售渠道费用，增强基金公司和银行的议价能力。

第三方支付的触角还伸到了保险业，但远不如基金市场这么火爆，是待开发的“蓝海”。

支付结算和基金代销是最重要的银行中间业务，第三方支付机构与商业银行的业务重叠范围不断扩大，使银行的中间业务收入受到影响。

随着第三方支付平台走向流程的前端，并逐步涉及基金、保险等个人理财金融业务，第三方支付将使原有金融业务的格局发生重组，第三方支付机构可能承担更多传统银行的中间业务，小额、零碎、对灵活性要求高的业务成为其主攻方向。

三、开创新的融资方式

第三方支付以开展个人信用支付和企业信用贷款的方式切入融资领域，引领金融系统进入依据用户支付信息进行金融服务的新时代。

越来越多的第三方支付公司开始从支付概念领域进入对风控体系要求更高的金融领域之中，第三方支付企业的金融属性日益显现。支付宝推出的信用支付实际上相当于消费信贷，即支付宝向用户发行了虚拟信用卡，授信额度从 200 元到 5000 元不等。

第三方支付公司提供的融资服务不需要中小企业提供大量的资产抵押，在缓解中小企业融资难方面发挥了重要作用。

现在看来，支付公司开展融资业务是一个自然而然、水到渠成的过程。这种金融业务的开展基于精准的客户信息，贯穿互联网创新精神，与传统金融机构的授信基础全然不同，也正是因为这个原因第三方支付被称为互联网金融的源头。金融业竞争的本质就是信息战争，掌握一切有关资金流动和信用变化的信息才能找到低风险的机会。第三方支付平台在运营支付业务过程中对客户和交易信息进行了积累，将成为其日后向金融领域渗透的重要基础和利器。

第三方支付进行的金融创新让金融机构意识到传统的信贷审核方法已渐渐退出主导地位，借助信息技术实现远程、非现场的审核是大势所趋；在信贷资源配置上，整个金融行业开始向小微企业和个人消费信用倾斜，突破了曾经的信用贷款难题。

总体来看，第三方支付对金融业的影响是积极、正面的，推动了金融行业服务质量的上升，提高了资金利用效率，加速了金融业和信息技术的融合。但短期来看，第三方支付对银行业也会有一定的冲击，这主要是源于二者部分业务的重叠性。第三方支付平台与商业银行的关系由最初的完全合作逐步转向了竞争与合作并存。第三方支付公司将信息技术与支付清算服务结合，弥补了传统商业银行的支付清算服务在资金处理效率、信息流整合等方面的不足。而随着第三方支付公司从结算、融资业务两条线介入银行业的传统领地，倒逼商业银行改革现有的服务模式。

但是，第三方支付不会对银行业造成致命的威胁，二者还有更多的合作空间。一方面，银行出于增加存款等方面的考虑，会争取第三方支付公司的备付金；同时，第三方支付公司掌握了商户的资金流水，便可以审定一个授信额度，将银行资金对接给商户，第三方支付公司还可以与银行的零售银行部、金融市场部、投行部展开合作，尝试做融资中介类，以获取主营业务之外的收益。另一方面，银行是第三方支付公司的资金托管方，也是第三方支付公司的资金来源。毕竟，银行是中国金融体系无可置疑的主角，不管从支付市场的份额来看，还是从融资业务的规模和对象看，第三方支付对银行业的影响也有限。

第六节
案例：第三方支付 PayPal

PayPal 是全球最大的在线支付公司，由 Peter Thiel 和 Max Levchin 于 1998 年 12 月创立，总部在美国。2002 年 2 月，PayPal 成功上市，总市值约 9 亿美元，并于当年 10 月被全球最大的电子商务在线交易平台 eBay 以 15 亿美元收购。

PayPal 以提供便捷、安全的支付服务为基础，通过产品创新、并购、收购以及合作等手段奠定其在支付领域的领导地位；并不断向商户服务以及金融服务领域渗透。

普通在线支付

服务于全球 190 个国家和地区，支持超过 25 种货币交易；与超过 15000 家金融机构合作，拥有 1.23 亿户活跃注册账户。PayPal 在欧美普及率极高，确立了在线支付行业标准，具有强大的品牌优势；即时支付和即时到账服务为商家带来更快的资金回笼速度，提升商家现金流效率。在使用成本上 PayPal 仅向商家收取交易服务费，无其他费用，无硬件改造要求。其完善的安全保障体系、丰富的防欺诈经验，能极大地降低掉单率和支付风险。

移动支付——PayPal 数字钱包

宽限付款：将支付交易流程与实际支付动作分离，用户在交易之后仍然拥有 5 ~ 7 天的宽限期，在宽限期内，用户可以将款项转移到其他银行卡中，或者将一笔款项分割到多张银行卡、礼品卡或优惠卡中完成付费。

分期付款：允许用户选择通过分期付款的方式来完成支付。

个性化列表：用户可以搜索采用 PayPal 这一解决方案的合作商户所能

提供的产品信息，并根据自身购物需求建立个性化购物列表。

购物协助：用户建立个性化列表之后，PayPal 的数字钱包应用可以根据用户的位置信息和列表内容提供相应的购买提醒、特价信息和优惠券等服务。

PayPal Here 读卡器及其配套收款应用

PayPal 于 2012 年 3 月 推 出 了 PayPal Here 应 用。PayPal Here 服 务可以帮助任何 iPhone 或 Android 智能手机用户接受信用卡、借记卡和 PayPal 付款，同时将款项实时转入其 PayPal 账户，还能利用智能手机的摄像头扫描和处理银行卡。PayPal 的交易手续费率为 2.7%，并有 1% 的折返，实际手续费率为 1.7%，远低于 Square 的 2.75%。

支付创新——信用支付 Bill Me Later

Bill Me Later 公司于 2008 年被 PayPal 母公司 eBay 收购，并与 2009 年将其整合为 PayPal 的一项创新金融支付功能。Bill Me Later 针对拥有信用良好的“PayPal 账户”的合格用户开放，消费者无需使用信用卡便可享受类似信用卡服务，有助于为消费者提供更快捷的网购支付方式和有效管理资金。

跨境电商服务

自 2010 年年底，PayPal 推出“外贸一站通”，到 2012 年 9 月已经有 1 万多家中小企业客户使用“外贸一站通”服务，包括建立外贸网站、海外营销、支付、货运等方面。针对业务刚刚起步，或者年均交易额小于 2 万美元的初级商户，PayPal 会提供标准版的外贸网站、Google Adwords 基础账户管理，以及邮政小包和商业速递服务；针对已经具有稳定销售额、继续增长需要更多投入的中级商户，PayPal 提供移动购物车、海外仓储服务。

PayPal以支付业务服务费和沉淀资金利息为主要盈利来源，逐步开拓广告营销、咨询服务、电商化服务以及其他金融增值服务类收入。

（数据来源：艾瑞咨询）

习题

1. 什么是第三方支付？
2. 我国第三方支付市场发展现状是什么样的，都有哪些问题？
3. 第三方支付运营模式有哪些？
4. 第三方支付盈利模式有哪些？
5. 第三方支付的影响有哪些？

第7章 互联网消费金融实务

第一节 互联网消费金融与传统消费金融

一、消费金融

1. 消费金融的含义

消费金融是指金融机构通过信贷服务方式，为消费者提供消费信贷资金，满足其消费意愿，从而达到刺激消费需要、扩大消费市场、促进消费经济增长目的的现代化金融服务方式。简而言之，消费金融指金融机构向不同需求层次消费者提供消费信贷，满足其消费意愿的现代金融服务方式。广义的消费金融包括住房贷款、汽车消费贷款及耐用品消费贷款和旅游贷款等一般性消费贷款，狭义的消费金融不包括住房贷款和汽车消费贷款，主要是耐用品消费贷款和旅游贷款等一般性消费贷款。

金融机构与消费者是消费金融的两大参与主体。金融机构作为消费贷款、消费信贷产品或服务的提供者，在消费金融活动中扮演着供给方的角色。银行是消费金融服务的主要提供商，2010 年专门成立的消费金融公司以及快速发展的小额贷款公司丰富了消费金融服务的提供商，2014 年电商平台等互联网公司以及 P2P 网贷的加入，一定程度上改变了消费金融行业的发展格局。消费者作为消费金融的另一参与主体，是消费金融产品和服务的直接使用者，也是最终消费者，在消费金融活动中居于主体性地位。

2. 消费金融的特点

总体来看，消费金融有两个显著特点，一是贷款申请者是个人或者家庭，不是具有生产性的企业法人、具有公益性的社会团体或者是具有宏观性的政府组织等机构。二是消费金融提供的各种贷款用于满足消费者消费目的，不是用于消费者进行个人投资、经营等。具有超前消费需要的家庭、居民，根据自己的需要向提供消费金融服务的机构申请贷款，消费金融提供者对申请者的财务状况、信用能力进行调查评估后，做出信贷决策。得到消费金融贷款的个人或家庭，可以用此贷款购买耐用消费品如房屋、汽车、家用电器等，亦可以支付家庭旅游、子女教育、婚房装修等个人或家庭一般性支出。消费金融在中国的发展起步于 20 世纪末，1997 年亚洲金融危机后中国消费金融快速发展，消费贷款规模逐年扩大，1997 年人民币消费信贷余额仅有 172 亿元，2015 年 11 月末人民币消费信贷余额为 18.597 万亿元。住房贷款和汽车消费贷款占中国消费贷款的 75% 左右，一般性消费贷款占 25% 左右。

二、互联网消费金融

1. 互联网消费金融的界定

互联网消费金融是“互联网 + 消费金融”的新型金融服务方式。互联网消费金融是指银行、消费金融公司或互联网企业等市场主体出资成立的非存款性借贷公司，以互联网技术和信息通信技术为工具，以满足个人或家庭对除房屋和汽车之外的其他商品和服务消费需求为目的，向其出借资金并分期偿还的信用活动。在我国，互联网消费金融有着特定的经营服务范围。《指导意见》将互联网金融业态分为互联网支付、网络借贷、股权众筹融资、互联网基金销售、互联网保险、互联网信托和互联网消费金融七大类。其中，互联网支付、网络借贷和互联网消费金融属于广义消费金融范畴。但是从《指导意见》表述看，我国对互联网消费金融采取了相对严格的界定。一是互联网消费金融不包括互联网支付内容，两者分别属于银监会和中国人民银行监管；二是互联网消费金融不包括网络借贷，特别是 P2P 网络借贷；三是限定了互联网消费金融业务的范围。

2. 互联网消费金融的产业链

完整的互联网消费金融产业链包括上游的资金供给方、消费金融核心圈及下游的催收方或坏账收购方，其中消费金融核心圈又包括消费金融服务提供商、零售商、消费者和征信 / 评级机构四部分。

上游的资金供给方包括消费金融服务商的股东、消费金融服务商的资产受让方、P2P 网贷平台投资人等。消费金融服务提供商包括银行、互联网消费金融公司、大学生消费分期平台、提供消费分期服务的电商平台、P2P 网贷平台等。零售商是广义的零售商，包括各种消费品和服务的经销商。下游的催收方是专业的催收公司，坏账收购方是专门收购坏账的金融机构。如图 7-1 所示。

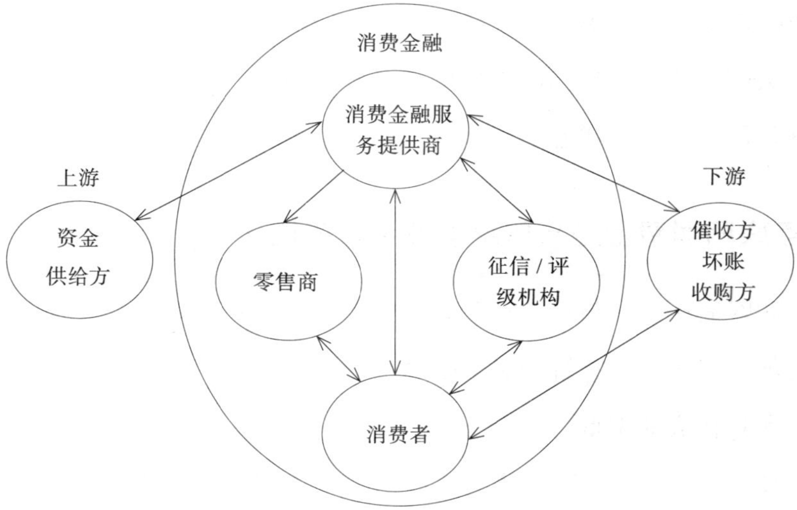

图 7-1　消费金融产业链

其中，消费金融核心圈分为消费者支付和消费金融服务提供商支付两大模式，第三方独立征信与评级在现阶段缺失，消费金融服务提供商风险控制成本较高。

消费者支付模式是消费金融服务提供商先给消费者发放贷款，消费者在消费时自行支付给零售商，这种模式的产品主要有信用卡和综合性消费贷款，对于综合性消费贷款，消费金融服务提供商难以控制消费者的资金流向。

消费金融服务提供商支付模式是消费者在进行相应消费时消费金融服务提供商直接向零售商支付，这一模式可以保证专款专用，但需要消费金融服务提供商拓展更多合作商户。目前，互联网消费金融平台“美利金融”采用的就是消费金融服务提供商支付模式，其旗下的力蕴汽车金融和深圳有用分期，在消费者提出购买二手汽车和3C电子产品的借款申请后，直接将钱款支付给零售商，贷款目的更为明确且真实。

在消费金融核心圈中，第三方征信与评级是消费金融服务提供商风险控制的关键环节，但目前国内信用体系建设滞后，个人征信与信用评级体系在现阶段处于缺位状态。

三、互联网消费金融与传统消费金融的比较

互联网消费金融与传统消费金融主要区别有：客户获取成本低、产品设计更加场景化、风险管控更加技术化。

1. 客户获取成本低

传统消费金融机构主要通过地推、上门推销的方式开展，而互联网消费金融主要运用大数据技术和海量的用户数据进行主动授信和推送，通过营销活动能够使存量用户迅速地转化为有效的金融客户。

2. 产品设计更加场景化

传统消费金融需要我们到银行申请贷款，要一趟趟地跑网点、签约、提现，而互联网消费金融是悄无声息地嵌入到消费场景中，申请更便捷，使用起来更方便，在购物和支付行为中让人体会不到申请贷款的难度和困扰。

3. 风险管控更加技术化

互联网消费金融采用大数据技术构建有效的风控模型，同时采用云端反欺诈技术进行风险管控，而传统机构在这方面存在不足。金融产品的销售，尤其是贷款产品的销售不像一般的销售行为，它具有延迟支付的效应，日常的交易是一手交钱、一手交货，钱货两清，不会有遗留问题，而作为金融从业者，钱贷出去后我们是睡不着觉的。由此可见，风险管控能力直接决定金融业务发展的规模和可持续性。我们在实践中发现，一个贷款产品的出现，首先吸引而来的不是大量的好客户，而是大量的欺诈类客户蜂拥而至，甚至形成了完整的产业链，一些机构或个人专门组织做贷款

产品的套现、欺诈。而互联网消费金融机构由于拥有海量的客户资源，可以主动地挑选客户，主动地推送。这就好比在大街上随机拦下10000个人，其中“坏人”的概率应该与社会平均犯罪率或违约率是相当的，但是如果在街上摆柜台接受贷款申请，10000个申请的客户可能大半是违约客户，因此这两种方式存在很大的差别。

第二节 互联网消费金融的模式

2015年互联网消费金融业务快速增长，不同参与主体从不同的角度切入消费金融服务，形成了不同的业务模式。

一、电商平台消费金融模式

2014年京东商城和天猫商城两大电商平台陆续推出消费分期服务，京东白条与天猫分期是两类不同的模式，京东白条不仅针对自营商品，同时适用于联营的实物商品，天猫分期是针对平台上开通分期购物的商家的商品，下面分别分析天猫和京东的消费金融模式。

天猫消费金融模式首先需要天猫商家开通分期购物服务，然后，天猫商家确定可以分期购物的具体商品、天猫商城（蚂蚁微贷）根据注册消费者历史交易数据对其进行授信、消费者在商家选择分期购物商品、蚂蚁微贷向商家支付货款、消费者通过支付宝进行还款，具体如图7-2所示。天猫蚂蚁微货模式对消费者的授信基于淘宝历史交易数据，未获得授信的消费者以及授信额度不足以覆盖商品价格的部分需要消费者在余额宝冻结相应数额的资金。

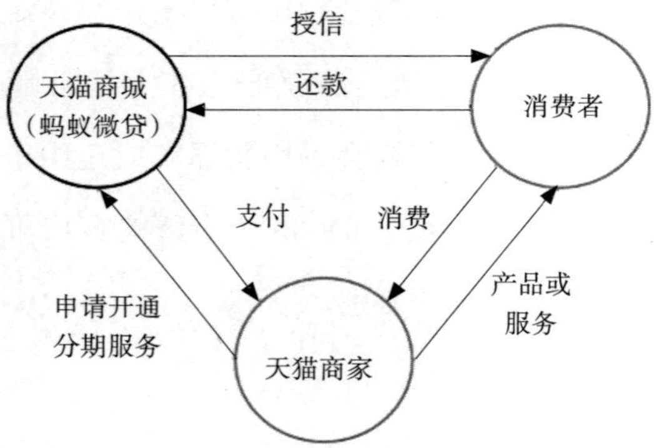

图 7-2　天猫蚂蚁微贷模式

天猫蚂蚁微贷模式的主要收益来自于天猫商家及消费者支付的手续费。消费者信用风险是天猫分期的主要风险，蚂蚁微贷是主要风险承担者。天猫商城建立起的商家评价体系对天猫商家具有较大的约束作用，但由于天猫分期目前并没有对接央行的征信系统，对消费者的约束作用相对较小，选择优质消费者以及对消费者的授信就是天猫分期风险控制的关键。

京东白条模式首先是京东根据消费者在京东上的历史交易数据对其进行授信，授信额度为 6000 元 ~ 15000 元；然后是消费者到京东商城进行消费，如果消费者选购京东自营商品，支付环节在京东内部完成，如果消费者选购第三方卖家的联营商品，由京东将货款先行支付给第三方卖家；京东或第三方卖家向消费者发货；最后，消费者按约定向京东还款，具体如图 7-3 所示。

京东白条模式的收益来自于消费者分期付款的手续费，京东白条服务有助于销售规模的提升，可以带来额外的利润。京东是实际风险承担者，消费者信用风险是主要风险。通过消费者交易数据对其授信是京东白条风险控制的关键。

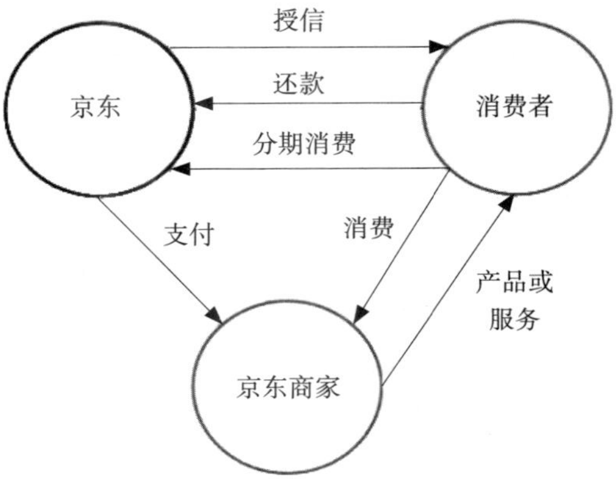

图 7-3　京东白条模式

二、P2P 网贷消费金融模式

P2P 网贷消费金融在 2013 年是互联网消费金融的主要形式，2014 年电商平台等新兴力量改变了这一局面，但 P2P 网贷消费金融仍是互联网消费金融的重要形式。P2P 网货消费金融模式以 P2P 平台为中心，连接消费者（借款人）和投资人。消费者通过 P2P 平台获得投资人的资金之后，再去商家消费购买产品或服务。

P2P 网货消费金融的具体模式是：首先，消费者（借款人）通过 P2P 平台提出借款申请；然后，P2P 平台根据消费者提供的资料对其进行信用审查，通过 P2P 审核的借款信息在 P2P 平台上发布；再次，投资人对 P2P 平台上发布的项目进行投资；P2P 平台在相应的项目募资完成后，向借款人打款；消费者收到借款资金后进行消费；消费者根据约定定期通过 P2P 平台还本付息，将约定的还款金额打到 P2P 平台；P2P 平台收到借款人的回款后将资金返还给投资人，具体如图 7-4 所示。

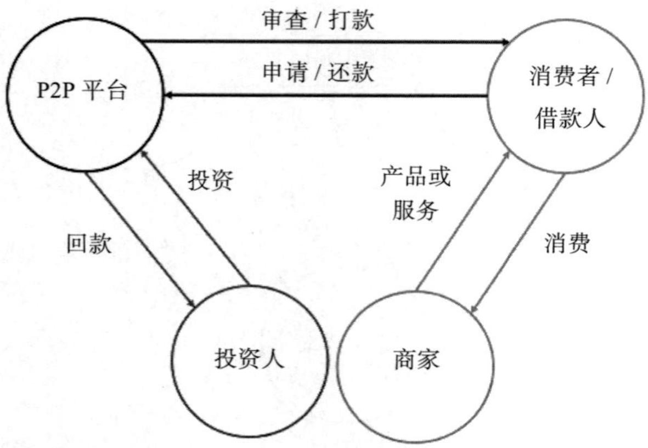

图 7-4　P2P 网贷消费金融模式

P2P 平台的具体经营模式可能存在一定的差异，如有些平台先向消费者放款，再将债权转让给投资人，但 P2P 网贷消费金融模式的风险特征基本一致。消费者信用风险是 P2P 网贷消费金融模式的基础性风险，P2P 平台的经营风险是 P2P 网贷消费金融模式的核心风险，P2P 平台和投资人都是风险的主要承担者。

三、大学生消费分期平台模式

大学生消费分期业务在 2014 年快速发展，大学生消费分期平台大量涌现。大学生消费分期平台模式融合了电商平台消费金融模式与 P2P 网贷消费金融模式，大学生消费分期平台在这种模式中处于核心位置，是连接大学生与供应商和 P2P 平台等互联网理财平台的关键。

大学生消费分期平台的具体模式是：首先，大学生向消费分期平台提出分期消费申请；其次，大学生消费分期平台对大学生的信息进行审核，并与大学生签订相应的服务协议；对于通过审核的大学生消费分期申请，大学生消费分期平台将债权打包转让或出售给 P2P 平台和互联网理财平台；P2P 平台将债权在平台上发布，互联网理财平台将债权打包成理财产品在平台上销售；投资人在 P2P 平台和互联网理财平台上进行投资；P2P 平台和互联网理财平台将募集的资金给大学生消费分期平台放款；大学生消费分期平台根据大学生的需求向电商平台和供应商采购商品；电商平台和供应商向大学生消费分期平台发货，再由大学生消费分期平台将商品送至学生手中，或者直接由电商平台和供应商向学生发货；最后，大学生按约定向大学生消费分期平台还款，大学生消费分期平台也按约定向 P2P 平台和互联网理财平台回款，P2P 平台和互联网理财平台将收到的回款按时向投资人回款，具体如图 7-5 所示。

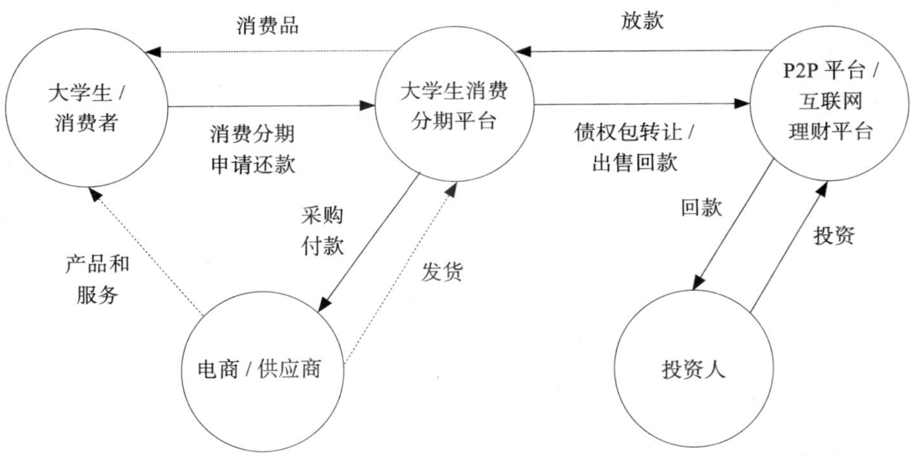

图 7-5　大学生消费分期平台模式

不同的大学生消费分期平台在具体运作模式上可能存在一定的差异，有些消费分期平台是先用自有资金采购大学生提出的商品需求，再将债权转让或出售给 P2P 平台和互联网理财平台。甚至有些大学生消费分期平台是先采购一定数量的商品，然后在平台上进行销售。大学生消费分期平台模式的基础性风险是大学生的信用风险，大学生消费分期平台的经营风险是整个系统的关键风险，投资人是最终风险承担者。

第三节
互联网消费金融的发展趋势

2015 年是互联网消费金融元年，在国内行业龙头京东、阿里以及分期乐的示范效应下，互联网消费金融正渗透到社会生活的各个方面，呈现出强劲的发展势头。

一、综合消费金融将成为 P2P 信贷主流

目前我国消费信贷在信贷结构中占比仅为 20% 左右，而在信贷发达的美国市场，消费信贷的占比超过 60%，远高于中国，以中国的人口基数，其将还有很大的上升空间。对于 P2P 来说，消费金融是一片蓝海。

于是以拍拍贷为代表的老牌 P2P 平台开始转向消费金融，根据拍拍贷 2015 年上半年的数据，拍拍贷 80.2% 的单笔借款金额在 5000 元以下，有 70% 以上的借款用于个人消费借贷；另一类以财路通为代表的后起之秀，通过从用户体验上满足消费者需求，形成自己独特的消费金融产业链条，并尝试以 C2B 的模式进入消费金融市场。

1. P2P 平台进军消费金融的主要优势

首先，P2P 平台已建立了较为完善的风险控制体系。消费金融对于 P2P 平台来说，意味更高的风险系数，没有庞大的风控体系是很难做到的。拍拍贷、财路通作为中国支付清算协会互联网金融风险信息共享系统首批加入者，其风控体系自然也是得到了央行的认可。拍拍贷通过 8 年的数据积累与反复休整，建立了一套完整的风控流程，包括反欺诈系统、信用评级系统模型和基于信用评级的风控定价模型。财路通同样具有非常完善的网络安全防御体系和独特的风控系统，使用先进的云计算平台，运用

多种防破解、防攻击技术，用户连接网站均通过加密数据传送，独立研发的 FICO 信用分级模型，使得用户安全多了一重保障。

其次，从目前国内的现有消费金融生态来看，消费金融公司数量相当有限，而国家正在鼓励扩大消费金融试点，但是当前整体的服务范围和能力都还有待提升。而以拍拍贷、财路通为代表的 P2P 平台通过提供创新的消费金融产品以及强大的服务体系，已经得到了相当部分消费金融用户的认可。根据易观数据分析，当前国内的互联网消费金融交易规模主要来自于这类 P2P 平台。

最后，从整个消费金融的生态上来看，P2P 综合消费金融包括了个人房贷、车贷、医疗贷、教育贷、耐用消费品贷等，这给予消费者更多的选择。对于每一个消费者而言，他们在很多方面都会有贷款的需求，这些相比单独的电商消费金融等拥有了更全面的选择。金融理财不同于其他产品，很多消费者一旦选择了某些平台，就会有比较高的忠诚度，对于大多数的消费金融用户来说，也不太可能每选择一个新的消费就换一个不同的平台。

2. P2P 平台进军消费金融的不足

虽说目前 P2P 平台综合消费理财金融占据了整个消费金融市场的主要部分，但是随着越来越多的垂直细分领域涌入不同的消费金融，他们必然会对 P2P 造成相当的冲击，尤其是 P2P 在以下两方面尚存在不足。

1）缺乏场景化入口。大家都知道，消费金融就意味着需要一个消费的生态，诸如京东的白条、阿里的花呗，他们紧紧围绕着自己的电商平台，很容易刺激消费者通过这种借贷的方式进行提前消费。

2）流量入口上存在不足。不可否认，很多 P2P 平台都已经拥有了一批忠实的理财用户，但是相对电商类的平台而言，他们在流量入口上还是比拼不过，尤其是对于京东商城、天猫商城等平台来说。

二、旅游消费金融成为市场新的爆发点

目前，“去哪儿”“驴妈妈”“途牛”“首付游”等旅游平台，以及兴业银行、中国银行等金融机构都推出了旅游金融分期消费，旅游消费金融正在成为旅游平台竞争的新焦点。

从消费者的需求角度来看，旅游对于很多人来说都是一件非常向往的事情，尤其是对于一些收入并不高的年轻人来说，他们心中或多或少都会有几个特别想去的地方，但是由于经费不足问题让他们的旅行只能成为泡影。对于一些费用昂贵的出国旅行来说，就更承担不起了，那么这个旅游金融分期消费就自然而然成为他们考虑的一种需求。

从旅游类平台的发展来看，当前“去哪儿”“途牛”等各大旅游平台普遍存在亏损的现象，这是困扰所有在线旅游平台的一大难题，而旅游金融的出现则让在线旅游平台看到了新的利润增长点。事实上，旅游金融类产品并不像想象的那样单一，除了比较常见的旅游分期金融服务，还包括旅游理财、旅游保险经纪等方面的产品和服务，在推出旅游分期消费的同时也推出各类旅游相关理财产品，势必会给在线旅游平台带来更多的利润空间。

从旅游服务的角度来看，推出旅游金融消费是对在线旅游服务的一种最好补充。由于很多消费者都存在旅游金融方面的需求，但是过去很多平台却没有提供这方面的服务，消费者的体验自然会存在不足。如今“去哪儿”“驴妈妈”“途牛”等各大旅游平台推出了各种不同形式的旅游消费金融，必然会增加用户的黏性和用户的忠诚度。

不过从目前这个旅游消费金融市场的整体情况来看，各大平台所推出的旅游消费金融时间都不是很长，要想让旅游消费金融成为一种常态，他们还需要从以下两个方面努力。

第一，对于在线旅游平台推出的旅游消费金融，很多用户目前普遍都还不是十分了解。虽然旅游消费金融需求存在，但是旅游消费金融的消费习惯并没有形成，这个还需要一段时间的消费者市场培育过程。第二，从实际市场看，旅游的新兴消费群体多为经济能力有限的年轻学生、白领，但与此同时这部分的消费者还款能力也相对有限，旅游消费平台需要增强自身的风控能力。

三、医疗消费金融会成为医保的一种补充

很多家庭由于经济原因负担不起昂贵的医疗费用，这个时候分期医疗付费也就由此诞生了。目前国内有少数医院都通过与银行合作，推出了分期付费的方式。但国内还没有单独的医疗金融平台通过与各大医院达成合作，而推出医疗金融服务。

从需求角度上来说，医疗消费金融是一种刚需。如果你的家人生病了，这个时候你没有钱支付医疗费用，朋友也不愿意借钱给你，那么分期付款的医疗消费金融方式你会不会选择？我相信你会毫不犹豫地选择，甚至将来你还会感谢医疗分期付费挽救了你的亲人。

而从信任度的角度来说，目前推出了分期医疗付费的都是医院，医院做这个事情自然相对来说会更容易得到患者的信任。不过未来如果医疗O2O平台推出医疗分期消费金融，信任障碍则需要突破，尤其是不光要获取患者的信任，还需要获取医院的信任。

整体看来，尤其是对于很多没有资金实力的老百姓来说，医疗消费金融是一件利国利民的事情，但是当前国内的医疗消费金融普及程度还很低，要让医疗消费金融顺利进行，需要医院与金融平台以及机构的共同配合。

四、教育消费金融正在培训、留学领域兴起

教育消费金融不同于校园电商消费金融，虽然他们同样都是针对学生，但是一个是针对学生们的购买消费，另一个是针对学生们学习上的消费，是两个完全不同领域的消费。目前学好贷、龙门社交金融等平台以及众多的培训机构都推出了针对大学生的学费分期贷款。

从市场的角度来看，随着国内教育的不断改革，中国学生的学费越来越贵，而高校的办学成本也逐年上涨，尤其是研究生和留学学费，对于很多家庭来说都是一大难题，更别提一些家境贫寒的家庭。据统计，目前在美国的华人贷款市场中，学费贷款仅次于房贷，位居信贷市场第二位，足见这个市场的庞大。此外，很多学生今天都会参加各种英语、计算机等技能培训班，对于相当一部分学生来说，他们报这种培训班往往都不太好意思主动开口管父母要钱，教育培训分期付费就成为考虑的首选。

而从申请贷款的程序上来看，对于很多学生报课程或者从银行机构等办理留学贷款，往往申请的时间比较长，申请的金额额度比较小，好学贷、龙门社交金融的专门针对教育放贷的平台申请手续相对来说要简单很多，而且审核时间相对来说也要快很多。

同时对于好学贷以及龙门社交金融来说，要给学生放贷，必须要确保学生将来有一定的偿还能力，否则教育学费贷款尤其是留学贷款数额较高，一旦平台的坏账率过高，就会导致平台的资金链出现问题。

五、农村消费金融即将成为下一个风口

农村金融是当前阿里、京东等巨头积极要进攻的领域，不过目前这两大巨头还没有进军农村消费金融，诸如农分期、领鲜理财等平台都已经开始在农村消费金融领域进行布局。不过随着淘宝、京东等电商平台不断渗

透到农村，未来农村消费金融将会成为下一个新的风口。

其一，随着国内农民收入的不断增长，农村消费市场规模也正在逐年递增，尽管当前农村消费金融并没有成为一种主流，但是随着农业电商的逐渐渗入，未来农民对于电商产品的金融需求会越来越大。

其二，我国农民消费的观念也正在开始发生改变，过去如果你让农民接受贷款消费的概念几乎不太可能。同时，过去农村的住房、汽车、家电、教育、旅游等信贷消费市场发展较为滞后，但是随着国内农村社会保障体系逐渐完善，农民对于金融消费的需求也就逐渐在增长。

其三，过去农村的金融基础建设设施太过于落后，随着城乡一体化建设的不断推进，如今很多农村的金融机构网点覆盖率也上去了，而且大型的电器商场、商贸市场，包括汽车下乡活动、农村新房建设等都在刺激农民过上新的生活，这些都为农民的金融消费打下了坚持的基础。

目前农分期、领鲜理财等农村金融平台在消费领域做得还远远不够，对于他们来说，最难的还是在消费理财习惯的培养。随着农村金融消费环境的不断完善，要想让农民朋友把消费金融当成一种常态，这个确实还需要一段漫长的过程。

此外落后的网络也将成为农村消费金融向前迈进的一大障碍，目前虽然农村的网络覆盖率在不断提升，但是大部分的农民都是过去的“60后”“70后”人群，他们当中的大多数人对于上网并不熟练，更别提在互联网金融平台上进行消费理财了。

六、房产消费金融一片“红海”

至于提到房产消费金融平台，这个就非常多了，诸如好房宝、搜房宝、家分期、房融所、土巴兔等，此外过去传统的银行也一直都在深耕耘房产金融领域，包括新房金融、二手房金融、装修金融、租房金融等多个方面。

从目前这个消费金融的市场规模来看，房产消费金融的规模是最大的。

第一，毫无疑问买房对于中国大多数的消费者来说是一件大事，而且涉及的资金规模比较大。对于相当部分的消费者而言都没有那么强大的经济实力基础，不管是新房还是二手房，或是装修房子，都是一笔不小的开支，这个时候贷款就会成为他们考虑的首选。

第二，目前推出互联网房产消费金融的平台主要是新房交易平台、二手房交易平台、租房平台以及装修 O2O 平台。通过借助买房、租房以及装修房子的需求积累了用户，让他们通过平台进行贷款自然也就成为顺理成章的事情，而且本来房产贷款对于很多人来说都是一种刚需，到哪贷款不是贷款，更何况这类互联网金融平台的放贷时间、资质审核相对于银行来说都要更方便。

第三，房产金融是整个房产交易过程中不可缺少的部分，少了房产金融就无法形成交易生态闭环。所以从服务的角度上来看，提供房产交易的平台同时又提供房产金融，是提升用户体验的一个必要环节，同时也是平台获取新的利润增长点所在。

房产消费金融市场规模庞大，竞争同样十分激烈。互联网房产消费金融最大的威胁就是来自传统银行的威胁，房产金融是传统银行非常大的一块利润来源，传统银行不会拱手相让。

另一个威胁来自于平台自身的风控能力，房产消费金融是一笔不小的开支，同时贷款额度也会非常大。传统银行过去在对购房者的资质审核上会相当严格，如今互联网消费金融平台为了加快放款速度，对于消费者的资质审核有降低标准的趋势，这势必会造成更大的风险。

七、汽车消费金融需要突破 4S 店这道屏障

汽车消费金融与房产消费金融有许多相似之处，众多汽车交易平台诸如汽车之家、易车网、天猫汽车等都推出了汽车消费金融，购买新车、二

手车等都可以进行贷款消费。

与购房类似，购买汽车同样开支巨大，贷款无形中就成为众多消费者的一种选择。仅在 2014 年，我国的汽车金融市场规模为 4000 亿元到 5000 亿元，足见这个市场规模的庞大。互联网汽车消费金融正在受到越来越多年轻购车一族的认可与接受，这部分消费群体大多数实力都不是特别雄厚，未来互联网汽车消费金融很可能将会成为汽车金融的主流。

从平台的流量入口来看，汽车之家、易车网、天猫汽车等汽车交易平台都具备庞大的流量入口，而且这类汽车交易平台都拥有一定的知名度和实力，比较容易得到消费者的认可。最为重要的是，在这类平台上办理汽车贷款，手续上以及资质审核等方面要比线下平台方便快速很多。

对于互联网汽车金融平台来说，他们面对的最大竞争对手除了银行之外，还有传统的汽车厂商。从目前的汽车金融市场格局来看，由于购买汽车都是通过线下交易，大多数的消费者选择汽车消费金融的方式都是通过线下的 4S 店，而非直接通过互联网平台，如何引导消费者通过线上平台进行金融消费是互联网金融平台需要突破的难关。

第四节
案例：2015 年互联网消费金融企业 100 强

目前，市场上的消费金融主要涉及几大类：综合消费信贷，旅游消费金融，电商消费金融，医疗和教育、房产和汽车，还有农村消费金融。竞争者不乏电商行业巨头，如蚂蚁花呗、京东白条等；电器等零售商也在 2014 年年底和 2015 年相继进军消费金融领域，国美和万达的消费金融产品还未上市，苏宁已于 2015 年 5 月推出苏宁消费金融。表 7-1 为 2015

年互联网消费金融企业100强。

表7-1 2015年互联网消费金融企业100强

排名	名称	排名	名称	排名	名称
1	蚂蚁花呗	35	瑞福德汽车金融	69	优分期
2	京东白条	36	华泰汽车金融	70	爱学贷
3	宜信惠普	37	上海东正汽车金融	71	桔子分期
4	平安惠普金融	38	华晨东亚汽车金融	72	购潮分期
5	中银消费金融	39	吉致汽车金融	73	汇分期
6	北银消费金融	40	上东豪沃汽车金融	74	金豆分期
7	兴业消费金融	41	Wecash闪银	75	零零期
8	一汽汽车金融	42	零零花	76	51分期
9	上海通用汽车金融	43	农分期	77	蜡笔畅学
10	大众汽车金融	44	久富分期go	78	小树时代
11	招联消费金融	45	拍拍贷	79	佰潮网
12	湖北消费金融	46	牛客贷	80	付壹代
13	北京现代汽车金融	47	工行逸贷	81	嗨钱
14	丰田汽车金融	48	建行分期优选	82	易生小贷
15	东风日产汽车金融	49	买单侠	83	优优宝
16	苏宁消费金融	50	万家分期	84	游侠旅行
17	广汽汇理汽车金融	51	财路通	85	呼哧
18	福特汽车金融	52	中海微银	86	99分期
19	百度有钱	53	人人分期	87	学贷网
20	捷信消费金融	54	分期乐	88	蚂蚁分期
21	锦程消费金融	55	拿去花	89	会分期
22	马上消费金融	56	趣分期	90	住分期
23	东风标致雪铁龙汽车金融	57	领鲜理财	91	分贝金服
24	奔驰汽车金融	58	金融一号店	92	火分期
25	海尔消费金融	59	鼎力分期	93	分期管家
26	宝马汽车金融	60	名校贷	94	喵卡
27	天津长城滨银汽车金融	61	91白条	95	绿豆家装
28	比亚迪汽车金融	62	瓜牛分期	96	滴士分期
29	沃尔沃汽车金融	63	拍来贷	97	车轮赚
30	菲亚特汽车金融	64	好又贷	98	信通袋
31	奇瑞徽银汽车金融	65	贝多分	99	天天分期
32	三一汽车金融	66	先花花	100	捷分期
33	丁丁白条	67	贷贷红		
34	重应汽车金融	68	分期范		

作为较早进入消费金融领域的“衣、食、住、行”类企业，汽车消费金融已走过近十个年头，且 20 多家车企持有银监会颁发的汽车金融牌照。打车市场的燥热在某种程度上影响了汽车消费金融的发展。目前，主要的汽车消费贷款主要分为四个部分：传统银行贷款、商业银行主导的信用卡分期、品牌自有的汽车金融服务和第三方平台推出的汽车消费金融。近期，P2P 金融平台也介入汽车消费领域，与前三种汽车金融相比，P2P 平台提供了更便捷的服务，正在逐渐改变着人们的购车习惯。

2015 年 4 月，互联网金融平台壹宝贷与深圳市润天汽车服务有限公司达成战略合作，并推出“以租代购”的汽车金融服务，欲以零首付购车分期产品，切入汽车消费市场。类似“无门槛”的分期贷款，或将成为汽车消费金融的又一轮竞争模式。2015 年 7 月，天猫宣布联合阿里小贷、余额宝、汽车厂商共同推出整车购买增值服务，消费者用余额宝取代传统预付款模式，并能享受购车款 3 个月的增值收益。

除此之外，众多互联网金融公司都在汽车行业即将迎来变革的转折点，积极探索创新型产品。各类汽车金融企业的产品由与中国人民银行基准利率相同、第三方担保和质押物、5% ~ 18% 的分期手续费、一定份额的首付款等方式，变为如今的零首付，体现了互联网金融与传统车企的融合速度，扩大了市场张力。

消费金融正在向更加细分化和垂直化的方向发展。

阿里巴巴的“花呗”不仅限于天猫和淘宝的消费场景。蚂蚁金服方面表示，“花呗”的消费金融服务场景正在扩大，目前接入了 40 多家购物平台。

2014 ~ 2015 年是细分类消费金融产品融入市场的繁盛期。不仅“途牛”“去哪儿”等专注旅游业的平台，配有相应的旅行类分期产品，京东、阿里等电商集团也将购物分期延伸至出行领域。近年来，随着消费行为习惯和消费观念的改变，“一场说走就走的旅行”被越来越多的消费人群认可。对于收入不稳定的年轻人，旅行分期产品的诞生恰恰验证了互联网时代产品基于用户需求的不断完善。

一年一度的“剁手党”狂欢节——“11/11”如期而至。阿里巴巴 CEO 张勇表示，“双十一”将正式迈向全球化，以全球化、全渠道的新商业面貌和“消费 + 娱乐”的全新互动形态呈现。

盛大的消费主张背后隐藏了消费金融的变相支持。

2015 年 10 月 14 日，蚂蚁金服宣布联合天猫投入 5000 万元，鼓励使用“蚂蚁花呗”。10 月 20 日，“蚂蚁花呗”宣布追加 1000 万元，为用户提供“双十一”免息分期购物优惠，用户购物最长可分 1 年还，且无手续费。而为了解决用户“双十一”资金不足的问题，“蚂蚁花呗”还将给用户发放“双十一”消费额度。这不仅是在激起“双十一”粉丝的购买欲，也体现了消费金融在当今消费市场的重要性及未来消费格局中要扮演的角色。

随着个性化和私人定制的普及，细分类的消费金融将变成未来消费者的消费生活的一部分，车、房、医疗、教育、购物分期付款无处不在，甚至可能成为主流的消费方式。

同时，消费金融市场的监管难度也在加大。依靠信用数据信息积累起来的借贷双方，之间微妙的利益关系很难拿捏，靠平台维系的安全性随时都有可能出现风险。随着监管更深入地介入，大数据信息更广泛、精确地支持，消费金融市场有望朝着更加健康、更贴近消费者需求、细分化的方向发展。

来源：《互联网周刊》，消费金融行业资讯

习题

1. 什么是消费金融？消费金融的参与主体包含哪些？

2. 消费金融呈现怎样的特点？

3. 什么是互联网消费金融？互联网消费金融的产业链包含哪几部分？

4. 互联网消费金融与传统消费金融相比有哪些不同？

5. 互联网消费金融有哪几种模式？

6. 互联网消费金融未来有怎样的发展趋势？

第8章 互联网信托实务

《中华人民共和国信托法》对信托的定义为“委托人基于对受托人的信任，将其财产权委托给受托人，由受托人按委托人的意愿以自己的名义，为受益人的利益或者特定目的，进行管理或者处分的行为”。从信托的定义可知其具有下列特点：①该项财产为独立的财产，而不是受托人自己财产的一部分；②以受托人名义或以代表受托人的另一个人的名义拥有信托财产；③受托人有信托的法律条件所赋予的特殊职责，以及管理使用或处分财产的权力和应尽的业务。从经济学的角度分析，信托关系是一种与其他投融资活动不同的社会经济行为，一个完整的信托活动的第一步是接受他人信任与委托，第二步是受托人根据信托契约的目的对信托资产进行经营管理活动或者办理经济事务，为委托人和受益人谋取利益的一种经济行为。

以互联网技术及互联网金融的发展趋势，结合信托的法律制度框架及金融特性，两者的融合可提升信托创新的技术环境，带动信托业务创新，从思维、组织结构、人员、产品设计等方面全方位变化，通过加速创新进程，促进互联网信托的发展。互联网金融带给信托的是将以前未能做好的业务（产品）运用互联网技术和思维加以改造并做好，把以前不能做的业务（产品）运用互联网技术和思维加以设计并推出创新业务类型，为信托公司发展创新业务提供帮助。

第一节 互联网信托的概念与内涵

互联网信托理念的提出是基于互联网理论及在互联网金融发展的背景下，与信托天然的制度框架及金融特性相契合发展出来的一种理念。所谓的互联网信托，就是在互联网的生态环境下，信托公司作为金融机构在信托制度及法律框架下通过不断强化自身的能力以适应市场环境，不断创新出业务模式，提高信托业务能力和金融资源的配置能力。互联网金融给信托公司的创新业务发展构建了良好的生态圈，为互联网信托业务创新提供了可能，借助于互联网，信托公司可以进行商业模式的重塑，从由融资人主导向委托人主导转变，根据委托人的内在需求，寻找合适的对接业务及项目，并进行产品设计。

信托公司商业模式的改变，一方面需要加强技术、工具的支撑，如加强与互联网公司的合作，充分利用其大数据及其分析能力进行客户挖掘；另一方面也需要信托公司从战略、组织架构、人员等各方面进行调整和适应，从战略上明确互联网推动创新业务发展的重要作用，以切实提高产品设计能力，满足委托人多样化、个性化的需求，从而助推互联网信托业务的开展。但其与一般的互联网金融具有共性的地方，同时也有独特的方面，互联网信托就是通过网络平台进行的信用委托，互联网信托业务一般涉及三个方面的当事人，即投入信用的委托人、受信于人的受托人，以及受益于人的受益人。互联网信托业务是基于信托制度的框架由委托人依照契约或网站条款的规定，为了自己的利益，将自己财产上的权利通过受托人（即互联网平台）转给收益人（即中小微企业）作为资金周转，受益人按规定条件和范围通过受托人转给委托人其原有财产以及过程中所产生的收益。

从公司的一般属性来看其有合法性的一面，比如《中华人民共和国合同法》（简称《合同法》）第二十三章“居间合同”中明确规定，居间人提供贷款合同订立的媒介服务，可依法向委托方收取相应的报酬。因此贷款服务机构的存在和服务费的收取都是符合法律规定并受法律保护的。另外，依照《中华人民共和国担保法》的规定在借款合同中贷款人可以要求借款者采取保证、抵押和质押三种担保方式。同时根据《合同法》第198条的规定，订立借款合同时，贷款人可以要求借款者提供担保。因此，金融机构借款的当事人应当按照有关规定确定担保的方式。至于自然人之间的借款，当事人可以依据实际情况对担保问题做出约定。

第二节 互联网金融对传统信托业务的影响

互联网金融的快速发展给传统金融机构带来了越来越大的影响和冲击。在产品方面，互联网金融产品层出不穷，给金融产品的设计和营销方式带来了极大的改变，这要求金融机构必须提高其产品设计能力；在客户方面，互联网金融让客户的投融资、理财等行为变得更加快捷、高效、低成本，并且客户将具有更大的选择权，这就要求金融机构要不断提升客户服务水平、改善客户体验；在经营模式方面，金融机构的经营理念必须向以客户为中心进行转变，以实时、高效地适应客户需求的变化，通过传统金融服务的优势促进互联网金融的新发展。

1）信托业务组织体系的变化。互联网金融产品要求以产品为导向，以满足客户需求为根本，追求更加满足个性化的需求，这就带来了传统组织架构上的巨大不适应性。在科学管理体制下，讲求制度、流程和人员激励，以面对快速变化的客户和快速变化的需求，信托面对的客户和市场是不确定的，固化的程序与不确定性的冲突持续上升，迫切需要组织体系的相应变化。无论是传统的垂直管理还是扁平化管理，均需要按照客户的需求进行转变，充分发挥个人的力量，发挥个人的优势，以应对客户持续而易变的个性化需求，这就给现有的组织架构带来了极大的冲击，一系列传统的运作方式由管理效率提升的稳定结构变成了阻碍企业发展的不稳定架构。

2）信托产品营销体系的变化。互联网金融带给信托营销体系的变化，成为互联网金融影响信托业务模式的重大变化。营销体系的变化体现为对客户服务方式和服务内容的变化，也体现为以客户为中心理念的转变。首先是营销内容的变化：①大数据分析，随着监管层要求信托公司发展自己的财富管理中心，了解客户、积累客户数据正在成为各大信托公司的重要课题；通过大数据分析可实现客户价值分析，从而实现精准营销的目的。②移动营销终端，为客户经理提供移动营销终端系统，满足客户经理的展业工具类的需求，实现线下销售互联网模式。

其次是营销方式的变化，在现有制度和监管环境下，利用互联网将有效增大客户营销半径，增强客户黏性及客户体验度，并实现精准营销。信托公司通过强化信息系统建设，可以在目前营销物理网点限制的情况下进行营销的延伸，增大营销辐射范围。随着移动智能手机日益普及，使用移动网络开展购物、消费、理财的需求快速增长。利用现代社交媒体平台等方式扩大投资群体，同时加入客户评价和推荐功能，获取用户的实时反馈。通过大量的数据分析、挖掘，及时向中后台反馈销售变化预警信息，辅助中后台实现迅速有效的流动性管理、风险控制、产品研发，从而迅速纠正产品设计走向。

3）风险管控模式的变化。互联网金融的运用对信托业风险管理能力的提升有着巨大的帮助：①强化对现有客户风险的判断。信托公司必须拥有利用互联网获取用户在网络活动中产生的大量而又全面的信息数据以及强大的信息处理能力，通过利用平台上海量信息的大数据并采用云计算的方式来进行分析及判断客户风险，从而进一步确定贷款金额、期限、利率等关键指标。②风险预警及风险化解。信托公司通过客户行为分析、舆情监测、信用评级等信息系统的监控，实现即时的风险预警，可以为风险处置赢得足够多的时间。技术要求方面依赖于大数据和云计算，采取自动判断贷款条件和金额的服务模式，其控制风险的关键更多地体现于算法优化，以尽可能准确地获取有价值的数据。③险管控手段的提升。互联网金融的技术支持将从系统、流程、风控手段上提升信托公司化解风险能力，将自有的风控体系和市场先进的风控产品相结合，以实现优势互补。

4）技术体系的变化。在互联网金融的模式下，信托公司构建的信息系统应当能够支撑信托公司经营网络的平稳运行，搭建起以数据仓库为核心的经营管理数据体系，以实现客户信息、账户信息、产品信息、交易信息、管理信息等的集中管理，从而利用这些信息建立客户的信息视图和评价体系以及各种风险计量模型，进而可运用有关成果开拓市场，促进信托公司的可持续发展。同时，由于信托的高端私募产品性质，投资金额大，因此信托公司在利用互联网开展相关业务时，除了要考虑互联网金融的便捷性，更要充分考虑网络安全性问题，为客户提供一个安全、可靠的交易环境。同时，信托公司也不能过度迷信技术而忽视了技术的潜在风险和道德风险，过于复杂的技术会阻碍人们正确地认识风险，可能导致系统风险的过度累积。

第三节 互联网金融产品与信托业务的内在逻辑

1. 现有的互联网金融产品与信托业务创新的融合性

互联网金融产品充分体现互联网精神，开放、包容、具有积极的时代特色，许多产品是非互联网时代所不具有的，具有极大的创新性，内在体现的是不懈的创新精神。信托业务创新一样具有创新的内在精神支持，需要对过往和现有的业务进行革新，并与时代相契合。因此，互联网金融产品与信托创新业务在内在实质上有了巨大的融合性，而这种融合性也使得互联网金融成为信托创新业务发展的助推器。

2. 信托创新业务与互联网金融的连接性

互联网金融产品和信托创新业务具有设计理念上的连接性，以及工具采用的共生性。信托创新业务基于互联网金融进行开发和设计，其产品更具备标准化、模式化和专业化的特征，极大地降低了客户对于复杂性产品的释读，因此可以将客户由线下向线上迁移，以及吸引更多的线上客户参与投资和使用信托工具。产品设计及开发的广泛参与性及迭代传统产品更多的是由项目导向的，而客户需求导向的创新产品需要测试和引导客户的需求，在互联网金融下有一个明确的假设前提——客户的需求是不断变化的，那么创新业务的产品设计就需要通过多方面了解客户的需求和引导客户的需求，这就需要提前测试和不断更新，以加强信托公司与客户的及时互动，信托公司通过微信、APP以及论坛等多重方式及时获得客户的反馈信息，并根据客户的需求对产品进行迭代开发，以增强客户的体验。

第四节
互联网信托业务模式探讨

随着互联网平台、大数据分析等新型技术被广泛运用于各行各业，互联网与移动互联网不仅对传统实体产业产生了颠覆式冲击，也使金融行业的外部环境发生了剧变。在全新的经营环境下，信托公司也已经开始积极“拥抱”互联网，布局互联网金融，以探索业务创新机遇，寻求公司创新发展。

1）营销方式及管理的电子化提升信托业务创新。互联网金融的特性就是社群、互联、无边界，实现时间和空间的纵横交错，摆脱各种物理空间的限制。而互联网金融下创新业务的发展，首先带来的是营销方式及管理的电子化，如对目前客户信息的大数据收集及历史数据的大数据分析、对于营销管理的自动化和监控实施、交易合同的电子化等。

2）受益权转让。信托资产管理规模的快速膨胀，使得对信托存量产品提供流转平台成为必然。平台对信托受益权进行分拆转让，为信托产品提供流动性，但从具体产品来讲，更多的是上述平台公司通过受让未到期产品并进行分拆转让，与现有相关受益权不得分拆转让的监管法规、各家信托公司受益权转让的柜台办理转让手续等存在冲突，加上信息不透明，容易产生风险。不过这一做法具有积极的借鉴意义，未来通过规范流程及加强信息披露，以及配套相关制度，对于提升信托产品流动性有极大的好处。

3）增值服务。在投资者教育以及资产配置等方面，投资者服务仍有极大的提升空间，互联网信托业务在增值服务方面有了更大的发展空间，如专属理财服务建议、资产配置建议以及其他等多项增值服务。通过互联网金融，可以让小资金做信托，这是一种思路，不过需要把握好法律界限。投资者除了要关注信托项目本身的风险之外，还要关注该销售平台的道德风险。《关于促进互联网金融健康发展的指导意见》指出互联网信托依然要坚持合格投资人标准，注意和防范风险。那么，现金类产品目前更多的是存量客户的资金蓄水，以及新客户购买产品前的蓄水，而对于降低合格投资者标准的小额资金，在目前的监管框架下尚难以开展，未来随着对于信托产品购买门槛的降低，将有望进一步带动非合格投资者类产品的推出。

4）中小企业及供应链信托 。长期以来融资难、融资贵成为制约中小企业发展的瓶颈，借助于互联网金融，信托公司在中小企业资金支持方面大有可为。对于中小企业服务除了小微贷款外，供应链信托也是一个重要的业务模式。通过寻找大型集团并以大型集团为核心企业，在整合上中下游的基础上借助于大数据分析及线上申报、放款、管控的方式，为中小企业提供供应链信托，实现融资的闭环管理和大优客户战略，这极大地降低了信托资金的风险。“外贸信托”在小微金融方面探索出了自己的发展模式，从2007年开始做小微金融，至今已有10年历史，经历了三个阶段，并向超过500万个人及小微企业发放贷款。根据小微金融批量放款的特点，“外贸信托”绑定中金支付、银联等支付机构实现批量付款，以及贷款发放的电子化签约。

5）信托的P2P模式。P2P平台主要是为个人借贷款进行信息服务并收取中介服务费。目前，P2P平台担保融资模式是P2P平台与信托公司合作规模较大的一种模式。除了上述P2P平台担保融资模式，信托与P2P合作模式还包括代销信托产品模式。在代销情况下，合作双方各取所需，个别实力雄厚的 P2P 平台拥有高流量的人气，销售金融产品的能力极强；一些募资困难的信托产品便寻求这些实力雄厚的 P2P 平台合作以解决销售难题。如平安陆金所便是代销信托产品的典型。

另外，还有一种模式是有限合伙基金模式，具体操作模式为由 P2P 平台或者其股东作为普通合伙人发起成立有限合作制基金，普通投资者投资于该有限合伙基金。该有限合伙基金通过汇集大量的资金，成为集合信托产品的合格投资者。

6）信托的众筹模式。众筹融资是互联网上的股权融资，众筹融资解决的是股权问题。比如，如果某人有好的项目、好的电影剧本，在网上征求谁愿意入股提供融资，并告诉其投资有风险，收益共享、损失共担，最典型的是通过众筹解决小额风险投资。中信信托携手百度金融、中影股份及德恒律所在北京联合推出“百发有戏”电影大众消费互联网服务平台，探索“消费众筹 + 电影 + 信托”的全新互联网金融商业模式。“百发有戏”互联网消费信托平台的推出是金融、媒体、文化产业与法律界在互联网金融领域的“跨界融合、创新发展”的尝试。首单互联网消费信托通过聚焦电影文化产业的“消费 + 金融”双重属性，将人气电影《黄金时代》及其周边产品的消费权益纳入信托范围，消费者通过参与“百发有戏”平台的预售或团购获得电影票、影院卡等实物、服务或媒体内容形式的消费权益。

第五节
互联网信托业务的风险及合规性问题

1. 互联网信托业务所面临的风险

虽然互联网金融给信托业务创新带来了历史性的发展机遇，但互联网介入信托业务后也遇到与原来监管相矛盾的地方，可能会产生新的风险来源。

1）监管和政策风险。目前针对互联网金融并没有具体的监管细则，如在互联网金融市场的企业准入标准、运作方式的合法性、交易者的身份认证等方面上没有明确的规定。因此在具体的创新业务开展过程中，极易游走于法律盲区和监管漏洞之间，可能会发生未能遵循现有金融业法律法规、监管规则等事件，从而可能遭受法律制裁、监管处罚或重大损失。

2）技术和安全风险。互联网金融离不开互联网技术的支撑，计算机系统、互联网金融软件可能会存在缺陷以及计算机病毒、伪造客户身份、未经授权的访问等风险。因此，信托公司在开展互联网金融业务时必须要高度重视信息安全管理，建立互联网金融下的技术及安全管理体系，如对有形的物理设施采取必要的安全防卫措施，对数据管理和网络安全配置不同的防火墙并采用合适的加密技术，以确保数据的真实性和保密性，对系统平台和应用程序进行安全检查等，以确保互联网金融业务的物理层安全、网络层安全、系统层安全、数据层安全以及应用层安全等。

3）操作风险。互联网金融以其方便、快捷、低成本等特点，受到广泛欢迎并迅速发展，但由于内部流程不当、系统缺陷、外部事件、客户操作不当等原因，也会产生一系列的操作风险。信托公司在创新业务开展过程中必须高度重视操作风险的管理与防范，通过采取适当的操作程序、内部审计等措施，对操作风险进行适当的监控。

4）市场风险。作为传统金融行业与互联网精神相结合的新兴领域，互联网信托也面临着市场风险，主要体现在两个方面，一是客户是否能够接受新产品的风险；二是由于征信体系不完善而导致的信用风险和违约风险。目前我国的社会信用体系尚不完善，仅仅依靠外界第三方力量难以对交易双方的信用状况进行准确评价，还必须依赖数据的大量积累以及数据处理能力的提升，以解决信息不对称问题，实现交易成本的大幅下降以及风险的分散。

2. 法律及监管法规的支持

作为互联网金融的第一份官方指导意见——《关于促进互联网金融健康发展的指导意见》（简称为《指导意见》）对互联网金融发展给出了顶层设计，明确了互联网金融的主管监管部门，但对于具体的细则及细节的规定尚未明确。互联网金融本身具有极强的实践性，而且随着技术的发展呈现多样化的形式。尽管难以对互联网金融有全面的监管规定，但对于促进互联网金融发展的原则和鼓励政策必不可少。

1）加强与其他监管部门之间的协调。由于在《指导意见》中依然延续了分业监管的原则，后续的协调机制尚待建立。那么对于信托公司创新业务借助互联网金融所面临的各种问题，需要银监会加强与其他监管部门的协调。

2）对互联网信托进行界定。从《指导意见》来看，银监会是互联网信托的监管部门，除了通用的规则外，尚未对互联网信托进行界定，这必然涉及互联网信托是以发起人为主体确定，还是以涉及信托产品为主体或是采用信托工具为主体确定，这都将在现实中根据业务对监管层政策的适应性进行确认。因此，应根据互联网金融在信托的发展形势，对互联网信托本身进行界定，并出台相应的细则。

3）合格投资者的认定及客户面签、网上确认。通过技术手段，继续强化对于合格投资者的认定，原有的标准在实际运行过程中存在着执行不力等问题，而“面签”在目前的技术手段下将留有语音和影像，更加有利于对客户风险的揭示，避免虚假宣传和销售。监管层应对网上确认方式给予鼓励，以加强投资者风险的控制。

习题

1. 什么是互联网信托？
2. 互联网信托面临哪些风险？
3. 互联网信托对传统信托有哪些影响？

第9章 互联网保险实务

互联网保险又称为网络保险，指实现保险信息咨询、保险计划书设计、投保、交费、核保、承保、保单信息查询、保全变更、续期交费、理赔和给付等保险全过程的网络化。实践中表现为保险公司或新型第三方保险网以互联网和电子商务技术为工具来支持保险销售的经营管理活动的经济行为，是一种新兴的以计算机互联网为媒介的保险营销模式，有别于传统的保险代理人营销模式。

根据中国保险行业协会的统计数字，截至 2015 年年底，共有 61 家公司开展互联网人身险业务，全年新增 9 家；在 71 家财产险会员公司中，共有 49 家公司开展互联网财产险业务，占比 69%。与此同时，大型保险集团纷纷成立独立的电子商务公司，探索专业化经营之路。2015 年，互联网保险保费规模实现跨越式发展，全年互联网人身险累计保费 1465.60 亿元，同比增长 3.15 倍；全年互联网财产险累计保费收入 768.36 亿元，同比增长 51.94%。其中，包括万能险、投连险在内的理财型业务的保费，在互联网人身险累计保费收入中占比 83.2%；车险在互联网财产险累计保费收入中占比则仍高达 93.20%。

由此可见，互联网保险已不再是“星星之火”，已成“燎原之势”。就目前互联网保险品种来看，现阶段占比高的为理财型业务和车险。但从近阶段互联网保险的业务开展情况来看，目前的这些险种与渠道并非互联网保险真正的突破点，也不能将其视为未来互联网保险的发展方向，而在互联网生态链上的保险、技术驱动保险及空白领域的保险等或是下一步的主流。而从风险管理的角度，互联网保险应该从目前简单的风险转移、转嫁功能向风险降低过渡，同时是保险本质的真正体现。

第一节 互联网保险的特征与优势

与传统保险相比，互联网保险具有如下五大特征和优势：

一是时效性，保险公司可以通过互联网，实现全天候随时随地的服务，同时免去了代理人和经纪人等中介环节，大大缩短了投保、承保、保费支付和保险金支付等进程的时间，提高了销售、管理和理赔的效率，使得规模经济更加突出，有利于保持保险企业的经营稳定性。

二是经济性，互联网将帮助整个保险价值链降低成本 60% 以上。通过互联网销售保单，保险公司开业免去机构网点的运营费用和支付代理人或经纪人的佣金，直接大幅节约了公司的经营成本。保险公司同样能从互联网保险中获益多多。通过网络可以推进传统保险业的加速发展，使险种的选择、保险计划的设计和销售等方面的费用减少，有利于提高保险公司的经营效益。据有关数据统计，通过互联网向客户出售保单或提供服务要比传统营销方式节省 58% ~ 71% 的费用。

三是交互化，互联网保险拉近了保险公司与客户之间的距离，增强了双方的交互式信息交流。客户可以方便快捷地从保险服务系统获得公司背景和具体险种的详细情况，还可以自由选择、对比保险公司产品，全程参与到保单服务中来。相比传统保险推销的方式，互联网保险让客户能自主选择产品。客户可以在线比较多家保险公司的产品，保费透明，保障权益也清晰明了，这种方式可让传统保险销售的退保率大大降低。

四是灵活性，互联网保险的出现在一定程度上缓释了传统保险市场存在的一些问题，有助于实现风险识别控制、产品种类定价和获客渠道模式方面的创新，最大程度地激发市场的活力，使市场在资源配置中更好地发挥决定性作用。

五是服务方面的便捷性，网上在线产品咨询、电子保单发送到邮箱等都可以通过轻点鼠标来完成。互联网让投保更简单，信息流通更快，也让客户理赔不再像以前那样困难，使得保险服务更便捷、及时与迅速。

第二节 互联网保险发展的缘由

中国保险行业协会刚刚发布的《互联网保险行业发展报告》称，中国保险行业的现实需求为互联网保险的发展提供了内生动力。虽然互联网保险的发展还不如互联网对银行业、消费金融及理财的发展，但相比于信托、证券、基金及期货，互联网保险已经站在了互联网金融发展的潮头。

借助互联网，一场保险业销售渠道的革命正悄然而来。这也是互联网保险快速发展的原因，具体如下：

一是传统销售体系遭遇成本较高而利润较低的发展瓶颈。现阶段，保险公司面临销售渠道受限的困境。一方面，代理人渠道问题重重；另一方面，面对垄断保险产品代销的银行渠道，保险公司逐渐丧失了议价能力和话语权，随着佣金费率的水涨船高，保险公司从银保渠道获取的利润越来越薄。互联网保险为保险行业带来的渠道创新机遇将成为公司关注利润增长的重点。

二是保险行业整体形象亟待改变。长期以来，保险行业社会口碑较差、形象欠佳，被诟病的主要问题包括销售环节误导严重、理赔难问题突出和从业人员素质偏低。而互联网线上交易的模式避免了传统保险业务员推销骚扰的弊病，加强了公司对整个业务流程的监控，通过改变销售模式和重构行业价值体系，实现扭转负面形象的自我革新。

三是保险行业产品和服务创新需求强烈。传统保险行业存在产品单一化、服务配套不足等创新缺失问题，在一定程度上偏离了以消费者真实需求为中心的要求。与互联网交易特点相结合的保险产品服务设计将颠覆传统保险的设计思路，与大众生活结合得更为紧密。

四是中小型保险公司寻求市场突破。通过部署在线投保渠道，中小型保险公司有机会从互联网保险金融的发展潮流中争取更多的市场份额，实现渠道的差异化竞争。

五是保险消费群体的市场需求需要满足。20 ~ 35 岁人群是网络消费群体的主体，呈现出高知、高收入和年轻化的群体特征，互联网有助于提升保险公司对这部分消费群体的客源捕捉能力。

第三节
互联网保险平台简介

互联网保险平台是指通过互联网和电子商务技术为工具开展保险业务的媒介或渠道，这个平台在实践中大概有四种情形：第一类是保险公司自己利用互联网技术开展保险业务而搭建的平台，其实质是“保险 + 互联网”；第二类是保险公司借助第三方互联网平台开展保险业务，主要是大型的电子商务平台或互联网比价平台等；第三类是大型的互联网公司开展保险业务；第四类是独立的第三方机构运用互联网开展保险业务。

从平台角度考察国内互联网保险业务开展情况，对研究互联网平台发展具有重要的参考意义。截至 2015 年，国内各类互联网保险平台开展的财产保险的业务情况如下。

从渠道结构来看，2015 年，财产险公司通过第三方网站合作的业务保费规模累计 63.50 亿元，占比 8.26%。其中，双方合作的主要保险产品为车险、旅游险、意外险、家财险、电子商务交易险等。

财产险公司合作的第三方网站主要分为综合类电商及门户平台，如阿里合作保费为 27.59 亿元，占比第三方合作保费的 43.44%；网易合作保费为 6.96 亿元，占比第三方合作保费的 10.96%；垂直类网站如旅游类包括去哪儿网、携程网、同程网等，携程网合作保费为 6.99 亿元，占比第三方合作保费的 11.00%，去哪儿网合作保费为 6.47 亿元，占比第三方合作保费的 10.18%；航空类包括亚航官网、深圳航空等；汽车类包括风行汽车网；游戏类包括 5173 网站；单独的第三方平台主要包括保险 360、E 家保险、大家保网、江泰保险经纪、百川保险经纪、中民网、慧择网等。

此外，财产险公司通过移动终端（APP、WAP 和微信等方式）实现保费 74.83 亿元，占比 9.74%。其中，国寿财险、平安财险、大地财险、永诚财险、人保财险等 24 家财产险公司通过微信平台实现保费 22.18 亿元；平安财险、人保财险、中华联合财险、天安财险、太平洋财险等 10 家财产险公司通过 APP/WAP 实现保费 52.65 亿元。

第四节
互联网保险的法律监管概述

2013 年被称为互联网金融元年，互联网金融发展至今已经数年，网络贷款、网络理财、股权众筹、消费金融、互联网保险、互联网证券等多种互联网金融形态已经呈现百花齐放的状态，尤其是 P2P 网贷模式更是显现出一片繁荣而混乱的景象。虽然在 P2P 网贷领域出现了大量的问题，但监管层却给予了极大的宽容与耐心，并没有因噎废食而采取“一刀切”的态度，而是采取了极其客观、谨慎的监管态度。所以，截至目前，互联网金融相关业态的法律法规尚未完全出台。

但互联网保险是一个例外，在互联网保险刚发展不久，中国保监会便出台了《互联网保险业务监管暂行办法》，应该说这个办法是继 2010 年中国人民银行出台《非金融机构支付服务管理办法》之后第二部专门针对互联网金融的监管法规。其比火热的 P2P 网贷及股权众筹等互联网模式的监管法规的出台更迅捷和及时。《互联网保险业务监管暂行办法》主要体现为以下八个方面：

第一，关于经营主体

本办法所称保险机构，是指经保险监督管理机构批准设立，并依法登记注册的保险公司和保险专业中介机构。保险专业中介机构是指经营区域不限于注册地所在省、自治区、直辖市的保险专业代理公司、保险经纪公司和保险公估机构。

第二，关于经营方式

互联网保险业务应由保险机构总公司建立统一集中的业务平台和处理流程，实行集中运营、统一管理。除本办法规定的保险公司和保险专业中介机构外，其他机构或个人不得经营互联网保险业务。保险机构的从业人员不得以个人名义开展互联网保险业务。

第三，关于自营网络平台条件

具有支持互联网保险业务运营的信息管理系统，实现与保险机构核心业务系统的无缝实时对接，并确保与保险机构内部其他应用系统的有效隔离，避免信息安全风险在保险机构内外部传递与蔓延。

第四，关于第三方网络平台条件

具有安全可靠的互联网运营系统和信息安全管理体系，实现与保险机构应用系统的有效隔离，避免信息安全风险在保险机构内外部传递与蔓延；能够完整、准确、及时地向保险机构提供开展保险业务所需的投保人、被保险人、受益人的个人身份信息、联系信息、账户信息以及投保操作轨迹等信息；最近两年未受到互联网行业主管部门、工商行政管理部门等政府部门的重大行政处罚，未被中国保监会列入保险行业禁止合作清单。

第五，关于经营险种

人身意外伤害保险、定期寿险和普通型终身寿险；投保人或被保险人为个人的家庭财产保险、责任保险、信用保险和保证保险；以及能够独立、完整地通过互联网实现销售、承保和理赔全流程服务的其他财产保险业务。

第六，关于信息披露

销售人身保险新型产品的，应按照《人身保险新型产品信息披露管理办法》的有关要求进行信息披露和利益演示，严禁片面使用“预期收益率”

等描述产品利益的宣传语句。

保险产品为分红险、投连险、万能险等新型产品的，须以不小于产品名称字号的黑体字标注收益不确定性，以及保险产品销售区域范围。

第七，关于经营规则

投保人交付的保险费应直接转账支付至保险机构的保费收入专用账户，第三方网络平台不得代收保险费并进行转账支付。保费收入专用账户包括保险机构依法在第三方支付平台开设的专用账户。

保险机构应完整记录和保存互联网保险业务的交易信息，确保能够完整、准确地还原相关交易流程和细节。交易信息应至少包括：产品宣传和销售文本、销售和服务日志、投保人操作轨迹等。第三方网络平台应协助和支持保险机构依法取得上述信息。

保险机构应防范假冒网站、APP 应用等针对互联网保险的违法犯罪活动，检查网页上对外链接的可靠性，开辟专门渠道接受公众举报，发现问题后应立即采取防范措施，并及时向保监会报告。中国保险行业协会依据法律法规及中国保监会的有关规定，对互联网保险业务进行自律管理。

第八，关于自律组织

中国保险行业协会应在官方网站建立互联网保险信息披露专栏，对开展互联网保险业务的保险机构及其合作的第三方网络平台等信息进行披露，便于社会公众查询和监督。中国保监会官方网站同时对相关信息进行披露。

除了中国保监会发布的上述《办法》之外，中国人民银行、证监会等十部委于 2015 年 7 月 18 日联合发布了《关于促进互联网金融健康发展的指导意见》，意见指出支持有条件的保险公司建设创新型互联网平台并开展网络保险销售等业务，鼓励保险公司与互联网金融公司合作，提升互联网金融公司风险抵御能力。

此外，该指导意见也明确指出：保险公司开展互联网保险业务应遵循安全性、保密性和稳定性原则，加强风险管理，完善内控系统，确保交易安全、信息安全和资金安全。专业互联网保险公司应当坚持服务互联网经济活动的基本定位，提供有针对性的保险服务。保险公司应建立对所属电子商务公司等非保险类子公司的管理制度，建立必要的防火墙。保险公司通过互联网销售保险产品，不得进行不实陈述、片面或夸大宣传过往业绩、违规承诺收益或者承担损失等误导性描述。互联网保险业务由保监会负责监管。

习题

1. 什么是互联网保险？互联网保险平台有哪些类型？
2. 互联网保险有哪些特征与优势？
3. 互联网保险对传统保险有哪些影响？
4. 互联网保险产生的原因有哪些？
5. 谈谈互联网保险的监管法规。

第10章 互联网基金销售实务

互联网基金销售是利用互联网从事销售基金产品的行为。在业界最为典型的案例就是阿里巴巴于2013年推出的余额宝、娱乐宝，以及腾讯推出的微信理财等产品。正是余额宝的出现将互联网金融发展推向了时代的风口。余额宝作为经典商业案例被哈佛商学院收录。

第一节 余额宝案例简述

2013年6月13日，阿里巴巴旗下的第三方网络支付平台支付宝(Alipay)，以响亮的口号推出了一项业务——“余额宝，会赚钱的支付宝”，这样引人注目的特点描述，自然在国内货币市场和金融业界一石激起千层浪。支付宝用户们或本着尝鲜与学习，或本着赚取利润的目的，纷纷在“余额宝”迈出了试探性的一步。上线短短六天内，余额宝就收获了超过100万的用户。

“2012年，10万元活期储蓄利息350元，如通过余额宝收益能超过4000元”“余额宝累计收益率（年化）4.87%，是活期存款的近14倍”、“随时转入转出看收益，更有全额赔付”……网络上、生活中，余额宝的宣传广告声势越发浩大，其基本宣传重点都在于“高收益、低甚至无风险”。而事实上余额宝到底是什么样的一种理财产品呢?

阿里与公募基金天弘基金联手打造了余额宝，这种合作不是简单地利用阿里的平台销售或发行天弘基金的产品，为其募集资金，而是建立在其原有的支付结算体系基础上，利用互联网的聚合作用将大量闲散资金汇聚成巨大的资金量，由持有金融牌照的天弘基金用于投资银行间的协议存款，从而获取相对于零散资金活期利息高得多的利益，取得多赢的效果。其交易结构的本质是天弘基金利用阿里巴巴的互联网渠道优势发行了货币基金，该货币基金主要用于投资银行间的货币市场。

余额宝产品使得天弘基金一跃成为国内最大的公募基金，阿里的作用在于聚合，借用天弘基金的牌照和渠道，从而使众多分散的小额资金享受到了高额的大额存款协议高利息，这显然是“互联网+基金”的融合，二者的融合是一种渠道的创新，具有金融创新的鲜明特征。

第二节
互联网基金销售的定义

互联网基金销售是指基金销售机构与其他机构通过互联网合作或自行销售基金等理财产品的行为。与传统的基金销售相比，该模式充分利用了互联网的便捷性。传统的基金销售是基金管理机构自行销售或委托第三方渠道进行代销理财产品的模式，主要利用门店及渠道来推广销售。这些销售方式具有明显的地域性及时间性，受制于物理网点的时间与空间，营业网点的关门停业及位置均影响基金的销售。而互联网大大拓宽了时空维度，不受物理网点时间与空间的限制，大大提高了交易的效率，降低了销售的成本与费用。

互联网基金销售平台是指通过互联网和电子商务技术为工具开展理财产品业务的媒介或渠道，这个平台在实践中大概有四种情形：第一类是包括基金管理公司在内的财富管理公司自己利用互联网技术开展理财产品业务而搭建的平台，其实质是“理财产品 + 互联网”；第二类是财富管理公司借助第三方互联网平台开展理财产品销售业务，主要是大型的电子商务平台或互联网比价平台等；第三类是大型的互联网公司开展理财产品销售业务；第四类是独立的第三方机构运用互联网开展理财产品销售业务。

第三节 互联网基金销售的监管

《关于促进互联网金融健康发展的指导意见》明确指出：基金销售机构与其他机构通过互联网合作销售基金等理财产品的，要切实履行风险披露义务，不得通过违规承诺收益方式吸引客户；基金管理人应当采取有效措施防范资产配置中的期限错配和流动性风险；基金销售机构及其合作机构通过其他活动为投资人提供收益的，应当对收益构成、先决条件、适用情形等进行全面、真实、准确表述和列示，不得与基金产品收益混同。第三方支付机构在开展基金互联网销售支付服务过程中，应当遵守中国人民银行、证监会关于客户备付金及基金销售结算资金的相关监管要求。第三方支付机构的客户备付金只能用于办理客户委托的支付业务，不得用于垫付基金和其他理财产品的资金赎回。互联网基金销售业务由证监会负责监管。

习题

1. 什么是互联网基金销售？互联网基金销售平台有哪些类型？
2. 互联网基金销售有哪些特征与优势？
3. 互联网基金销售对传统基金销售有哪些影响？
4. 谈谈互联网基金销售的监管法规。

03

第三篇

互联网金融监管

第11章 互联网金融监管概述

互联网金融具有创新性，是新金融的代表与核心。纵观世界金融史，金融创新有时难免会触碰法律红线，有的甚至付出巨大的法律风险代价。

法律的滞后性，使得现行法规往往滞后于现实。互联网金融这一新型金融业态也不例外。P2P于2005年诞生于英国，但英国政府专门针对P2P的监管政策直到2014年4月才正式颁布生效。众筹诞生于美国，经过多年发展后直到2012年才有了关于众筹的法案——JOBS法案，但至今尚未正式落地生效。英国关于众筹的监管政策在2014年4月才颁布。而在国内也存在类似的情况，网络第三方支付诞生于2005年，但关于第三方支付的监管法规（颁发牌照）直到2010年才颁布，也就是说在正式的监管政策出台前，网络支付已经运行了5个年头。国内的P2P于2007年出现，众筹出现于2010年，在2013年互联网金融概念大热之前，国内的P2P和众筹并没有引起社会的关注，监管层更是“置身度外”。

自2013年以后，P2P雨后春笋般出现，各种理财产品以及众筹项目风起云涌。一边是P2P平台关闭跑路（最短命P2P上线到关闭不到一天时间），一边是火爆异常的P2P及众筹平台建立。而在法律政策层面，一边是金融监管层的鼓励创新与监管并行态度（划出3条红线、4条底线），一边是司法部门对互联网金融及理财产品可能涉及的非法集资重拳出击，继最高法院于2010年出台非法集资司法解释之后，最高法院、最高检察院及公安部于2014年3月再次联合颁布关于非法集资的补充解释，进一步从严打击非法集资。

而在互联网金融业内，存在三种不同认知：一种认知是目前国内没有互联网金融法律法规，所以“法无禁止即可为”；另一种认知是互联网金融就是非法集资、非法发行证券；第三种认知是只要不违背央行的3条红线或4条底线就可以做。其实这三种认知都是错误的。正是在这种不同的认知下，互联网金融才各类业态“出场”，拼的是高回报和有担保，而一些非法集资犯罪披着互联网金融外衣夹杂其中，造成市场乱象丛生。

其实，上述现象不仅发生在互联网金融业，也在其他行业重复上演。如何摆脱“一管就死，不管就乱”的怪圈，一直是国内监管部门头疼的问题。一位权威人士曾经告诫：“互联网金融风险很大，玩不好会玩死自己，把自己玩进去。”如果互联网金融演变为网络版的非法集资，那就离整顿不远了。

因此，当前互联网金融面临的最大不确定风险是法律政策的风险。面对新型业态，监管层可以让“子弹再多飞一会”，但也要择机出台科学合理的监管制度，避免劣币驱逐良币的金融违法乱象发生。互联网金融的本质还是金融，是金融就必须遵循金融的基本规律，需要适度、科学的监管。

我们认为，互联网金融的监管存在如下三点必要性与合理性。

第一，互联网金融消费者权益保护的需要。

在金融交易关系中，存在着三方基础主体：有金融理财或投资需求的投资者，从《消费者权益保护法》角度又称为金融消费者（如果把金融产品化，其相当于买方）；有资金需求的一方（相当于卖方）；在买卖双方之间提供风险管理的中间方或媒介方，即金融机构。金融产品越复杂，金融的媒介方就越多。所谓“去媒介”，目前最重要的是减少中间的媒介数量。媒介越多，环节越多，中间的费用就越多。金融产品的复杂性也使得消费者无法了解金融产品的终极目标和具体使用方向，从而影响了消费者的风险判断，同时也增加了交易的成本，使得融资变难、变贵。

在金融交易中，作为金融媒介的金融机构存在的价值就在于，在信息不对称中，其利用专业的知识和技能为消费者或投资者提供金融风险管理服务，使金融投资者获得相对较高的金融收益。因此，其存在的条件是存在信息不对称，其基础是金融机构的金融专业能力。由于金融服务不同于一般的消费服务，具有非常强的专业技能要求。因此，相比于其他商品消费而言，金融消费者的权益更容易受到损害，给其造成的损失可能是巨大的甚至是致命的。社会中各种形式的非法集资以及被包装成致富“圣经”的各类违法“金融产品”，使得数以万计的消费者血本无归。

在金融交易中，作为弱者的金融消费者，其权益一旦受到损害，就容易引发社会稳定问题，所以，金融消费者的权益更应加强保护。因此，各国都将金融服务列入监管的行业，而将消费者的权益保护作为监管的首要目标。

第二，互联网金融市场秩序管理的需要。

如上所述，对于金融监管而言，除了保护金融消费者的权益不受损害之外，还有净化金融市场环境，维护金融市场秩序健康、稳定发展的使命。这是因为金融涉及消费者的切身利益，关系到社会经济的各个方面，金融属于严格管制的行业。

如果不加约束，听之任之发展，金融市场就会出现鱼龙混杂，就会出现恶性竞争，就会发生各类金融违法犯罪案件。因此，加强金融市场秩序管理是金融监管的重要任务。

第三，互联网金融风险管控的需要。

互联网金融的核心与本质仍是金融，应当遵循金融的基本规律，包括监管在内。但是互联网金融又不同于传统金融，涉及互联网技术的有关层面，因此，互联网金融具有不同于金融的一面，有其独特性。传统金融监管的方式、思维并不能够完全适用于互联网金融，这也是截至目前监管层迟迟未出台互联网金融监管具体规定的原因。

那么，相对于传统金融而言，互联网金融又有哪些独特之处呢？我们认为，从监管角度而言，除了传统金融监管途径之外，互联网金融还应当从以下几个方面予以监管：

首先，互联网金融的法律风险更大、更为复杂，尤其在目前面临众多的法律政策不确定性问题，也就是说互联网金融的很多模式尚在探索之中，而其现有模式与传统金融的有关监管法规存在冲突，需要梳理解决。再加之，其涉及的法律关系也比较复杂，不同于一般的金融法律关系。

其次，互联网金融的工具是互联网，互联网存在网络安全以及对网络的监管问题。这是互联网金融明显有别于传统金融的地方，因此，互联网金融的监管之中需要考虑到网络监管问题。

最后，互联网金融机构不同于传统金融机构，这是一个充分利用各类新科技的金融，又可称之为科技金融。你会看到目前以及未来的互联网金融机构绝大多数的员工是技术人员和IT人员，在科技金融模式下具有不同于传统金融的运营模式，通过一个小小的按键发出的一个错误的操作指令，可能就造成巨大的损失。因操作失误而倒闭的金融机构已不鲜见，因此，对于互联网金融的监管应当加强操作风险的监管。

习题

1. 互联网金融为什么要监管？
2. 讨论我国目前对互联网金融的监管现状。

第12章 国内外互联网金融监管概况

一、英美等国互联网金融监管体系

虽然英美等国没有互联网金融概念，也不像中国互联网金融这么热火朝天，但是英美却是互联网金融的鼻祖，三种最主要的互联网金融模式——第三方支付、P2P及众筹均诞生于英美等国。其中：第三方支付的鼻祖是诞生于1998年12月的美国PayPal公司（贝宝支付）；P2P的鼻祖是诞生于2005年3月的英国Zopa网站；众筹的鼻祖是于2009年在美国成立的Kickstarter，这是美国第一家也是全球第一家众筹平台。

同时，英美等国也是对互联网金融监管最早、立法最早的，目前已经出台了第三方支付、P2P及众筹的相关监管法规。具体如下：

1. 关于P2P的监管及立法情况

（1）英国情况

英国是P2P的发源地，目前已经形成多种类型的P2P平台。在监管方面形成了行业协会自律与监管部门监管的双重体系。具体如下：

• 行业自律——P2P金融协会

2011年8月15日，英国P2P金融协会(Peer-to-Peer Finance Association，P2PFA)成立，初始成员包括Zopa、RateSetter和Funding Circle，协会的首要目的是确保该行业继续高速、健康地发展。P2PFA在章程中表示要设立最低行为标准，特别是在面对消费者和小企业时。另外强调了监管的有效性，确保监管落实到平台运营商，促使平台健康运行、操作风险可控、服务透明公正，最终提供简单且低成本的金融服务。

对此，协会提出了一系列的平台运营原则，关键要求如下：

高级管理人员：协会的成员平台至少有一名董事会成员是FSA(英国金融服务局，现为英国金融行为监管局FCA)认可的代理人。

最低运营资本金要求：协会的成员平台必须保有足够资金能够覆盖三个月的运营成本，且最低不得低于2万英镑。成员应当在财年结束28天内上报协会，协会将安排会计公司进行审计。

客户资金隔离：成员平台的客户资金必须单独存放于银行账户中，与自营资金和公司资本隔离，并且每年安排外部审计人员审核。

适当的信用和支付能力评估：成员平台必须有审慎的风险管理政策，使贷款违约率在可控范围之内。同时该政策必须向有关部门备案。

适当的反洗钱和反欺诈措施：成员平台要遵守反洗钱法规，建议加入反洗钱协会(CIFAS)。

清晰的平台规则：有健全的合同条款；公司不能成为自己平台的借款者，可以成为投资者，但必须公示；成员平台须公开预期违约率、实际违约率、逾期贷款等；审核借款者申请时，只能向信用评级公司申请“软浏览”（这样不会降低申请者的信用分数）。

营销和客户沟通：成员平台须在关键信息的宣传与营销上透明、公正、无误导。

安全和可靠的 IT 系统：成员平台应当建立与其规模和项目相适应的、安全可靠的 IT 系统。

公平处理投诉：成员平台须有明确的投诉处理办法，保障消费者的投诉可以得到公平及时的解决。

有序破产：成员平台应当有平台破产或停止运营后继续有序管理现存合同的计划。

现在该协会已经覆盖了英国 95% 的 P2P 借贷市场以及大部分票据交易市场，成员包括 Zopa、RateSetter、Funding Circle、ThinCats，LendInvest、Wellesley &Co 和 MarketInvoice。

• P2P 行业监管政策

2014 年 3 月 6 日，英国金融行为监管局 (FCA) 发布了《关于网络众筹和通过其他方式发行不易变现证券的监管规则》（下称《监管规则》），并于 2014 年 4 月 1 日起正式施行。

FCA 对于借贷型众筹的相关规则要点如下：

最低资本要求及审慎标准：《监管规则》规定以阶梯形计算标准来要求资本金，具体标准如下：5000 万英镑以内的资本金比例为 0.2%；超过 5000 万英镑但小于 2.5 亿英镑的部分为 0.15%；超过 2.5 亿英镑但小于 5 亿英镑的部分为 0.1%；超过 5 亿英镑贷款的部分为 0.05%。

FCA 考虑到借贷型众筹几乎没有审慎性要求的经验，所以为公司安排过渡期来适应。FCA 决定，在过渡期实行初期 2 万英镑、最终 5 万英镑的固定最低资本要求。其中，被 FCA 完全授权的公司在 2017 年 3 月 31 日前都可以实行过渡安排，同时提醒在公平交易局 (OFT) 监管下的借贷型众筹平台不必实行审慎标准直到被 FCA 完全授权。

客户资金规则：若网络借贷平台破产，应对现存贷款合同做出合理安排。如果公司资金短缺，将会由破产执行人计算这部分短缺并按照比例分摊到每个客户身上。而执行破产程序所涉及的费用也将由公司持有的客户资金承担。这意味着无论公司从事什么业务，一旦失败，客户资金将受到损失。公司必须隔离资金并且在客户资产规范 (Client Assets Sourcebook) 条款下安排资金。

争端解决和金融监督服务机构的准入：FCA 将制定规则以便投资者进行投诉。投资者首先应向公司投诉，如果有必要可以上诉至金融监督服务机构。争端解决没有特定的程序，只要保证投诉得到公平和及时的处理即可。FCA 主张公司自主开发适合他们业务流程的投诉程序，尽量避免产生过高的成本。投资者在向公司投诉却无法解决的情况下，可以通过向金融监督服务机构投诉解决纠纷。

如果网络借贷平台没有二级转让市场，投资者可以有 14 天的冷静期，14 天内可以取消投资而不受到任何限制或承担任何违约责任。

特别注意的是，虽然从事 P2P 网络贷款的公司取得 FCA 授权，但投资者并不被纳入金融服务补偿计划 (FSCS) 范围，不能享受类似存款保险的保障。

P2P 网络借贷公司破产后的保护条款：为了建立适当的监管框架以平衡监管成本和收益，目前 FCA 不对 P2P 网贷公司制定破产执行标准。因为即使制定严格标准要求，也不能避免所有的风险。如果这些标准没有按照预期运行，消费者依然可能受到损失。FCA 希望投资者清楚，制定严格标准不仅代价极大而且也不能够移除所有风险。同时 FCA 希望可以由公司自己制定适合其商业模式及消费者的制度和方法。

信息披露：P2P 网络借贷平台必须明确告知消费者其商业模式以及延期或违约贷款评估方式的信息。与存款利率作对比进行金融销售推广时，必须要公平、清晰、无误导。另外，网站和贷款的细节将被归为金融推广而纳入到监管中。

FCA 报告规范：网络借贷平台要定期向 FCA 报告相关审慎和财务状况、客户资金、客户投诉情况、上一季度贷款信息，这些报告的规范要求于 2014 年 10 月 1 日开始实施。其中，审慎和财务报告只有公司被完全授权的一个季度后才开始提交。另外，平台的收费结构不在报告规则要求里。

（2）美国 P2P 监管情况

美国的 P2P 监管主要体现在信息披露与投资人保护两个角度。分别由 SEC 和 FTC 两个部门来分别实施监管。具体如下：

第一个方面：SEC 对 P2P 平台注册登记及信息披露监管

SEC（美国证监会）对 P2P 借贷的监管与对其他同样发售证券的公司一样，重点关注公司是否按要求披露信息，而非检查或者监控公司的运作情况，或者审核发售的证券特性。具体而言，正是 SEC 的公司金融部门的人员审核了 Prosper 的发行说明书与其他要求的相关材料，以确定 Prosper 和 Lending Club 满足法定要求，公布对投资者做出买入、卖出或者持有该证券的决定有重大影响的全部信息。

除了在 SEC 登记之外，Prosper 和 Lending Club 还需要在选定的州证券监管部门登记，以得到允许向该州居民推出和发售收益权凭证。

目前数量众多的联邦和州监管机构在监管和推动 Prosper 与 Lending Club 符合法律要求中发挥着作用，以控制与消费信贷和互联网商业有关的风险。例如：要求信贷提供者披露信贷条款，禁止歧视，监管贷款收回方式。这些法律同样禁止不公平或者欺骗性的条款或者做法，要求公司保护消费者个人金融信息，采取反洗钱措施，满足电子化交易的要求。

第二个方面：FTC 对 P2P 平台采取的执法行动

FTC（美国联邦贸易委员会）对 P2P 借贷有着一些执法职责。如果 Prosper 和 Lending Club 等 P2P 平台不在 FTC 权力的豁免范围内并且参与到第三方债务催收中，FTC 就可以对 Prosper 和 Lending Club 采取执法行动。

2. 关于众筹的监管及立法情况

（1）英国众筹监管情况

2014 年 3 月 6 日，英国金融行为监管局（FCA）发布了《关于网络众筹和通过其他方式发行不易变现证券的监管规则》(以下简称《众筹监管规则》)，并于 2014 年 4 月 1 日起正式施行。

《众筹监管规则》认为需要纳入监管的众筹分为两类，即 P2P 网络借贷型众筹和股权投资型众筹，并制定了不同的监管标准，从事以上两类业务的公司需要取得 FCA 的授权；对于捐赠类众筹、预付或产品类众筹不在监管范围内，无需 FCA 授权。

对于投资型众筹（股权众筹），FCA 已经有相应的监管规则，此次增加了一些新的规定。具体如下：

投资者限制：投资者必须是高资产投资人，指年收入超过 10 万英镑或净资产超过 25 万英镑（不含常住房产、养老保险金）；或者是经过 FCA 授权的机构认证的成熟投资者。

投资额度限制：非成熟投资者（投资众筹项目两个以下的投资人），其投资额不得超过其净资产（不含常住房产、养老保险金）的 10%，成熟投资者不受此限制。

投资咨询要求：众筹平台需要对项目提供简单的说明，但是如果说明构成投资建议，如星级评价、每周最佳投资等，则需要再向 FCA 申请投资咨询机构的授权。

（2）美国众筹监管情况（JOBS 法案）

2012 年 4 月，美国《工商初创企业推动法案》（简称“JOBS 法案”）经奥巴马总统签署生效。这一法案是致力于改善小企业融资便利的“资本市场监管自由化”导向的法案，又被称为“众筹法案”。该法案对于股权众筹融资平台意义重大，股权众筹平台可以通过网络公开向合格投资者公开私募发行，且提高了公司股东人数上限。这无疑极大地支持了股权众筹融资平台的发展，使股权众筹平台实际变成了多层次资本市场的一极。具体内容如下：

1）私募发行可采用公开方式进行。只要发行人或卖方采取合理的步骤证明其为合格投资者或合格机构投资者，就可以依法享受注册豁免而可以采取向投资者公开劝诱或广告的形式兜售证券。

2）Regulation A 规定的小额发行人注册豁免标准放宽。法案要求 SEC 修改 Regulation A，即对小额发行有条件豁免制度进行修改或者采取新的制度，将 12 个月内依据联邦法豁免注册非限制债券、权益和可转债的募资总数从 500 万提高到 5000 万。当然，与上述公众募资平台不同，这个融资豁免注册系统的发行依然适用州蓝天法，除非证券只出售给非合格投资者，或在全国的证券交易系统发行或出售。

3）公众募资平台便利私人公司筹资。JOBS 法案规定，只要经由 SEC 注册的经纪人充当中介，私人公司可以不用到 SEC 注册就可以从众多的小投资者处筹集少量资本。该私人公司可以在 12 个月内通过发行受限证券（如转让限制）的形式筹资不超过 100 万美元。每个投资者可投资数依据其年收入和净资产水平从 2000 美元到 10 万美元不等。除此之外，发行人、经营层和董事对购买证券者承担责任，如果涉及任何实质性虚假陈述或遗漏，投资者可要求赔偿损失或要求全额退款。

4）私人公司股东数上限的改革。在本次改革法案之前，私人公司一旦在册的股东人数达到500人并且资产规模到了1000万美元就必须到SEC注册登记。改革后的JOBS法案则将私人公司的股东人数提高到2000人，只要非合格投资者不超过499人即可。

二、我国互联网金融监管体系

互联网金融属于新金融的代表，其新的商业模式、业态不断涌现。目前，除了电子银行、互联网保险、互联网证券以及第三方支付等法规之外，针对P2P、众筹融资等模式还没有专门的法律、法规，但是相关的监管部门已经明确，即由不同的部门监管互联网金融的三种不同的新型业态，第三方支付归央行监管，P2P规银监会监管，众筹归证监会（准确来讲应当是股权众筹）监管（见表12-1）。下面介绍目前国内互联网金融的监管体系和相关法规的一些现状。

表12-1　互联网金融业态种类及监管部门

互联网金融业态	监管部门
电子银行	银监会
互联网保险	保监会
互联网证券	证监会
第三方支付	央行
P2P	银监会
股权众筹	证监会

1. 国内互联网金融监管体系

2. 相关监管法规概况

（1）传统金融机构新型互联网平台有关的法规

• **银行互联网化——电子银行监管法规**

国内银行利用互联网技术改善服务始于1997年，经过多年发展后，监管部门的监管法规终于出台。专门针对银行电子银行业务的《电子银行业务管理办法》于2005年11月10日由中国银行业监督管理委员会第40次主席会议通过，并自2006年3月1日起施行。

• **互联网保险业务的立法情况**

2012年，由阿里巴巴马云、腾讯马化腾、中国平安马明哲"三马"发起的国内第一家互联网保险公司——"众安在线财产保险公司"运行良好。2015年7月22日中国保监会印发了《互联网保险业务监管暂行办法》，加强了对互联网保险的监督与管理。

• **互联网证券业务立法情况**

2014年4月，中信证券、国泰君安、平安证券、长城证券和华创证券等五家券商互联网证券业务通过中国证券业协会专业评价，获互联网证券业务试点资格。

除了券商自设平台开展网上交易、网上开户、网上商城、网络投资平台、互联网账户体系建设，应对"一人多户"的政策冲击外，不少券商也在进行互联网渠道建设，互联网公司对券商行业的渗透正在不断加深。针对此情况，证监会明确，互联网企业开展资本市场业务既要成为业务创新的"试验田"，又要尊重金融的规律，严守"六条"底线，即不得变相吸收公共存款、不得变相非法集资、不得开展保本保底业务、不得进行内幕交易、不得进行利益输送、不得开展资金池业务等，但截至目前，关于互联网证券业务的管理办法尚未出台。

（2）第三方支付相关法规

2010年6月21日，中国人民银行正式公布了《非金融机构支付服务管理办法》，该办法已经于2010年5月19日第7次行长办公会议通过，自2010年9月1日起施行。该办法是专门针对第三方支付机构的监管规定，但距国内第一个网络第三方支付——支付宝的诞生已经5年了。

（3）P2P网贷监管相关法规

为了加强对网络借贷信息中介机构业务活动的监督和管理，促进网络借贷行业健康发展，依据《中华人民共和国民法通则》《中华人民共和国公司法》《中华人民共和国合同法》等法律法规，中国银监会、工业和信息化部、公安部、国家互联网信息办公室制定了《网络借贷信息中介机构业务活动管理暂行办法》，经国务院批准，于2016年8月24日正式公布，并自公布之日起施行。

3. 关于我国互联网金融未来监管问题

虽然除上述之外，针对互联网金融多种模式和多种业态，我国尚未出台有关的监管法规，但是中国人民银行等十部委于2015年7月颁布的《关于促进互联网金融健康发展的指导意见》也明确指出应当健全制度，规范互联网金融市场秩序。具体如下：

发展互联网金融要以市场为导向，遵循服务实体经济、服从宏观调控和维护金融稳定的总体目标，切实保障消费者合法权益，维护公平竞争的市场秩序。要细化管理制度，为互联网金融健康发展营造良好环境。为此，应着重从以下几个方面予以考虑：

1）互联网行业管理。任何组织和个人开设网站从事互联网金融业务的，除应按规定履行相关金融监管程序外，还应依法向电信主管部门履行网站备案手续，否则不得开展互联网金融业务。工业和信息化部负责对互联网金融业务涉及的电信业务进行监管，国家互联网信息办公室负责对金融信息服务、互联网信息内容等业务进行监管，两部门按职责制定相关监管细则。

2）客户资金第三方存管制度。除另有规定外，从业机构应当选择符合条件的银行业金融机构作为资金存管机构，对客户资金进行管理和监督，实现客户资金与从业机构自身资金分账管理。客户资金存管账户应接受独立审计并向客户公开审计结果。中国人民银行会同金融监管部门按照职责分工实施监管，并制定相关监管细则。

3）信息披露、风险提示和合格投资者制度。从业机构应当对客户进行充分的信息披露，及时向投资者公布其经营活动和财务状况的相关信息，以便投资者充分了解从业机构运作状况，促使从业机构稳健经营和控制风险。从业机构应当向各参与方详细说明交易模式、参与方的权利和义务，并进行充分的风险提示。要研究建立互联网金融的合格投资者制度，提升投资者保护水平。有关部门按照职责分工负责监管。

4）消费者权益保护。研究制定互联网金融消费者教育规划，及时发布维权提示。加强互联网金融产品合同内容、免责条款规定等与消费者利益相关的信息披露工作，依法监督处理经营者利用合同格式条款侵害消费者合法权益的违法、违规行为。构建在线争议解决、现场接待受理、监管部门受理投诉、第三方调解以及仲裁、诉讼等多元化纠纷解决机制。细化完善互联网金融个人信息保护的原则、标准和操作流程。严禁网络销售金融产品过程中的不实宣传、强制捆绑销售。中国人民银行、银监会、证监会、保监会会同有关行政执法部门，根据职责分工依法开展互联网金融领域消费者和投资者权益保护工作。

5）网络与信息安全。从业机构应当切实提升技术安全水平，妥善保管客户资料和交易信息，不得非法买卖、泄露客户个人信息。中国人民银行、银监会、证监会、保监会、工业和信息化部、公安部、国家互联网信息办公室分别负责对相关从业机构的网络与信息安全保障进行监管，并制定相关监管细则和技术安全标准。

6）反洗钱和防范金融犯罪。从业机构应当采取有效措施识别客户身份，主动监测并报告可疑交易，妥善保存客户资料和交易记录。从业机构有义务按照有关规定，建立健全有关协助查询、冻结的规章制度，协助公安机关和司法机关依法、及时查询、冻结涉案财产，配合公安机关和司法机关做好取证和执行工作。坚决打击涉及非法集资等互联网金融犯罪，防范金融风险，维护金融秩序。金融机构在与互联网企业开展合作、代理时应根据有关法律和规定签订包括反洗钱和防范金融犯罪要求的合作、代理协议，并确保不因合作、代理关系而降低反洗钱和金融犯罪执行标准。中国人民银行牵头负责对从业机构履行反洗钱义务进行监管，并制定相关监管细则。打击互联网金融犯罪工作由公安部牵头负责。

7）加强互联网金融行业自律。充分发挥行业自律机制在规范从业机构市场行为和保护行业合法权益等方面的积极作用。中国人民银行会同有关部门组建中国互联网金融协会，协会要按照业务类型，制定经营管理规则和行业标准，推动机构之间的业务交流和信息共享。协会要明确自律惩戒机制，提高行业规则和标准的约束力。强化守法、诚信、自律意识，树立从业机构服务经济社会发展的正面形象，营造诚信规范发展的良好氛围。

8）监管协调与数据统计监测。各监管部门要相互协作、形成合力，充分发挥金融监管协调部际联席会议制度的作用。中国人民银行、银监会、证监会、保监会应当密切关注互联网金融业务发展及相关风险，对监管政策进行跟踪评估，适时提出调整建议，不断总结监管经验。财政部负责互联网金融从业机构财务监管政策。中国人民银行会同有关部门，负责建立和完善互联网金融数据统计监测体系，相关部门按照监管职责分工负责相关互联网金融数据统计和监测工作，并实现统计数据和信息共享。

由此可见，我国相关主管部门已形成了一套针对互联网金融的监管理念和框架体系，从多个角度、多个层面提出对互联网金融的监管。就具体的制度层面而言，我国未来互联网金融监管制度应当包括三个层面：

第一个层面是立法监管。由相关的法律和行政法律以及部门规章的制定机关，针对互联网金融出台有关监管政策，这些监管政策应从民事、行政及刑事三个层面来立法。

第二个层面是司法监管。对于有关互联网金融的犯罪，由公检法三个司法机关依法启动刑事程序，打击互联网金融犯罪，净化互联网金融发展环境。

第三个层面是行政监管。对于互联网金融而言，最为重要和日常的监管就是行政监管，行政监管即互联网金融监管部门依法对互联网金融的经营行为进行监管，包括准入许可、违法监督与处罚等。除此之外，行政监管除了监管还应有服务，为互联网金融提供征信及资讯等服务也是依法行政应有之意。

除了上述的监管之外，互联网金融行业自律也是必不可少的。互联网金融行业协会可以充分发挥行业自治与自律作用，与互联网金融监管部门的监管形成互补和良性互动。

习题

1. 简述互联网金融监管的必要性。
2. 谈谈英国互联网金融监管的情况。
3. 谈谈美国互联网金融监管的情况，以及其对我国互联网金融有何借鉴作用?
4. 讨论我国互联网金融监管的未来方向。

推荐阅读

股权众筹：创业融资模式颠覆与重构

互联网+金融之股权众筹

终结雇佣时代、助长万众创业

首本详解股权众筹交易模式与架构、平台如何发起与设计、法规解析与风险监控的专著

股权众筹是最具创新和发展潜力的互联网金融模式之一，为多层次资本市场重要组成部分。与P2P网贷融资相比，股权众筹还处于“叫好不叫座”的初始阶段，面临“雷声大雨点小”的尴尬。结合股权众筹目前存在的诸多问题，本书从问题到主义，从股权众筹的交易模式与架构、目前股权众筹存在的四大问题及其解决方案、股权众筹监管法规、股权众筹风险与管控、股权众筹方案设计等角度对股权众筹进行了深度的全方位解析，并提出了富有创造性的解决方案。“实战”与“干货”为本书两大鲜明特点，本地堪称国内首本专门系统介绍股权众筹的实战著作。对股权众筹平台、天使投资、创业者以及利益相关者、监管机构具有一定的参考价值。